高等职业教育公共基础课系列教材
浙江省高校重点教材（修订版）

U0367414

实用沟通与写作

第 3 版

陈锦　杜蓉　周琳　编

机 械 工 业 出 版 社

本书是针对高职高专学生编写的实用沟通技能训练教程。编者打破了惯常的编写模式，设计了一系列生活和职场中必须面对的口头与书面沟通的情境，按照"任务要求""情境设定""任务实施""知识链接""探讨分享""实训拓展"的体例，引导学生完成各项任务目标，逐步解除紧张心理，尝试有效人际沟通，掌握演讲和辩论、推销的一般技法；并能选择恰当的方式，完成如会议办理、市场调研、活动策划、信息通报等任务中的应用文书写作，切实培养和提高沟通水平。

　　本书内容通俗易懂、循序渐进，既可以作为大专、高职院校口才与写作类课程的通用教材，也可以作为普通读者自我学习和训练的参考用书。

　　为方便教学，本书每个任务都配备了微课视频，读者只需用手机扫一扫书中二维码，就可直接观看这些视频。

　　本书配有电子课件，凡选用本书作为教材的教师均可登录机械工业出版社教育服务网www.cmpedu.com 免费下载。咨询电话：010-88379375。

图书在版编目（CIP）数据

实用沟通与写作／陈锦，杜蓉，周琳编. —3 版. —北京：机械工业出版社，2020.6（2024.1 重印）
高等职业教育公共基础课系列教材
ISBN 978-7-111-65077-5

Ⅰ.①实…　Ⅱ.①陈…②杜…③周…　Ⅲ.①口才学-高等职业教育-教材
②汉语-写作-高等职业教育-教材　Ⅳ.①H019　②H15

中国版本图书馆 CIP 数据核字（2020）第 043026 号

机械工业出版社（北京市百万庄大街 22 号　邮政编码 100037）
策划编辑：杨晓昱　　　责任编辑：杨晓昱
责任校对：梁　倩　　　封面设计：马精明
责任印制：单爱军
北京虎彩文化传播有限公司印刷

2024 年 1 月第 3 版第 9 次印刷
184mm×260mm·13.75 印张·313 千字
标准书号：ISBN 978-7-111-65077-5
定价：49.00 元

电话服务　　　　　　　　　　　网络服务
客服电话：010-88361066　　　机　工　官　网：www.cmpbook.com
　　　　　010-88379833　　　机　工　官　博：weibo.com/cmp1952
　　　　　010-68326294　　　金　书　网：www.golden-book.com
封底无防伪标均为盗版　　　机工教育服务网：www.cmpedu.com

前言
Preface

马克思在《关于费尔巴哈的提纲》中指出："人的本质不是单个人所固有的抽象物，在其现实性上，它是一切社会关系的总和。"有了人就有了人类社会。个体的人生活在群体中，不同个体之间，有物质交换、文化交往、交流的必要。这是互通有无，交流思想、经验、技艺，学习传承，推动人类社会进步的杠杆。同时，人与人交往交流，又是人自身生存与发展的客观和主观的需要。

现代社会分工日益复杂，许多工作都需要人相互沟通、分工合作完成。因此，每个人都必须面对这样一个事实：你，必须成为一个沟通能力突出的人，才能获得更大的生存与发展的空间。因此，培养和提高大学生的沟通技能，已成为高校人才培养必须承担的重要职责。

本书根据高职院校人才培养的目标和社会对人才的需求，针对当前高职学生生活和工作的实际，结合编者多年的教学实践，尝试突破口头沟通与书面沟通之间的界限，具有以下特点：

1. 创造性。联合国教科文组织《国际教育标准分类法》认为：教育"是导致学习的、有组织的及持续的交流"。根据这一定义，本书参考行为导向驱动法，选择有代表性的沟通任务，按照"任务要求""情境设定""任务实施""知识链接""探讨分享""实训拓展"的体例，调动学生学习的主动性和创造性，在不断的交流中切实提高沟通能力。

2. 开放性。教学是让学生学有所得。本书力图打破教材内外的界限，在有限的章节中加入大量案例和拓展链接，试图将课堂从内延伸到外，引导学生关注现实和未来，关注社会和人生，走出象牙塔的限制，把整个世界当作思考的对象，从而开拓眼界，登高望远。

3. 人文性。沟通是融素养与技艺为一体，集思维、逻辑和表达等能力的综合体现。本书所讲的"沟通"，突出有效和良性互动的要求，所选用的案例尽量兼具人文性和时代性，可以产生潜移默化的影响。

为贯彻党的二十大精神，本书在动态修订过程中，系统梳理了书中内容，更新了部分案例。

为方便教学，本书每个任务都配备了微课视频，读者只需用手机扫一扫书中二维码，就可直接观看这些视频。

本书参考了大量图书资料和网络资源，图书资料以参考文献的方式列出，网络资源很多是网友集体智慧的结晶，编者谨对人类共同的文明成果表示衷心的感谢！

由于编者眼界和能力有限，书中定有不足之处，恳请专家不吝赐教。

编　者
2023 年 7 月

微课视频索引

目 录
Contents

附　录

上 篇

沟通初识

任务　沟通初识

微课1

任务要求

1）能选用不同的沟通方式达到目的。

2）明确影响沟通的因素。

3）能根据对象、目的的不同，选择沟通内容和形式。

情境一　什么是沟通

一、情境设定

你是一个公司的项目经理，目前正在负责一个项目工程。在工作过程中，你发现项目组中的成员小张由于粗心犯了一个错误，这个错误对你所负责的项目会产生严重后果，你希望可以尽早纠正这个错误。

你应该怎么办？

二、任务实施

纠正他人所犯的错误有很多种方法，但无论哪种方法首要的都是进行沟通。常见的有书面和口头两种沟通形式。如何达成有效的沟通呢？在正式沟通之前，首先需要明确以下事项。

1. 谁需要了解这件事

要解决问题，首先需要明确谁需要了解这件事情。你需要告诉小张，让他马上纠正错误，并且以后不可再犯；需要提醒所有成员不能出现类似的差错；需要向上级汇报这个错误将影响项目进程；也许回到家中还会和家人谈及此事……

这其中，和小张本人、项目组成员和上级之间的沟通是工作上的沟通，是作为一个项目经理必须要做的工作，而和家人的沟通则属于生活中的交流。和小张的交流是两个人之间的交流，和项目组成员的交流是一个团队（群体）的交流，和上级的交流其实是项目组和企业之间的交流。

沟通的对象不同，沟通的形式就会有差异。和家人聊天最为轻松，你可以把自己的情绪真实地表达出来，得到他们的理解和支持；和小张沟通，你作为上级需要严肃而又关切；和项目组成员、公司的沟通显然不能用嬉笑、无所谓的方式来进行。

2. 采用哪种沟通方式

关于小张的错误，你作为项目经理与所有对象的沟通打算一律采用口头沟通的方式吗？或者为了证明自己确实进行过沟通，应该"有字为证"，一律采用书面形式？

口头和书面的沟通方式各有优点和缺点，需要区分清楚。

（1）口头沟通的优点与障碍 口头沟通的优点有：口头沟通一般是面对面地交流，所以能直接观察接收者的反应，即刻得到反馈；沟通过程中有机会补充阐述及举例说明；可以用声音和姿势来加强表达，有助于增强表达效果；被广泛地应用于人际交流中。

口头沟通的缺陷也比较明显：口头沟通遗忘度高，效率较低；不能与太多人双向沟通；如果说话者不善于表达，或者难以控制情绪，会造成负面影响；如果是正式沟通，往往缺乏凭据（录音、录像除外）。

如果选择了口头沟通，需要综合考虑自己的情况、沟通的场合以及对方的具体情形，以保证较好的沟通效果。

（2）书面沟通的优点与障碍 书面沟通有许多优点，主要有：能够从容地表达自己的意思；语言可以仔细推敲、不断修改，直到满意为止；传达信息的保真度高；书面文本可以复制，同时发送给许多人，传达相同的信息；遵从于约定俗成的写作规则，常被作为准确而可信的证据。

书面沟通因为与沟通对象的间接性联系，也造成了一些特殊障碍：信息及含义会随着信息内容所描述的情况以及发文和收文关系而有所变更；作者的语气、强调的重点、表达的特色以及发文的目的，会因为接收者理解的差异而产生偏差；作者选择的格式或时机不当，也会直接影响表达的效果。

因此，进行书面沟通的时候，需要妥善考虑：要把文本写成什么文种？不同的文种不仅格式不同，要求不同，用途也不同。

3. 沟通的目的是什么

并不是所有的沟通都会有成效，但是所有的沟通都应该有目的。这个目的可能是沟通对象态度和行为的改变；可能是信息资料的获得、见闻的扩大；可能是感情的沟通、精神的愉悦；也有可能是是非的辨明、事实的澄清等。在沟通之前，需要首先明确自己的沟通目的。

和小张的沟通，需要让他认识到自己的错误，进而纠正他的行为；和公司的沟通，需要汇报工作的进程，证明管理的严肃性和有效性，接受上级的领导和监督。不同的沟通目的，沟通的表达方式会有明显的差异。

4. 沟通的内容是什么

明确了沟通的目的、对象和形式，还需要知道自己写什么或说什么。当然和家人的闲聊一般情况下可以不打腹稿，可以随时进行或者终止。有人认为，说话滔滔不绝就是有口才，下笔千言就是有文才，事实确实如此吗？

（1）信息的质与量 在互联网信息爆炸的时代，信息量大不一定对特定对象有效。沟通也是如此，并非话语越多越好。所以沟通的内容是什么，要根据沟通的对象、目的和情境进行分析和筛选，简洁有力的信息才是最有价值的。成功的交流往往依靠几个最适合、最有说服力的论点，避免抹杀自己的关键信息。

（2）编排的前和后　　所有的沟通内容都和编排的顺序有关系。虽然你很希望小张认错并且改正错误，但是交谈一开始你就说："小张！你犯了很严重的错误!"小张也许会脖子一梗说："有什么了不起。"沟通就此进入僵局。因此，无论是书面沟通还是口头沟通，都需要明确内容的起承转合，以更好地达到沟通的目的。

5. 需要凭据吗

在和形形色色的对象沟通中，是不是只要证明你自己确信这件事情就可以了呢？生活中的闲聊不需要证据，但是正式的沟通就必须要有证据。

（1）确凿的事实　　要用准确的数据和事例来说明小张的错误在哪里，这样的错误引发的后果不是凭感觉就能推断出来的，而需要在对项目了解的基础上进行科学的、合乎逻辑的推导。

（2）权威的凭证　　要证明项目怎么进行更好，可以援引图表、数据或者有关机构和部门出具的证明。我们需要有真实的、细致的表述，也需要有权威的、有说服力的凭证。如果需要对小张进行处分，也需要有规章作为凭证。

6. 话说得能让人明白吗

（1）用对方能理解的话　　沟通是双方参与的过程。如果只有一方参与，那是没有成效的。同样，如果对一方的语言另外一方不能理解和接受沟通也就失去了意义。所以，沟通的时候需要了解对方的接受能力，用对方能理解的方式进行交流。例如：

一个北方客户来到杭州，公司招待他吃饭，经理指着桌上的菜说："来来来，多吃点儿，听说你很会吃的。"北方客户一听，忙说："哪里，我不会吃的!"

经理听了马上招手让服务员进来："你们这里还有什么特色菜，适合北方人的口味?"北方客户忙说："不用不用，菜已经很多了!"

经理说："不是这些菜不合你的胃口吗？你刚刚说你'不会吃'这些菜啊。"

北方客户听后，恍然大悟："我说的是我不'会'吃，不是不'能'吃啊。我就是胃口好，饭量大，不挑食!"

（2）用准确的语言　　使用沟通对象能理解的语言是沟通的基本要求，而准确恰当的语言才是关键。事实描述客观、数据引用准确、意思表达清晰，都是很重要的。无论是写计划书、写规章，还是写论文，都需要使用严谨的语言。向顾客推销商品时的介绍用语也需要准确。

（3）用有节奏的话　　不只说话要有节奏，写文章也要有节奏的。顺口、顺耳的话也就是顺心的话，这和朗朗上口的歌可以流传是同样的道理。写作结构和语言都要有节奏，那些在段落和文章中有提示性的话就更需要清晰的节奏感。

7. 仅有语言就足够了吗

在沟通中，语言是最重要的素材，但仅仅有语言就足够了吗？

某天上课前两分钟，一个学生气喘吁吁地冲进教室，对老师说："我请假！"老师问他："假条呢？"他说："我现在写！可是我没带纸。"他飞快扫视了一下，一把抓起讲台上的备课本："老师，你的纸用不完吧，给我半张。"没等老师回答，他就撕了半张纸，抓起一支笔，写了几个字，放在讲台上，跑了。

那张纸上写着："老师，我不来上课了。"

你认为老师会不会乐意准他的假呢？

沟通中的形式很重要，它表现出了每个人的自重和对他人的尊重。沟通中的形式包括配合口头沟通的肢体、音调，书面沟通中的纸张、格式，还包括书面和口头沟通中都涉及的语气等。可以说，沟通的形式总是先于内容传达到沟通对象的心里，这个印象构成了沟通的感情基调。

此外，突出的人格魅力也是沟通中重要的筹码。我们需要首先培养自己的人格，塑造自己的品性，只有这样才能做个沟通高手。

三、 知识链接

1. 什么是沟通

沟通是指人类借助符号和媒介交流信息以期发生相应变化的活动。沟通是一个双向互动的过程，发送者（信源）、接收者（信宿）、所传递的内容（信息）、传递信息的渠道（信道）和受众对信息的反馈构成了沟通的五个基本要素，其中信息是沟通的核心，如图1所示。

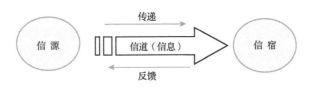

图1　沟通的基本要素

2. 沟通的过程

（1）发送　发送者形成思想信息并发出信息，是希望接收者了解某些事情，因此发送者自己首先应明确需要进行沟通的信息内容。

（2）编码　即将信息内容表达为某些特定的符号，如语言、文字、手势等。信息只有经过编码才能传递。

（3）信道　通过某种渠道把信息传递给对方，如交谈、打电话、开会、写信、发文等。重要或复杂的信息通常需要运用多种渠道进行传递。

（4）接收　包括接收、解码、理解等步骤。接收者只有对收到的信息进行解码后，才能够了解和研究所收到信息的含义。解码过程关系到接收者是否能正确理解发送者所传递的信息，如果解码错误，信息就会被误解。

（5）反馈　接收者把所收到的或所理解的信息再返送到发送者那里，供发送者核查并在必要时作出订正。通常，发送者和接收者对信息的理解和接收程度受到专业水平、工作经验及环境等多种因素的影响，对同一个信息，不同的人会有不同的看法。

（6）噪声　噪声是影响沟通的一切消极、负面因素。通常可以把沟通噪声定义为妨碍信息沟通的任何因素。它存在于沟通过程的各个环节，并有可能造成信息损耗或失真。例如，发送者逻辑混乱、词不达意；沟通渠道不通畅，难以完整传送信息；接收者受教育程度差异造成理解错误；双方对传送符号不能达成一致。此外，文化差异或者信息量过大，都会形成沟通的噪声。

3.沟通的特点

（1）社会性　沟通是人与人之间进行的一种社会活动，也是一种普遍存在的社会现象。

（2）目的性　沟通不是受本能驱使的简单活动，而是在一定意识的支配下，表现为一种有目的、有计划、有对象的活动。沟通活动发生、运行、终止的全过程，都带有或明或暗的目的性。

（3）协同性　信息沟通的过程，是信源与信宿之间符号汇聚和信息共享的过程，也是两者之间相互影响、相互作用、相互尊重、协同操作、共同完成的过程。

四、探讨分享

 案例

像姚明一样思考

2002年，篮球运动员巴克利曾在节目中放言："姚明就是个菜鸟，只要他单场得到19分以上，我就当众亲驴屁股！"这种对姚明的不屑与侮辱的言论，通过电视扩散到了全世界，引起了轩然大波。

但姚明听到这种羞辱后并没有愤怒。当记者问及此事时，姚明幽默地回应道："那我就天天都拿18分吧！"言外之意就是在为巴克利着想。此回应，赢得现场一片笑声。

而事后，姚明努力训练，没过多久，就轻松拿下了20＋。而此时的巴克利，不得不兑现自己的诺言——当众亲吻驴屁股！

此时的姚明，22岁。

而巴克利亲吻驴屁股后不久，姚明就再次被问及此事，此时姚明的回应是："巴克利就是在开一个玩笑而已……我是很喜欢巴克利的，他为了总冠军那时候去了休斯顿火箭队，只拿100万美金的薪水，当然100万也很多了，但相对于他的身价来说，他愿意作出牺牲来换取他的目标，这点是我非常喜欢的，我认为他是非常值得尊重的。"

　　还有几次，姚明则面临着更严重的羞辱。刁难姚明的是记者。一次，一记者在众目睽睽之下问姚明："为何中国十几亿人里，找不出 5 个能打好篮球的？"

　　面对这种恶意的挑衅式提问，姚明没有愤怒，他面带微笑地回道："美国 3 亿人，怎么找不出一个打乒乓球好的运动员？"此时记者尴尬至极，而现场又是一片笑声。

　　还有一次，一位记者直接对姚明发起挑衅："在中国球服卖的最火的居然是麦迪，而不是你，你怎么看？"

　　面对这个极具挑衅意味的问题，姚明又打趣地回道："这很正常，因为中国球迷早就都有了一件我的球衣了。"一个幽默机智的回应，又让气氛轻松活跃了起来。

　　关于国家这个问题，在一次新闻发布会上，有记者问姚明："你认可别人说你是中国的代表吗？"

　　姚明回答："中国这两个字不是任何一个个体可以代表的，每一个人身上都有闪光点。我们应该发掘更多的闪光点去完成'中国'这个词，而不仅靠某一个或者是某几个人去说这就是中国，这太苍白了。"

　　遇到一些冲突事件时，姚明用的是一种"发散型"的思维模式——他不但不会用国家或集体捆绑自己、压死对方，还会机智幽默地在语言上给对方台阶下。

　　面对巴克利的羞辱，姚明如果回应"你可以不尊重我，但你必须尊重外籍球员！"大家想想，会有什么后果？

　　面对上文记者的挑衅，如果姚明回答"你这是在侮辱中国篮球！"此时你觉得情况又会变成怎么样？大概率就会变成两国媒体的相互敌视，以及双方粉丝的大量口水混战。

　　2018 年的亚运会上，韩国篮协主席方烈离场时对姚明说："你们运气真好。"这种话，其实是一种不认可对方实力的不友好的话。

　　但面对这种话，姚明则是有礼貌地伸出了手，对这位韩国人说："谢谢方教授，运气一般留给做好准备的人。"

　　姚明的思维模式是在行动上证明自己，同时在语言上充分给予对方台阶下，最后把对手变成朋友。姚明的思维模式是用自己的冷静把对方的"火"扑灭。这就是姚明为什么能一直从运动员，到进入 NBA 名人堂，再到担任 CBA 公司副董事长，再到担任中国篮球协会主席，再到现任亚洲篮球联合会主席路越走越宽的原因。

　　如果你想活成姚明那样，处处得到对手尊敬，而且事业道路还能越走越宽的话，那姚明的处世方式会是你一个不错的借鉴方式。

讨 论

如果姚明在药检时，遇到一个不能出示证件的药检员，你觉得他会怎么做？

情境二 做一次演示

一、情境设定

公司通知你半个月之后参加一次年中会议，以项目经理的身份向公司做一次工程的中期汇报，要求准备 PPT，进行 15 分钟的演示。

作为年轻的项目经理，同时又是第一次经历这样的场面，你怎样才能做好这次的演示准备呢？

二、任务实施

视图演示是当前普遍使用的一种展示方式，广泛用于单位内外的各种汇报（报告）场合或者商务推广活动中，很多企业尤其是外企甚至把视图演示水平和职场前景直接关联在一起。

做好一次视图沟通，前期的准备工作必须下足功夫。

1. 确立演示目标

多数商业演示都可以认为是借助观众的洞察力、他们在组织机构中的地位、在所讨论问题领域内的资历等，对你的工作产生支持作用。为让观众能够耐心地看你作演示，首先要满足他们的需求，因此需要设立可行的演示目标。

例如，让观众现场做出投资数百万的决定是不太切合实际的目标，通常这样的说服工作需要进行比较长的时间。说服观众去作一个你认为非常好的决定的时候，也需要问问自己，如果这个决定如此之好，为什么之前没有人想到？既然这个决定很好，为什么还是有人会说不？就好像说服一个烟民戒烟，可以有以下多种方法：

同事从财务角度劝说：算出一天一包烟的开销，一年的总支出可以换到他梦寐以求的物品。

卫生部门通过展示一个吸烟者的肺部造影，让人形象直观地看到吸入的焦油如何侵蚀肺部组织。

医生警戒性的训示：如果继续抽烟，患肺癌死亡的概率将大大增加。

家人充满人情味地恳请：我们不愿失去你，求你戒烟吧！

然而最终谁都没有成功劝服烟民戒烟，这是为什么？如何才能让他停止抽烟呢？只有烟民吸收了各类劝说，再加上社会规范的约束，等到心理上做好了戒烟准备，戒烟才有成功的可能。

可见，预测观众的心理需求有助于确立可行的沟通目标，确立有效的沟通策略。演示也是如此。

有了符合实际的目标之后，还要把演示内容限定为简单的一句话，确保演示发挥应有的作用。

2. 构建演示框架

有一个男人打算开车去买一份杂志，经过客厅时对妻子说："我想出去买一份杂志，你有什么要我带的吗?"

"太好了，看到电视上那么多葡萄广告，我现在特别想吃葡萄。"

妻子在他走向衣柜拿外衣时说："也许你还可以再买点牛奶。"

他从衣柜中拿出外衣，妻子则走进了厨房。

"我看看冰箱里的鸡蛋够不够。对了，我想起来了，我们已经没有酱油了。我看看，对，我们是该买一些鸡蛋了。"

他穿上外衣向门口走去。

"再买些胡萝卜，也可以买些橘子。"

他打开房门。

"还有黄酒。"

他开始下楼梯。

"苹果。"

他坐进汽车。

"再买点酸奶。"

"还有没有?"

"没有了，谢谢。"

如果不重新读一遍上面的文字，你还能记住这位妻子让她丈夫买的 9 样东西吗?

从上面的例子可以发现，有效的沟通不单纯在于内容的多寡和花费时间的长短。有效地构建演示框架是演示中重要的一环。

（1）演示的时间分配　控制演示时间，使得演示既符合观众的预期，又满足沟通目标的达成，是很重要的。这就意味着演示前必须设计好演示结构、突出演示重点、保证互动时间。多数的商业演示要有近 1/3 的结束前互动时间，以达成演示目标。

（2）演示的金字塔结构　演示的内容通常被人称为 5个 W、1 个或者 2 个 H，但是这 6 个或者 7 个要素其实可以构建一个演示的金字塔，它们之间的关系如图 2 所示。

如果演示过程中有不止一个 What，那就有不止一套匹配的 How。但是过多的要点或者层次会让观众难以梳理结构，因此要点和层次要尽可能简单，尽力删除不必要的内容、梳理合并具有相关性的内容。

要点和层次的编排也要符合观众的理解能力，通常演示中重要的内容要先展示。

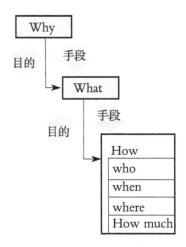

图 2　沟通的金字塔结构

演示导入要求遵循 PIP 公式，即要能展示演示目的（Purpose）、突出演示的重要性（Importance）、给出演示结构预览（Preview）。演示结尾要让人印象深刻，可以重申观点、推出行动计划、要求观众的承诺等。

（3）要点的 TOPS 原则　在口头表达中，很容易让人遗漏要点，其中很重要的原因是听众难以区别哪些是要点。如果要点紊乱，那么演示的结构也会紊乱。所谓要点的 TOPS 原则，就是指 Targeted to our audience（瞄准观众）、Over–arching（周延完整）、Powerful（掷地有声）、Supportable（言之有据）。

3. 确保 PPT 的辅助效果

演示中，口头表达应该是主要形式，PPT 等只是口头表达的辅助形式，因此必须让 PPT 等视图展示工具发挥良好的辅助效果，确保演示的过程不是单纯地念 PPT 的过程。

（1）文字编辑简单易读　PPT 中的文字要经过仔细编辑，不能占据屏幕的大片区域，需要区别出必需的内容，删除冗余的内容，简化句子和词语。

（2）插入图表与视频　PPT 展示要充分利用多媒体技术，充分调动声音、图像等的优势，避免纯文字的展示。可以通过梳理文字或者数据信息的逻辑关系将其转换成图表，也可以插入音、视频以增加生动性。

三、 知识链接

除 PPT 外，沟通过程中的视觉辅助手段常见的还有白板、卷展式直观教具等。

1. 白板

白板是黑板的替代品，一般用白板笔书写。它的优点是价格低廉、面积较大，可以快速、自由地书写，可以反复使用，还可以与磁板等结合使用，并能满足环保要求。

白板一般适合于讨论环节，尽量用在不需要书写过多内容的环节。例如讨论，以不超过 15 人为宜。

2. 卷展式工具

卷展式工具主要有挂纸、翻纸板、展示板等。这类工具也可以连续使用，没有对电源的要求，比较简单易用。卷展式工具适合于 10 人以内的演示规模。

3. 实物

在商务活动介绍新产品的时候往往会采用样品展示的方式。

实物要尽量避免事先被观众看到。为了起到更好的展示效果，应该带着样品走到观众之中现场操作演示。

4. 模型

当展示的对象比较抽象、复杂或者不常见的时候，模型具有非常强的说服力。它可以根据需要确定大小、色彩等。

四、探讨分享

 演示设计一

目　　标：决定在 L 公司的发展过程中是否应该努力争取在美国投资的机会。

话　题 1：美国在全球经济中的地位。
论　　据：1）在世界国民经济中的地位。
　　　　　2）巨额的对外贸易。
　　　　　3）预期增长的国外投资。

话　题 2：美国产业回报率高。
论　　据：1）成本控制严格。
　　　　　2）竞争地位稳固。
　　　　　3）其他。

话　题 3：进入美国市场的障碍。
论　　据：1）市场不集中。
　　　　　2）消费者精明。

结论概要：1. 美国的经济处在全球领先地位。
　　　　　2. 美国产业的回报吸引力较强。
　　　　　3. 障碍是可以克服的。
建　　议：可行。

 演示设计二

目　　标：L 公司应该努力争取在美国投资的机会。
预览结论：1. 美国的经济处在全球领先地位。
　　　　　2. 美国产业的回报较有吸引力。
　　　　　3. 市场的障碍是可以克服的。

结　论 1：美国的经济处于全球领先地位。
论　　据：1）在世界国民生产总值中所占的比例大。
　　　　　2）巨额的对外贸易。
　　　　　3）预期增长的国外投资。

结　论　2：美国产业的回报较有吸引力。

论　　据：1）成本控制严格。

　　　　　　2）竞争地位稳固。

　　　　　　3）其他。

结　论　3：进入美国市场的障碍是可以克服的。

论　　据：1）市场不集中。

　　　　　　2）消费者精明。

建　　议：可行。

讨　论

比较以上两次演示设计在结构上的差异。

实训拓展

一、日常关注

1. 注意观察学习、工作和生活中的沟通实例，看看这些沟通是否属于有成效的沟通，为什么？

2. 试比较本学期任课老师制作的PPT，结合听课情况分析这些PPT演示各有哪些值得吸取的经验与教训。

二、分步拓展

1. 回顾"情境二"的"构建演示框架"中所举的帮妻子带东西的案例，思考如何有效地让丈夫把妻子所需要的9种商品记住并带回家。

2. 围绕当前热门的一则新闻事件收集资料，制作一份适合于10分钟演示的PPT。

三、综合实训

1. 分析"情境一"的"情境设定"中项目经理面临的沟通要求，看分别适合于什么沟通方式，每次具体的沟通都需要注意哪些问题？

2. 分小组任选一个课题制作PPT，进行一次演示，相互比较与分享。

中　篇

口头
沟通

任务一 让我们来"秀一秀"

微课2

/任务要求/

1）能在公众面前大胆地开口说话。

2）明确"恐惧"的原因，知道化解恐惧的方法。

3）能在说话过程中控制自己的肢体，加强语言的表现力。

情境一 紧张又何妨

一、情境设定

一个普通的星期一上午，你的领导对你说："小王（小张、小李……），在下周进行的公司新产品展示会上，你的身份是展示柜前的工作人员，负责向大家解说产品。这次展示会对我们公司很重要，你要好好表现啊。"

你的第一反应会是什么？

在你的人生旅途中，曾经遇见或者还将遇见许许多多次可能对你的公众形象、名誉、职业前景等产生巨大影响的机会。这些机会，多数是需要我们借助口头沟通来把握的，我们没有理由白白地放弃这些机会。有什么办法能让你把握这些机会呢？

二、任务实施

心理学表明：在一些公开场合发言，谁都会怯场。美国权威杂志《读者文摘》曾在全国范围内做了一次调查，结果大多数人最害怕的是"当众说话"，而"怕死"反而排在了后面。

古罗马的雄辩家西塞罗在一次演讲结束后说："演讲一开始，我就感到自己的面色苍白，四肢和整个心灵都在颤抖。"此外，运动员在比赛开始前、演员在登台表演前都会感到紧张而怯场。紧张、演说恐惧症、台惧是每一个人都会有的。

因此，必须学习控制自己的紧张不安，能从容地在公众面前说话。如何才能让自己下决心张口说话，而且把话说得明确又得体呢？

我们首先需要的是不紧张。心里不紧张，表现得也不紧张。

富兰克林·罗斯福曾说过："我们唯一不得不恐惧的就是恐惧本身——一种莫名其妙、丧失理智的、毫无根据的恐惧，它把人转退为进所需的种种努力化为泡影。"

1. 消除借口

人们在躲避公开发言时通常有哪些可能的借口？

1）我没什么可说的。

这话是真的吗？我们做一个小小的实验。

从某个清晨开始，每过一小时就记录下在刚过去的这一个小时里，你曾经和哪些人说过话（包括电话、短信、邮件、QQ、微信、钉钉等），顺便记下说话的内容。你会发现你一天的记录是满满的。

你不得不每天和很多人谈很多事情，哪怕你尽量少开口。而每天，你脑海里汹涌而来的想法却在嘴边徘徊。很多生活中讷讷无言的人会变成网络上的"话痨"，因为每个人都确实有很多话要说。

2）我不想在众人面前出丑。

这是一个诚实的借口——谁也不愿意伤害自己。

确实，沟通并不总是有价值的。它可以被用来表现重要的想法，分享感受，团结更多的人；也能歪曲事实，压抑情感，破坏关系。我们需要的是分清哪些情境下可以说话、怎么说话、说什么话，而不是拒绝任何时间、任何地点的说话。

如果你永远拒绝出丑，就永远不知道自己是否真的会出丑，更丢失展示风采的机会。人们不会觉得你可笑，而是会尊重你，因为你有勇气在公众面前说话，并且努力表现出最好的一面。

3）我没有准备好讲稿。

这是一个糟糕的借口，或者是一个糟糕的事实。

准备一篇完备的讲稿是重要的。如果你提前知道有这样的机会，那就应该花时间去准备，这样的准备一定是值得的。

如果你是因为根本不想上台，所以才没有准备讲稿，那你就是浪费机会的人，而机会只会"眷顾那些有准备的人"。

4）我的模样实在上不了台。

我们得承认，每个人的外形多少会影响到听众对信息的接收效果。但好的听众一定是来听你说话，而不是来评价你的仪表的。只要你的说话够精彩，其他一切都会成为你的特点。

此外，我们也需要学习一些仪表的知识和技巧。

5）我今天感冒了，喉咙痛。

喉咙痛或者牙痛，对说话的影响确实很大。不过事实告诉我们，人们总是容易在承受压力的时候生病，更准确的原因是压力让人睡眠和饮食失调。但是越重要的发言，越难以改变时间安排，或替换成他人，如报告会、颁奖仪式、竞选等。解决的途径是：病倒了要找医生，能坚持住就得说话。

首先，把注意力放在要做的准备工作上，忽略自己的身体，身体反而不会垮掉。

其次，保持合理的休息和饮食，也不要持续排练演讲，嗓子的休息和身体的休息都很重要。

最后，诚实面对听众。如果你真的不舒服，大家会表示理解，而你可以压缩自己的讲话内容，并且尝试使用话筒。

6）我紧张死了，会忘词的。

谁都会紧张，放松点儿，学习一些应对紧张的方法，适度的恐惧就会为你所用。

如果害怕忘词，那就准备一个讲稿，哪怕是把提纲带上。

7）我的讲稿给弄丢了。

讲稿常常会被遗忘在包里、抽屉中、车上，也会不小心被扔进废纸篓、混杂在文件中，甚至会被猫狗抓破。解决问题的关键是我们要做有心人。

做个简单的计划或者备忘录，出门前检查一下所带的物品，不要把讲稿遗忘。另外，如果你不是个太细心的人，就需要利用当前的技术条件，做个备份。要保证自己手里有讲稿。

除了以上七个借口，你还可能找出其他的说法。但只要仔细想想，很多问题是不存在或者能解决的。给自己一点儿信心，多学习和练习，问题就会迎刃而解。抓住所有的机会多做公众发言，你会发现，练习越多，你就越感到轻松自如，当然也做得更好。

2. 储备条件

当代社会，表达想法的能力和创造想法的能力一样重要。在学习过程中，你可以做一做下面这个测试，看看自己在演讲方面有什么长处和短处。

演说家的条件

1）你认为成功的演说家应该具备什么品质？请一一列举。

2）上面所列举的这些品质，你已具备哪些？

3）如果你进行演讲，你的优势有哪些？

4）如果你进行演讲，你的弱势有哪些？

5）什么时候你会需要当众演讲（包括发表自己的意见）？

6）你认为演讲中最大的困难是什么？

演讲，或者说当众发言，到底需要什么条件呢？

（1）正直 亚里士多德在《修辞学》中这样论述：演讲者需要的不仅是丰富的词汇和良好的品位以选择适当的词语用于适当的场合，他们需要的也不仅是智慧、自制和平衡……最重要的是优秀的演说家同时也应当是一个好人。

他的话意味着演讲者首先要博得听众的尊重和信任。因为听众不仅在聆听话语，同时也关注话语背后的意义以及说话的人。

（2）自信 对你所说的内容和自己的说话水平要表现出信心，不要给听众怀疑你的机会，只要坚持表现得有信心，你就会真的增强自信。不要开场就说"这个内容我没怎么准备"，或者"我还不适应这样的说话方式"，这样的开头令听众泄气。我们要克服胆怯，培养信心，并且展现出信心。

说话要有热忱。沉闷的内容、沉闷的话语和沉闷的表情都令人昏然欲睡。引人瞩目的内容配合口头语言和肢体语言，会产生超过你想象的感召力。

引用资料必须经过核实，确保真实性。

（3）信息 你的听众形形色色，你说话的场合也各不相同。他们可能是你的亲友、你的同学、你的对手、你的上司。他们对你的态度和你的话题的认识也各不相同。说话前要先确认，你是想安抚情绪、让人愉悦、提供新知识还是促成行动，你的话语希望能让听众振奋、舒适还是思考。

广泛的涉猎、精心的准备，总是能让更多的人满意。

（4）互动 喋喋不休的人容易招来听众的不满。说话前，应该确认说话时自己的地位和作用，以此为基准筛选信息，形成自我形象。

学会聆听，即要随时关注听众的反应，努力满足他们的需求。要引发听众的兴趣，带动他们的热情。说话要生动，要学会提问，尽一切可能把听众纳入自己的说话过程中。

三、 知识链接

造成紧张感的生理原因是肾上腺激素突然大量涌进神经系统，使人们出现勇敢和胆怯并存的现象。

肾上腺激素作用于中枢神经系统，可以提高其兴奋性，使机体处于警觉状态，反应灵敏；呼吸加快，肺通气量增加；心跳加快，心缩力增强，血液输出量增加；血压升高，内脏血管收缩，骨骼肌血管舒张同时血流量增多。在这个过程中，全身血液重新分配，以利于应急时重要器官得到更多的血液供应；肝糖原分解增加，血糖升高，脂肪分解加强，血中游离脂肪酸增多，葡萄糖与脂肪酸氧化过程增强，以适应在应急情况下对能量的需要。

这种物质能使人对外界环境的刺激产生抵抗性，如抵抗寒冷刺激的时候，肾上腺皮质就会分泌肾上腺激素，以使身体作出相应的反应抵抗"冷"的感觉。又或是遇到惊吓，如躲避急速冲过来的汽车，会由肾上腺激素刺激大脑，让人们作出反应，更好地保护自己。

由此得到结论，肾上腺激素的分泌，是身体自我保护的反应。

从生理上说，紧张可能是一种积极的能量，让我们保持灵敏的反应；也是健康的表现，让我们有红润光泽的脸色。当然，适当的保护是必需的，但过分的反应则是糟糕的。

四、 探讨分享

 案例一

国王的演讲

第83届奥斯卡金像奖最佳影片《国王的演讲》讲述的是英国国王乔治六世和他的语言治疗师罗格的故事。1936年英国国王乔治五世去世，王位留给了患有严重口吃的艾伯特王子，也就是乔治六世，他在罗格的治疗下克服障碍，在第二次世界大战前发表了鼓舞人心的演讲。

讨论

国王是如何克服口吃并成功演讲的？

案例二

爱德华·威格恩成功的习惯

著名的演说家和心理学家爱德华·威格恩先生曾经非常害怕当众说话和演说，在他读中学时，一想到要起立做五分钟的讲演，就惊悸莫名。当讲演的日子靠近了，他就真病了。只要一想到那可怕的事情，血就直往脑门冲，两颊烧得难受，不得不把脸贴在冷凉的砖墙上，设法减少汹涌而来的潮红。

读大学时也是这样。有一回，爱德华小心地背诵了一篇演讲词的开头："亚当斯与杰弗逊已经过世"，当他面对听众时，脑袋轰轰然，几乎不知置身何处。爱德华勉强挤出开场白"亚当斯与杰弗逊已经过世"，就再也说不出别的词句，因此便鞠躬，在如雷的掌声中凝重地走回座位。校长站起来说："爱德华，我们听到这则悲伤的消息真是震惊，不过在目前的情况下我们会尽量节哀的。"接着，就爆发出了震耳欲聋的笑声。当时爱德华真想一死以求解脱，后来就病了好几天。回忆这段时光，他曾诚恳地说："活在这个世界上，我最不敢期望做到的，便是当个大众演说家。"

在离开大学一年后，爱德华·威格恩先生一直住在丹佛。

在一场"自由银币铸造"的争论中，他读到了一本小册子，建议实行"自由银币铸造"。爱德华·威格恩先生非常不同意这种观点，并感到十分愤怒，因此他当了手表做盘缠，回到家乡印第安纳州，自告奋勇，就健全的币制发表演说。在他的听众席上，有不少听众都是他的昔日同学。当他开始演讲时，大学里关于亚当斯和杰弗逊的演讲那一幕又掠过他的脑海。他开始窒息、结巴，眼看就要全军覆没了。不过，听众和爱德华都勉强地撑了过来。小小的成功使他勇气倍增，他继续往下说了自以为大约15分钟的时间，而其实他已经说了一个半钟头。结果，以后数年里，爱德华·威格恩成了令全世界最感吃惊的人，竟然会把当众演说当成自己吃饭的行业。

讨论

爱德华·威格恩在回忆往事的时候曾说："我体会到了威廉·詹姆斯所说的'成功的习惯'是什么意思。"你能体会他话中的含义吗？

情境二 找到我的信心

一、情境设定

回忆你曾经参加的一次会议，请评论一下，你认为谁在会议中表现得比较紧张，理由是什么？你认为谁在会议中表现得比较从容，理由又是什么？

回忆你最近一次公开发言，想一想：你什么时候决定要发言，什么时候开始有些紧张，什么时候紧张慢慢消除。

二、　任务实施

紧张，起于发言之前，渐止于发言过程中。紧张，是自己能够感觉的，也是别人可以发现的。所以，在发言时需要调整自己的感觉，也要消除被别人发现的机会。

1. 疏解紧张

检视自己和周围的人，大家的紧张度有多少？事实是，每个在公众面前说话的人，无论他/她多么有经验，都会受到紧张的影响。2007 年 6 月 7 日，从哈佛大学辍学 30 余年的比尔·盖茨应邀在母校的毕业典礼上发表了 25 分钟的演讲，演讲非常成功。你也许不知道，即便像比尔·盖茨这样经历过大场面，已经做过无数次演讲的人物，面对这次演讲，还是花了 6 个月左右的时间来精心准备。

紧张是难免的，适度的紧张有助于更好地表达，但是过分的紧张一定会阻碍表达。我们需要把紧张程度控制在适当的范围内。有很多事先调剂的方法，可以选择实施。

（1）自信暗示法　发言前，过多考虑失败的因素，如"我忘词了会怎么样""别人会嘲笑我的""别紧张别害怕"结果呢？负面的自我暗示常常会导致失败。反之，要把自己看成是自信多、担心少的人，想象自己的发言非常完美、掌声响起，甚至欢声雷动的情形。只有对自己的发言效果充满信心，才能鼓励自己去竞争，获得成功。

心理学的研究表明，潜意识通常接受的是肯定的信息，"不要害怕""不要紧张"的自我告诫反而会刺激自己变得"害怕"和"紧张"，所以要多给自己肯定的信息。

（2）体育锻炼法　体育活动是一种简单而有效的消除紧张的方法。

如果早几天知道要公开发言，就可以进行一些体育活动，来消除紧张情绪。发言前半小时左右，可以找个地方做几次跳跃或者小跑一圈，消耗掉造成紧张的那部分能量。在发言前几分钟，还可以寻找到身体感到最紧张的部位，如手、腿、膝盖、肚子等，慢慢地把这部分的肌肉紧张起来，保持两秒钟，然后放松。做几次，就会感觉紧张度被释放了。如果坐在座位上，在不影响周围人的情况下，可以把腿收紧，或把腿伸出去，使下肢肌肉形成紧张状态。如果把脚稍向前伸，脚底正好接触地面，双腿之间也稍有距离，这样取得的是一种自然放松的状态，肌肉的紧张感就会消失。另外，做做深呼吸，也可以收到良好的效果。

（3）预讲练习法　演练，可以是真实的，也可以是假想的。

在镜子或者朋友面前，来一次真实的演练。注意看着"观众"，从镜子里观察自己的表现，从真实的听众的反馈中思考自己的优点和缺点。也可以闭上眼睛，设想自己进行了一次成功的发言。在脑海里把所有的过程闪现一遍，想象所有你能想到的细节。

需注意演练要完整，如果发现了错误也要继续，不要重新再来一次，因为真实的情形通常不允许重来，只能继续。当然，最好的练习是实际的发言，次数越多，水平越高，紧张度越低。

（4）愉快联想法　养成联想愉快事物的习惯，使自己心灵充满快意，精神安定，还能解除干扰记忆的压力。

心情平静地坐下来，闭上双眼，心中浮现那些存在于记忆中的最愉快的事情。例如，曾经游览过的秀丽山湖；和心爱的朋友一叶小舟荡漾在碧波上；也可以想象外面下着鹅毛大雪，自己却悠闲自得地坐在暖炉前似睡非睡的情景；到了海滨，海风轻轻地吹，海鸥在天空翱翔……

2. 释放激情

发言时候的激情是点燃自己、照亮别人的蜡烛。发自内心的兴奋会使你的发言有鼓动性和感召力。即使你不止一次说过同样的话题，也要把每一次当做第一次来讲，你的激情一定会换来自己与听众的成功互动。激情来自内心的发言欲望，也来自外在的语言表达，必然会带来最终的良好的发言结果。卡耐基在他的讲学生涯中曾经有一次类似经历，可以说明激情的重要性。

在纽约一家极具知名度的销售公司里，有位一流的销售员提出违反常理的论点，说他能够使"兰草"在没有种子、没有根的条件下生长。根据他的论点，他将山胡桃树烧成灰，撒在新犁过的土地上，然后就能长出绿油油的兰草。

评论他的演讲时，卡耐基温和地给他指出，如果他这种非凡的发现是真的，将使他一夜之间成为巨富，会使他成为人类史上一位杰出的科学家。但是，没有一个人曾经完成或有能力完成他所声称的奇迹：即还不曾有人从无生命的物质中培植出生命。

班上的学员也都认识到了这个销售员论述中的谬误。但是这个销售员对自己的立论非常热烈，他马上起立说自己没有错，他也并未引经据典，只是陈述自己的经验而已。他继续往下说，扩大了原先的论述，并提出更多的资料，举出更多的证据，他的声音里充满着真诚。

卡耐基再度告诉他：他是正确、或近乎正确，但距离真理 1000 里的可能性都非常渺茫。马上，他又站了起来，提议跟卡耐基打五块钱的赌，让美国农业部来解决这件事。事情的结果是班上好几个学生开始转而支持那个销售员。卡耐基问他们，是什么动摇了他们原先的论点？他们都说是讲演者的热诚和信念使他们自己怀疑起常识的正确性。

3. 表现放松

在发言的过程中控制自己的紧张也很重要。请记住：发言过程中的紧张，有你自己感觉到的，更有别人感觉到的。我们的目标是让自己感觉不那么紧张，让别人也觉得你不紧张。可以采用以下方法：

（1）提纲记忆法　有很多人在发言前会写一篇完整的讲稿，尤其是演讲前。而正式的发言，就成了背诵。但是背诵是机械记忆，单调的、机械的节奏会使发言失去激情。最糟糕的可能是，背诵的时候你把注意力都花在字句不出错上，一旦现场情况有变，如观众的反应、设备故障等，都会打断原有的记忆链，让你脑子一片空白。

所以，最好的选择是：准备充分，反复熟悉自己发言的内容，但是只写一个提纲。没有了背诵的底稿，自然也就没有了忘词的可能。

（2）紧张转移法　转移听众对人的注意力，加强对发言内容的注意力，是缓解紧张的好办法。

首先你要专注于自己的发言，而不要把注意力放在听众的评价上。忘了自己，面向听众，专注所说。因为无暇顾及其他，也就可以转移紧张情绪。

可以借助其他设备，如实物展示、投影等，把大家的视线吸引到你周围的事物上去，而只听你的声音。如果没有其他设备，就要注意不要吸引人去关注你紧张的部位。例如，不要手指转笔，不要抖动讲稿等。

（3）身体控制法　许多人发言时会紧张，尤其是站着发言的时候。我们需要控制自己的身体，不要让大家发现你的紧张。

有的人紧张时发抖。如果你的腿发抖，可以把重心轮流落在其中一条腿上。如果不考虑雅观，也可以身体略前倾，双手扣住讲桌。如果是坐着的，可以握紧双手放在膝盖上，这样可以同时防止手和脚的发抖。

有的人紧张时僵硬，全身肌肉绷紧。可以换个姿势，让自己放松。或者把双手握拳，紧张到不能再紧张的时候放松，这样做几次，就可以松弛下来。

有的人紧张时不敢看人，还有的人则是手脚小动作琐碎。我们应练习控制自己的身体，让肢体语言显得自信从容。

（4）语言表达法　有些人的紧张，是自己告诉听众的，例如说："不好意思，我很紧张。"或者说："不好意思，我忘词了。"还有人说："时间紧张，我都没来得及准备。"你认为听众的反应会怎么样？可以回忆一下你听到类似的话时自己的想法。

其实，听众更愿意自己来对你的发言作出判断，而关于"紧张"，他们的判断和实际情况也许有很大的差别。不要自己告诉他们，尤其不要一开场就告诉他们你很紧张。你应该在语言上表现得自信，告诉大家：我一定表现得很好，我的话值得你们认真听！

4. 仪表加分

一般而言，一个人发言的时候，听众不仅仅只是听，他们也在看。所以，仪表也很重要。

（1）准备工作　听众在看见你的第一眼时，就已经对你形成了一个印象，所以有好的外表形象很重要。不妨根据下面的提示来好好准备。

1）牙刷了吗，头发梳了吗，衣服合适吗？

2）穿了一双合脚又合时的鞋子吗？

3）看上去有精神、胸有成竹吗？

4）发言合适的位置是哪里？

5）你在别人的注目下会自信地端坐、行走、站立吗？

6）你能把准备的笔记放下说话吗？

7）你可以在说话前先环视一下听众，并且全程看着你的听众说话吗？

（2）善用眼神　从讲话开始一直到最后，都要让每个观众感到你在对他（她）说话，而眼神最能建立说话者与听众的联系。

发言的开头和结尾，必须要看着听众。你的眼神和表情，要传递这样的信息：你正在努力和每个人交流。让你的目光表示你希望他们能明白你的内容和主题。而每个看你的听众，都应该得到回视，让他们知道你很重视、尊重他们。如果有人对你皱眉或者绷脸，也不要让不快影响你。

眼神不能太久停留在一个人身上，也不能过快地扫视。通常目光停留在每个人身上的时间以说完一个整句为宜。眼睛要让人觉得你在注视他（她）的双眼，但不要真的看人的眼睛，看着他们的鼻梁就可以让他（她）感觉到你"用温和的眼神看着我"。

（3）肢体表现　在公众面前的发言都有一定的表演性，体态能帮助说话者加强表现力、控制局面。有效的身体语言不仅能表现和强调内容，还能抓住观众的注意力。

要运用你的头、手以及身体的其他部位，帮助你进行表现。无论坐着、站着还是移动，都要充满信心。成功的身体语言表达的意图要清晰、恰当而又自然。

（4）善始善终　发言结束不能匆匆收场。要收拾好所带的笔记等，如果需要走回自己的座位，记得要注意自己的步幅，显得专注而自信。坐在座位上不要马上和身边的人说话，因为有很多人还看着你。

三、 知识链接

1. 标准站姿

站立姿势应给人一种挺、直、高的感觉。挺胸抬头，下颌微收，双目平视，肩膀下沉外展，双腿直立，重心落于脚掌。

男士应体现刚毅：两脚平行分开，大体等于肩宽。手有三种姿势：两手交叉，垂放于前部；或自然下垂，放在两侧裤缝；或背手放在后边。

女士应体现优雅：双脚跟并拢，脚尖分开呈小八字形，双手交叉放于腹部上位。也可以双脚呈丁字步，身体略侧；手也可垂于两侧。

谈话时要面对对方，保持一定距离。身体歪斜、两腿分开很大距离、依墙靠桌、手扶椅背、双腿交叉、手臂抱紧等都是不雅和失礼的仪态。

2. 常用手势

手势是态势语言的一个重要组成部分，它包括从肩膀到手指的活动，还有肘、腕、指、掌各部分的协同动作。

（1）手势的种类　按手势的运用方式、表达的意思，大致可以分为以下几种：

1）情意手势。这种手势主要是表达喜、怒、哀、乐的强烈情感，其表现方式丰富，感染力强。例如，讲到胜利时拍手称快；讲到气愤时双手握拳；讲到着急时双手互搓。情意手势既能渲染气氛，又有助于情感的传达，在演讲中使用的频率最高。

2）指示手势。这种手势主要用于指示具体人物、事物或数量，给听众一种真实感。它的特点是动作简单，表达专一，一般不带感情色彩。例如，讲到"你""我"或"这边""那边"时，都可以用手指一下，给听众更清楚的印象。

3）形象手势。这种手势的主要作用是模拟人或事物的形状、高度、体积、动作等，以引起对方的联想，给人一种具体明确的印象。例如，讲到"他的个子只到我的胸口"的同时，用手势配合一下，既具体又形象。

4）象征手势。这种手势可以表示抽象的意念，用得恰当能引起听众的联想，如表示胜利的"V"形，停止的"T"形，赞许的"O"形。

（2）手势的活动区域　由于演讲的内容和情感不同，手势的活动区域也不尽相同，每个活动都有它特定的内容。

1）上区。手势在肩部以上活动，一般表示理想、希望、喜悦、祝贺等。手势向内、向上，手心也向上，其动作幅度较大。例如，表示对某人的殷切希望，对某项工程完工的喜悦，对朋友亲人幸福的祝愿等心情激动的内容，都可适当使用上区的手势。

2）中区。手势在肩到腹部区活动，一般表示记叙事物和说明事理，演讲者这时的心情比较平静。其动作要领是单手或双手自然地向前或两侧平伸，手心可以向上、向下，也可以与地面垂直，动作幅度适中。例如，表达"大家应该彼此照应，体现团队意识""按班组分配任务，班组长负责"等内容，手势在中区活动比较合适。

3）下区。腰部以下的手势，一般表示憎恶、鄙视、反对、批判、失望等。其基本动作是手心向下，手势向前或向两侧往下压，动作幅度较小。例如，"这些人不敢光明正大做事，这种行为是可耻的"。

了解了手势的基本含义，但手势的具体使用仍然不可一概而论。可以从会场的大小、听众的多少、内容的需要、表意的强弱等方面进行选择。

手势在演讲中的作用是多方面的，但它毕竟是辅助手段，不可喧宾夺主，也不应当代替有声语言。

四、　探讨分享

案例

凡斯·布须内的遭遇

凡斯·布须内是一家保险公司的副总裁。当年，他曾被安排在来自全美各地2 000多名公司代表的会议上发表演说。当时，他进入人寿保险行业才两年，可是做得相当成功，所以公司安排让他做20分钟的讲演。

凡斯高兴坏了，认为这是提高声望的好机会。于是，他写出讲稿，逐字背诵，又在镜子前演练了40回：每个单词、每个手势、每个面部表情都恰到好处。真是天衣无缝，完美无瑕，他想。

但是，当他走上讲台，一阵莫名其妙的恐慌忽然袭上心头。他只说了："我在本部门里的职务是……"就再也想不起下句了。慌乱之下，他后退两步，想重新开始。可是脑中还是茫然一片。他只好再退两步，想再重来。这番表演，他共重复了三次。讲台和后面的墙之间有五尺宽的夹缝，讲台后面也没有栏杆。所以，他第四次向后退时，便摔下讲台，消失到夹缝里了。听众哄堂大笑，有个人甚至笑得跌出椅子，滚到过道上。

自从公司创办以来，还不曾发生过这样丢脸的事。所以，凡斯觉着羞辱难当，于是提出辞呈。凡斯的上司极力挽留，并帮他恢复了自信心。而凡斯在这次经历以后，成了公司里数一数二的说话好手。不过，他再也不背诵讲稿了。

讨 论

1）你有过当众发言的经验吗？是否准备了完整的讲稿？你觉得准备完整的讲稿作用是什么？

2）凡斯之所以遭遇哄堂大笑，除了"忘词"还有什么原因？

实训拓展

一、日常关注

参加一次学校组织的活动，观察组织者、主持人的表现，尝试与他们交流，学习成功经验。

二、分步拓展

1. 肢体练习：所有练习要力求规范，戒除不良习惯。

（1）站姿训练　靠墙挺直站立，保持后脑勺、肩胛骨、后脚跟靠墙。

（2）走姿训练　头顶一本书，身体挺直行走，并且保持行走过程中书不掉下来。

（3）微笑训练　站或者坐在镜子前，调整呼吸，开始微笑：双唇轻闭，注意眼神配合。时间长度随意，反复训练，寻找自己最佳的微笑形式。

（4）手势训练　可以在镜子前，也可以同学们两两进行，分别训练不同手势的运用。

2. 重点练习自己的一两个手势，如开场打招呼、语气强调等。在班级中公开展示，互相评价。

3. 到公开场合，克服胆怯，尝试和他人进行交流与沟通，哪怕仅仅是问路或者闲聊。

三、综合实训

在班级里进行一轮"自我介绍"，可以分组进行。要求：

1）除了自己的姓名之外，每个人都必须介绍一个自己的优点或者特点。

2）每人的自我介绍时间不超过2分钟。

3）注意从位置上站起到介绍完落座全程控制好自己，尽量表现出自己最优秀的一面。

4）其余的同学要注意观察、评价介绍的同学的临场发挥，并自我检查，以求提高。

任务二　一起来说普通话

微课 3

/任务要求/

1) 知道普通话语流音变的一般规律。
2) 能说比较标准的普通话。
3) 能运用常见的重音、停顿、语调等技巧。

情境一　说流利的普通话

一、 情境设定

公司的新产品展示会即将举行，你的身份是展示柜前的工作人员。但是你打算在展示会期间只负责分发资料、传送信息，而解说产品的任务由同一部门的小王负责，因为他伶牙俐齿，能说一口流利的普通话。相比之下，自己的普通话只能算家乡话的"官话版"，表现的机会就让给他人吧。

但是，是不是以后只要有发言的机会，就一律让给他人，对自己只能安慰地说："我是一个内秀的人"？不，我们需要马上行动，改变现状，把握机会。

二、 任务实施

每个人都应该学会标准的普通话，不仅语音标准，语调也要标准。

学说普通话，首先需要掌握标准的字音。这一点很容易练习。

但是，学会了标准的字音，不等于会说标准的普通话，因为人们在说话时，不是孤立地发出一个个音节（字），而是把音节组成一连串自然的"语流"。由于相邻音节的相互影响或表情达意的需要，有些音节的读音要发生一定的变化，就会有语流音变。学习者要逐个来攻克这些难题。

1. 变调

变调是指在语流中，由于相邻音节的相互影响，使某个音节本来的声调发生变化。例如，杭州有一个景点叫"虎跑"，应怎么读？

（1）上声变调　上声在四个声调前都会产生变调，只有在读单音节字或处在词语末尾或句末时才有可能读原调。

1）上声 + 非上声：变半上——211。例如：

上阴：语音　火车　警钟　感激

上阳：语言　总结　旅行　导游

上去：语义　讨论　土地　美丽

上轻：可以　斧子　打点　伙计

2）上上相连：变成阳平调——35。例如：

鱼水——雨水　埋马——买马　涂改——土改　白米——百米

语法　总理　美好　远景　小组　海岛

3）三上相连：

当词语结构是"AB＋C"时，前两个音节变阳平。例如：

展览馆　选举法　洗脸水　打靶场　总统府　手写体

当词语结构是"A＋BC"时：第一个音节读半上——211，中间音节变阳平——

35。例如：

党小组　冷处理　小两口　孔乙己　纸老虎　小拇指

讨　论

（1）"一"的变调　"一"单念或作序数词时读原调（阴平调）。例如：

1月1日　同一律　说一不二　一是一二是二　一不怕苦二不怕死

专一　同一　统一　十一斤　整齐划一　统一认识

1）"一"＋去声：变阳平调——35。例如：

一个　一定　一律　一对　一次　一步登天

2）"一"＋非去声：变去声——51。例如：

一边　一头直　一起　一丝不苟　一来二去　一鼓作气

3）在动叠词中间：读轻声。例如：

听一听　学一学　写一写　试一试

（2）"不"的变调　"不"只有在去声音节前变阳平调——35。例如：

不必　不要　不但　不用　不论　不是

在其他声调音节前读原调——51。例如：

不禁　不屈　不才　不如　不法　不朽

（3）重叠形容词的变调

1）AA式。不儿化的AA式形容词在口语中一般读原调，儿化的在口语中必须变调，
方法是第二个音节与"儿"合成儿化韵读阴平——55。例如：

慢慢儿地　小小儿的　圆圆儿的　好好儿的　饱饱儿的　狠狠儿的

2）ABB式、AABB式形容词在口语中的变调比较复杂，但是现在渐渐趋向不变。
例如：

黄澄澄　文绉绉　沉甸甸　金灿灿　干干净净　整整齐齐

2. 轻声

轻声是一种特殊的音变现象。原则上说，每个词的每个音节都有固定的声调，但是有部分单音节虚词只能在语流中出现，并且总是读成又轻又短的调子；部分双音节词的后一音节会被读得较轻较短。这就是轻声。

（1）轻声的作用

1）区别词性和词义。例如，"大意"的"意"若读轻声，为形容词，意思是"粗心"；如果不读轻声，则为名词，意思是"大概意思"。

2）区别词和短语。例如，"东西"的"西"若读轻声，则"东西"为词，指物品；如果不读轻声，则"东西"为短语，表示方位上的东边和西边。

（2）轻声的调值 轻声不是一个独立的调类，也没有固定的调值，只是失去了原有声调的调值，又重新构成自身特有的音高形式，听感上显得短而模糊。它的调值总是随着前一个音节的调值而定。轻声的调值形式主要有两种：

1）当前一个音节的声调为阴平、阳平、去声时，轻声音节的调值形式为短促的低降调——31。例如：

结实　　杯子　　柴火　　核桃　　见识　　记号

2）当前一个音节是上声时，轻声音节的调值形式为短促的高平调——44。例如：

饺子　　比方　　打算　　本事　　姐姐　　口袋

（3）轻声的分布规律

1）构词后缀。例如：

"子、儿、头、么、们、悠"：桌子　我们　晃悠　下巴　什么

2）名词后面的方位词或语素。例如：

"里、上、下、边"：屋里　地下　北边　里头

3）叠音名词及动词的后一音节。例如：

妈妈　姥姥　玩玩　尝尝　练练

4）结构助词、时态助词。例如：

"的、地、得、着、了、过"：我的　慢慢地　走了　看着　说过

5）语气助词。例如：

"啊、呀、吗、呢、啦、吧、哇"：唱啊　是吗　对吧　谁呢

6）趋向动词。例如：

"来、去、起来、下去"等作补语：回来　出去　站起来　说下去

7）口语中历史悠久的双音节词语。例如：

萝卜　　时候　　告诉　　行李　　凉快　　规矩

窗户　　朋友　　阔气　　粮食　　头发　　先生

3. 儿化

在北京发音里，处于词语末尾的"儿"本是一个独立的音节，由于口语中处于轻读的地位，常常与前面的音节流利连读中产生音变。音变后的"儿"失去了独立性，化到了前一个音节上，只保持了一个卷舌动作，使两个音节融合成一个音节，前面的音节也或多或少发生了变化。普通话吸取了北京方言的儿化音变现象。被儿化的韵母称为"儿化韵"。

（1）儿化的作用

1）区别词性。例如：

盖（动词）——盖儿（名词）　　破烂（形容词）——破烂儿（名词）

2）区别词义。例如：

头（脑袋）——头儿（领导、首领、一端）

白面（面粉）——白面儿（白色粉末或毒品）

眼（眼睛）——眼儿（窟窿眼儿、小孔）

信（书信）——信儿（消息）

3）表示小、可爱、亲切或蔑视、鄙视等多种感情色彩或语气。例如：

小孩儿　宝贝儿　心尖儿　小草儿　小丑儿　门缝儿

（2）儿化的音变规律

1）直接卷舌。在没有韵尾-i、-n、-ng，并且韵母最后音素为 a、o、e、ê、u 的情况下，直接卷舌。例如：

a、ia、ua→ar、iar、uar　　刀把儿　　找茬儿　　笑话儿

o、uo→or、uor　　　　　　耳膜儿　　细末儿

e→er　　　　　　　　　　山歌儿　　大个儿

ie、üe→ier、üer　　　　　台阶儿　　木橛儿

u、ou、iou、ao、iao→ur、our、iour、aor、iaor

白兔儿　猴儿　蜗牛儿　草稿儿　鸟儿

2）变化后卷舌。

①丢韵尾卷舌。当韵尾为-i、-n 时，丢弃韵尾，在韵腹的基础上卷舌。例如：

ai、uai→ar、uar　　　　　鞋带儿　　一块儿

ei、uei→er、uer　　　　　墨水儿　　一会儿

an、ian、uan、üan→ar、iar、uar、üar 竹竿儿　　聊天儿　拐弯儿　后院儿

en、uen→er、uer　　　　后门儿　　打滚儿

如果韵腹为 i、ü，先丢弃韵尾-n，然后加"e"进行儿化。例如：

in、ün→ier、üer　　　　　手印儿　　花裙儿

②合韵尾卷舌。当韵尾为-ng 时，需将韵尾与韵腹合成鼻化元音，然后卷舌。例如：

ang、iang、uang→ãr、iãr、uãr　　帮忙儿　　相框儿　　蛋黄儿

eng、ong→ẽr、õr　　　　　八成儿　　打孔儿

如果韵腹为 i、ü 时，先添加韵腹"e"并鼻化，然后卷舌。例如：

ing、iong［yŋ］→iĕr、［yə̃r］　　电影儿　　小熊儿

③添韵腹卷舌。在元音 i、ü 的基础上儿化，需要添加韵腹"e"，然后卷舌。例如：

i、ü→ier、üer　　　　　　　　底气儿　　有趣儿

④变韵腹卷舌。当韵腹为 -i 时，需要变成"e"再卷舌。例如：

铁丝儿　　瓜子儿　　没事儿

4."啊"的音变

"啊"作为叹词独立性很强，一般不会产生语流音变。而语气助词"啊"则不能独立使用，总是处在语句末尾，由于受到前一音节末尾音素的影响，常常会发生音变。

①当前面的音素是 a、o（ao、iao 除外）、e、ê、i、ü 时，读 ya，可以写成"呀"。例如：

好大呀　　快说呀　　天鹅呀　　是你呀　　这个小孩儿真可爱呀！

②当前面的音素是 u（包括 ao iao）时，读 wa，可以写成"哇"。例如：

您在哪住哇　　真可笑哇　　这棵树真高哇

③当前面的音素是 -n（前鼻音的韵尾）时，读 na，可以写成"哪"。例如：

天哪　　好大的烟哪　　什么人哪　　这事情办得真晕哪

④当前面的音素是 -ng（后鼻音的韵尾）时，读 nga，仍写成"啊"。例如：

这有什么用啊　　真漂亮啊　　这木头真硬啊

⑤当前面的音素是 -i（后）和 er 时，读 ra，仍写成"啊"。例如：

这是一首多好听的诗啊　　多绿的树枝啊　　好漂亮的金鱼儿啊

⑥当前面的音素是 -i（前）时，读 za，仍写成"啊"。例如：

你来投资啊　　你说上次啊　　这就是寒山寺啊

三、知识链接

1. 普通话的声调

普通话的读音，一般由音高、音强和音长决定。很多时候声调具有辨义功能。著名语言学家赵元任编写了一段《施氏食狮史》，很能说明汉语的声调特点和辨义功能。

石室诗士施氏，嗜狮，誓食十狮。

shí shì shī shì shí shì, shì shī, shì shí shí shī.

施氏时时适市视狮。

shī shì shí shí shì shì shì shī.

十时，适十狮适市。

shí shí, shì shí shī shì shì.

是时，适施氏适市。

shì shí, shì shī shì shì shì.

氏视是十狮，恃矢势，使是十狮逝世。

shì shì shì shí shī, shì shǐ shì, shǐ shì shí shī shì shì.

氏拾是十狮尸，适石室。

shì shí shì shí shī shī, shì shí shì.

石室湿，氏使侍拭石室。

shí shì shī, shì shǐ shì shì shí shì.

石室拭，氏始试食是十狮。

shí shì shì, shì shǐ shì shí shì shí shī.

食时，始识是十狮，实十石狮尸。

shí shí, shǐ shì shì shí shī, shí shí shí shī shī.

试释是事。

shì shì shì shì.

2. 调值和调类

调值是声调的具体读法，源于音节音高的高低、升降、平曲、长短的具体变化。通常用五度制标调法体现声调，如图3所示。竖向的比较线上的1、2、3、4、5表示声调从低到高的变化，比较线的左边用或横或斜或曲的线表示声调的变化。

图3 五度制标调法

普通话有四种基本调值，可以归并为四个调类。根据古今调类演变的对应关系，定名为阴平、阳平、上声和去声。

（1）阴平 高而平，叫做高平调。发音时由5度到5度，简称55。

（2）阳平 由中音升到高音，叫做中升调。由3度到5度，简称35。

（3）上声 由半低音降到低音再升到半高音，叫做降升调。由2度降到1度，再升到4度，简称214。

（4）去声 由高音降到低音，叫做全降调。由5度到1度，简称51。

四、探讨分享

案例

朗读《父亲的爱》，看看你能注意到多少语流音变的问题

爸不懂得怎样表达爱，使我们一家人融洽相处的是我妈。他只是每天上班下班，而妈则把我们做过的错事开列清单，然后由他来责骂我们。

有一次我偷了一块糖果，他要我把它送回去，告诉卖糖的说是我偷来的，说我愿意替他拆箱卸货作为赔偿。但妈妈却明白我只是个孩子。

我在运动场打秋千跌断了腿，在前往医院的途中一直抱着我的，是我妈。爸把汽车停在急诊室门口，他们叫他驶开，说那空位是留给紧急车辆停放的。爸听了便叫嚷道："你以为这是什么车？旅游车？"

在我生日会上，爸总是显得有些不大相称。他只是忙于吹气球，布置餐桌，做杂务。把插着蜡烛的蛋糕推过来让我吹的，是我妈。

我翻阅照相册时，人们总是问："你爸爸是什么样子的？"天晓得！他老是忙着替别人拍照。妈和我笑容可掬地一起拍的照片，多得不可胜数。

我记得妈有一次叫他教我骑自行车。我叫他别放手，但他却说是应该放手的时候了。我摔倒之后，妈跑过来扶我，爸却挥手要她走开。我当时生气极了，决心要给他点颜色看。于是我马上爬上自行车，而且自己骑给他看。他只是微笑。

我念大学时，所有的家信都是妈写的。他除了寄支票外，还寄过一封短柬给我，说因为我没有在草坪上踢足球了，所以他的草坪长得很美。

每次我打电话回家，他似乎都想跟我说话，但结果总是说："我叫你妈来接。"

我结婚时，掉眼泪的是我妈。他只是大声擤了一下鼻子，便走出房间。

我从小到大都听他说："你到哪里去？什么时候回家？汽车有没有汽油？不，不准去。"爸完全不知道怎样表达爱。除非……

会不会是他已经表达了而我却未能察觉？

（［美］艾尔玛·邦贝克《父亲的爱》，《读者文摘》1987 年第 12 期）

情境二 说抑扬顿挫的话

一、情境设定

因为工作出色，领导要求你在专门会议上介绍经验。坐在台上，你对着麦克风才说了一句话，就被自己的声音吓了一跳：这是我的声音吗？我觉得我的嗓音更深沉、更清晰……现场的声音实在有些令人沮丧，你说话的声音不免低了一点。波澜不惊地讲完后，你才发现没有多少人在听。反省自己：好像发言的内容还不错呀，为什么别人会走神呢？

想一想，可能是你的"声音"出了问题，是没有起伏变化呢，还是不会使用话筒呢？要学习调度自己的声音，让自己的说话更出彩。

二、任务实施

每个人的声音对他（她）的表达效果起着首要的影响。在日常的交流中，如果沟通对象了解你，有限的音量和语调变化他们是能接受的。如果超过了熟悉的对象范围，平铺直叙的说话节奏就意味着单调乏味，缺少吸引力，非常容易令人走神。因此，在说话过程中，声音要符合以下要求：能够听见；保证听清；抑扬顿挫。

1. 音量

让人理解你的话语的首要因素是音量。每个人的说话声音，自己听到的通常比听众听到的要响，而背景噪音等也会影响听众听清楚你的发言。

（1）注意距离和场合　听众多，你的声音就应该高；听众少，你的声音就应该低。听众离得远，你的声音就应该高；听众离得近，你的声音就应该轻。在相对空旷的环境，你的声音就应该高；在相对封闭的环境，你的声音就应该轻。

（2）学习使用麦克风　麦克风或者扩音系统使发言者和一群人沟通变得容易。但是还需要注意：

1）麦克风的音量有一定的范围。如果你的音量变化太大，会令听众头晕。

2）大多数麦克风不是高保真的，所以说话要比平常慢而清楚，别人才能听明白你在说什么。

3）尽量在听众到场前熟悉麦克风。确定你的嘴和麦克风的最佳距离，保证你说话时候的最佳音量。如果不是无线麦克风，注意不要扯到电线，或者扯脱了电池。

4）麦克风会放大所有的声音，不仅是你的正式发言，也包括你的自言自语、咳嗽抓挠、翻看讲稿。

（3）学习练声　普通人的肺大约每分钟呼吸 18 次，提供所需的气息。气息是发声的基础，说话要学会用气。

呼吸：吸气要深，胸部打开、小腹收缩。呼气要慢而长。

声带：放松声带，从轻缓的震动开始，发一些轻慢的声音。避免一开始就大喊大叫。

此外，口腔和鼻腔是说话时最重要的共鸣器，需要多练习，增加灵活性。说话的时候也要注意避免托腮帮、摸鼻子等影响发声的动作。

2. 重音

在朗读中，为了准确地表达语意和感情，会强调突出某些词或短语，被强调的这部分就被称为重音，或重读。平时说话也应借鉴朗读的方式进行轻重音的区分。重音是体现句子目的的重要手段。一个独立完整的句子，只有一个主要重音，而重音在语句中的位置，需要根据表达目的来确定。

（1）重音的确定

1）语法重音。在不表示特殊的思想和感情的情况下，根据语法结构的特点把句子中的某些部分重读的，称为语法重音。语法重音的强度不十分强，它的主要规律有：

①一般短句中的谓语部分重读。例如：

天亮了。

山朗润起来了，水涨起来了，太阳的脸红起来了

②句子的修饰、补充成分重读。例如：

白杨树是不平凡的树。

月亮慢慢地升起来了。

房子收拾干净了。

③部分代词也要重读。例如：

我什么也没有说。

今天谁值日？

这是一本书。

④表示并列、选择、递进、转折、因果、条件、假设、目的等的词语，以及有比喻、夸张、对偶、排比、重复、设问、反复、双关、反语等的词语，也读重音。

2）强调重音。为了表示特殊的思想和情感而把句子里某些地方读得特别重的现象，称为强调重音。它的强度大于语法重音。强调重音的位置受说话的环境、说话人的特殊要求和感情所支配。同样一句话，说话的目的不同，强调重音也不一样。例如：

我没让他买汉堡。—— 是别人让他买的。

我没让他买汉堡。—— 这事不是我干的。

我没让他买汉堡。—— 我让其他人买的。

我没让他买汉堡。—— 我是让他去拿。

我没让他买汉堡。—— 我让他买其他东西。

（2）重音的处理

1）重音重读。加强音量和气势，使字音高亢、响亮、饱满、有力。常用于表达饱满、高涨的情绪。例如：

让暴风雨来得更猛烈些吧！

2）重音轻读。控制声带，运用较强的呼吸，使气大于声，将重音低沉地轻轻吐出。一般用于表达复杂或细腻的感情。例如：

风一吹，芦花般的苇絮就飘飘悠悠地飞了起来。

3）重音长读。适当延长音节的音长，使字音富于感染力。一般用于表达深沉、婉转的感情。例如：

周—— 总—— 理，你—— 在—— 哪—— 里？

我想那缥缈的空中，定然有美丽的街市。

3. 停连

停连是指语流中声音的停顿和延续。说话过程中的气息调节需要停顿，气息调好后又要继续，就需要连接。而停顿和连接又会影响内容的表达，所以对停连的位置和时间要作出恰当的安排。

（1）停连的确定

1）语法停连。语法停连是反映句子中语法关系的停顿，基本以标点符号作为依据。停连时间的长短一般是：层次＞段落＞句号（问号、叹号）＞分号、冒号＞逗号＞顿号。例如：

正是因为说话跟吃饭、/走路一样的平常，/人们才不去想它究竟是怎么回事儿。

在没有标点的地方常常也有表示语法关系的停顿，如较长的主语和谓语之间、动词和较长的宾语之间、较长的附加成分和中心语之间、较长的联合成分之间。例如：

这就是/我越来越深刻地感觉到/谁是我们最可爱的人。

原子是由带正电的原子核/和核外带负电的电子/组成的物质化学变化中的最小微粒。

在说话过程中一定要考虑到句子成分语法结构的完整性，不能将一个关系密切的结构单位拆解开来，或将关系不很密切的结构单位捏合在一起。例如：

叶徒相似，其/实味不同。

这就是被誉为/"世界民居奇葩"、/世上独一无二的/神话般的山区建筑模式的/客家人/民居。

2）强调停连。强调停连是为了强调某一事物，突出某个语意或感情，或是为了加强语气，在不是语法停连的地方作适当停连，或在语法停连上变动停顿时间。这种停顿是由说话人的意图和感情所决定，没有确定的规律。它可以和语法停顿一致，也可以在语法停顿的基础上改变停顿的长短，还可以跟语法停顿不一致。例如：

谁是我们/最可爱的人呢？

语言，也就是说话，好像是/极其稀松平常的事儿。

更妙的是，这只鹅从盘子里跳下来，背上插着刀和叉，摇摇摆摆地在地板上走着，一直向这个穷苦的小女孩走来。/这时候，火柴又灭了，/她面前只有一堵又厚又冷的墙。

（2）节拍　停顿把一句话分成几个段落，这样的段落叫做节拍、节拍群、音步或停顿。节拍的划分既要考虑词和词组关系的疏密，又要照顾到整节节拍的匀称。节拍在诗歌，尤其是古诗中表现尤其明显。古诗的节拍（停顿）要依据诗体和韵律来切分，主要规律是：

1）四言诗的节拍为2-2式。例如：

关关/雎鸠，在河/之洲。窈窕/淑女，君子/好逑。

从上面几句诗中可以发现，古诗的节拍单位和意义单位有时候并不一致。如"在河之洲"，意义单位应该是"在/河之洲"。

2）五言诗的节拍为2-3或3-2式，3又可细分为1-2或者2-1。例如：

床前/明月/光，疑是/地上/霜。

举头/望/明月，低头/思/故乡。

3）七言诗的节拍为4-3，4可细分为2-2，3可细分为1-2或者2-1。例如：

两个/黄鹂/鸣/翠柳，一行/白鹭/上/青天。

窗含/西岭/千秋/雪，门泊/东吴/万里/船。

现代诗的节拍不如古诗那么规律明显，但是仍然应该有诗歌的韵律，朗读的时候要注意体会。

（3）停顿的处理

1）徐停。声断气不断，意念情绪连绵。例如：

道一声/珍重，道一声/珍重，那一声/珍重里，有甜蜜的/忧愁。

2）急停。迅速收声敛气。例如：

举起你的双手吧，新中国/是我们的！

3）强停。屏住呼吸，中断气流，一字一顿。例如：

昨天，/日本政府/已经发动了/对马来西亚的进攻。

4）长停。停顿前一个字由高到低缓缓收敛，直至声气全无。例如：

北国/风光，千里/冰封，万里/雪飘。望/长城/内外……

4. 句调

句调是指句子声音的高低升降变化。句子的升降是贯穿整个句子的，但是在句末表现得尤其突出。通常句调可分为平直调、高升调、降抑调和曲折调四种。

1）平直调。整句语势平直舒缓，没有显著变化。主要用于不带特殊感情的陈述和说明，也可以表示庄严、悲痛、冷淡等感情。例如：

我家的后面有一个很大的花园，相传叫百草园。→

攀登科学高峰是没有捷径可走的。→

2）高升调。前低后高，语势上扬。一般句中暂停的地方用升调，也表示号召、鼓动、反问、设问、申诉等感情。例如：

怎么妈妈的妈妈也喜欢吃鱼头？↑

我没有干坏事！↑

3）降抑调。前高后低，语势渐降。一般用于陈述句、感叹句和祈使句，表示坚决、自信、赞扬、祝愿、心情沉重等感情。例如：

我们有并不失掉自信力的中国人在。↓

可爱的小鸟和善良的水手结成了朋友。↓

4）曲折调。句子的高低有曲折的变化。有时先升后降，有时先降后升。一般在心情比较特殊的时候使用，表示惊讶、怀疑、讽刺等感情。例如：

当三个女子从容地辗转于文明人所发明的枪弹的攒射中的时候，这是怎样的一个惊心动魄的伟大呵！～

啊呀呀～，你放了道台了，还说不阔～？现在有三房姨太太，出门便是八抬的大轿，还说不阔～？吓，什么都瞒不过我～。

5. 语速和节奏

在说话过程中，由一定的思想感情的起伏所形成的，在有声语言的表达上显示出来的快慢、抑扬、轻重、虚实等各种循环交替的声音形式，就是节奏。节奏是对整篇文章而言的，语速是构成节奏的主要内容。

一般来说，凡是在急促、紧张的地方，或者是在兴奋、激动、愤怒、惊慌的情绪下，语速要快一些；而在庄重、严肃、一般陈述的地方，或者是在平静、悲哀、思念的情绪下，语速要慢一些。例如：

等他们走后，我惊慌失措地发现，再也找不到要回家的那条孤寂的小道了。像只无头的苍蝇，我到处乱钻，衣裤上挂满了芒刺。太阳已经落山，而此时此刻，家里一定开始吃晚餐了，双亲正盼着我回家……想着想着，我不由得背靠着一棵树，伤心地呜呜大哭起来……

诞生于20世纪30年代的塑料袋，其家族包括聚苯乙烯快餐饭盒、塑料包装、塑料餐具杯盘以及电器充填发泡填塞物、塑料饮料瓶、酸奶杯、雪糕杯等。这些废弃物形成的垃圾数量多、体积大、重量轻、不降解，给治理工作带来很多技术难题和社会问题。

语音的虚实、粗细也对表达有很重要的影响。通常实音饱满、洪亮，虚音压抑、柔弱。说话或者朗读的时候要根据不同的场合、不同的内容，学习综合使用各种因素。例如：

忽然教堂的钟敲了12下。祈祷的钟声也响了。窗外又传来普鲁士兵的号声——他们已经收操了。韩麦尔先生站起来，脸色惨白，我觉得他从来没有这么高大。

"我的朋友们啊，"他说，"我——我——"（渐弱，虚声）

但是他哽住了，他说不下去了。

他转身朝着黑板，拿起一支粉笔，使出全身的力量，写了两个大字：

"法兰西万岁！"（注：在法语中"法兰西"是一个词，"万岁"是一个词。）

然后他呆在那儿，头靠着墙壁，话也不说，只向我们做了一个手势："放学了，——你们走吧！"（由实到虚，缓）

三、 知识链接

说话要学习运用自己的发声器官，人体的发声器官如图4所示。

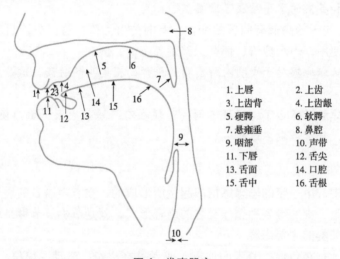

1. 上唇　　2. 上齿
3. 上齿背　4. 上齿龈
5. 硬腭　　6. 软腭
7. 悬雍垂　8. 鼻腔
9. 咽部　　10. 声带
11. 下唇　12. 舌尖
13. 舌面　14. 口腔
15. 舌中　16. 舌根

图4　发声器官

在发声过程中有四大器官参与工作，分别是动力器官、振动器官、共鸣器官和吐字器官。

动力器官也称为呼吸器官，包括胸腔、肺、气管和横隔膜。主要为发声提供动力。

振动器官即喉，通过喉内的声带振动而发出声音。声带从平面看是由两条带状的肌肉构成，一端和会厌骨相连，另一端和杓状软骨相连。由于喉头的软骨和肌肉的相互作用，吸气时使两声带分离，发声时使两声带相互靠拢。在气息密切的配合下调整声带的长、短、厚、薄和张力，使声音产生高、低、强、弱的变化。

人体发音的共鸣器官有咽腔、口腔、鼻腔、胸腔和头腔，口腔是最主要的共鸣器官。口腔在发声过程中是一个形状和体积都可控制的共鸣腔，在舌的动作、口的开合、唇形的变化、软腭后部的升降等因素共同作用下，能产生各种各样的声音，语言所利用的声音仅是其中的一部分。共鸣腔不仅能使声音因共鸣而增强，而且还控制声音的音色和频率的高低。

吐字器官由口腔、舌头、软腭、嘴唇、下腭等组成，可使言语清晰。

四、 探讨分享

 案例

角色扮演《雷雨》第二幕中周朴园和鲁侍萍的对话

讨 论

1）周朴园和鲁侍萍的心理变化脉络是怎样的？

2）这个场景，人物对话主要以什么方式表现比较恰当，为什么？

3）评论角色扮演的成败。

实训拓展

一、 日常关注

分别寻找一个学习、生活或工作中关于语流音变的事例，看看怎么样的读音才是正确的。

二、 分步拓展

1. 绕口令。

1）八百标兵奔北坡，炮兵并排北边跑；炮兵怕把标兵碰，标兵怕碰炮兵炮。

2）扁担长，板凳宽，板凳没有扁担长，扁担没有板凳宽。扁担要绑在板凳上，板凳不让扁担绑在板凳上，扁担偏要扁担绑在板凳上。

3）粉红墙上画凤凰，凤凰画在粉红墙。红凤凰，粉凤凰，红粉凤凰，花凤凰。红凤凰，黄凤凰，红粉凤凰，粉红凤凰，花粉花凤凰。

4）山前有个颜远眼，山后有个袁眼圆，俩人上山来比眼。也不知颜远眼比袁眼圆的眼看得远，还是袁眼圆的眼比颜远眼的眼长得圆。颜远眼看看袁眼圆，袁眼圆瞪着颜远眼。

2. 每天选择一篇新闻稿进行诵读，有条件的可以比对广播、电视播音员对该内容的播报，体味学习。

三、 综合实训

进行一次诵读会。

（1）场地 在礼堂或者多媒体教室，配置麦克风。

（2）内容 选择几组具有不同的情感色彩与内容的诗文，让学生预先准备。

（3）要求 能综合运用不同的技巧，提高声音的表现力，并注意分享与学习。

任务三　我要去演讲

微课4

/任务要求/

1）能进行听众分析、确定主题。

2）知道演讲的类别与程序。

3）能运用基本的技巧进行演讲。

4）知道演讲语言的特点并运用。

情境一　谁来听我的演讲

一、情境设定

为了配合新一轮的价值观讨论，公司要进行一次主题演讲。你所在的部门把你推选为参赛选手。为了获奖，你需要好好准备比赛。不过，你是根据什么来准备的呢？是不是想办法去打听其他选手有谁，评委是谁？或者也打听了在哪里比赛，有多少观众？

有没有想过，其实观众不仅仅是被动地听你演讲的对象？演讲主题不仅是主办方确定的，也需要根据观众适当调整？

二、任务实施

复杂的受众分析在广告中是常事。例如，沃尔沃（VOLVO）的汽车广告在美国强调经济耐用，在法国宣传休闲和地位，在德国突出性能，在瑞士把安全放在首位。演讲也需要做完备的受众分析。听众是一次演讲的必然组成部分，演讲的成败取决于听众的听讲效果。

好的演讲都是以听众为中心的，演讲人希望从听众中得到他们所希望的反馈。任何一次演讲之前，都需要问自己几个问题："我要对谁演讲？我希望他们听完之后了解、相信或是做什么？完成演讲任务的最有效的方法是什么？"对听众的分析可以让我们更好地确定演讲的目标、落实演讲的内容、实施演讲的方式。

虽然以听众为中心很大程度上是满足听众的需求，但是演讲人不能一味迎合听众，不能以牺牲自己的思想为代价博取听众的好感。演讲者还是需要有自己的观点、自己的个性特点。

1. 分析听众

对听众的了解和分析，主要是依据听众的基本特征进行统计分析，然后评价这些特征对本次演讲的影响力。在对听众进行统计分析时，通常需要了解的情况包括以下几个部分：

（1）基本情况

1）年龄。很多研究者认为，没有任何东西比年龄更能影响一个人的世界观。每代人都或多或少有共同的成长背景，有相似的经验和价值观。如果听众的年龄层次一致，你需要面对的问题就比较集中；如果听众的年龄层次多样，那么你就得处理相对复杂的问题。

2）性别。确认听众中的男女性别比例，不仅是选择演讲话题和演讲内容时的参考，也是你调整自己的表达方式的依据之一。例如，演讲过程中听众点头说"是"，女性听众多数表示"我懂了"，而男性通常意味着"我同意"。

3）文化背景。不同文化背景的人对某方面的话题的了解程度会有差异，并且对话题的取向也会有不同。因此演讲之前，需要了解听众的文化背景，尤其注意有无不同民族、种族、宗教的差异，了解他们对你的演讲可能产生的影响，及时调整自己的信息，以便更恰当、更清晰、更有说服力。

（2）环境信息　环境信息首先是指物质环境，如是在什么时间进行演讲。上午 10 点和下午 4 点，听众对演讲的态度是有差异的。在座椅舒适、空气良好的环境听讲，与在设施破旧、照明黯淡的环境听讲，两者的愉悦性有明显的差异。你所能做的就是尽量让听众精神集中地听一场演讲。

环境信息也包括听众规模。不同的规模直接影响到你对场面的控制和调度。通常，规模越大，演讲的方式就越正规。不同的演讲规模需要演讲者适当调整自己的语言和可视辅助物等。

（3）选题态度　理想的演讲是选择一个适合自己、也适合听众的话题。对听众的选题态度进行分析首先就是要评估他们对选题的兴趣水平，如果你的话题不能引起听众的兴趣，就要想法提高演讲的参与度。而对一个话题的兴趣往往和听众对这个话题的了解程度有关。如果听众对你的内容完全不了解，无论他们有没有兴趣，你都需要从最基本的内容开始介绍；反过来说，如果你对基础水平很高的听众从最简单的内容开始介绍，无论他们对话题的兴趣有多大，都很难吸引听众。

听众对选题的态度非常重要。如果在演讲前能了解听众对人、事、政策等的评价，就能够调节自己的诉求方式，以满足听众需求。不要激怒听众，不要在一开场就冒险把自己和听众放在对立的位置上，而是要学会寻求共同点。

（4）主客关系　演讲之前，每个演讲者还需要问问自己："为什么是我对他们来进行演讲？"也就是弄清楚自己演讲的原因，找到自己演讲的价值、对听众的意义。看看自己和听众之间是什么关系，如果你和听众是同事或者同学，就容易和他们融为一体。

你的发言在议程安排上的位置也影响到你讲话的基调和内容。如果你是重要的发言人，就有机会为这次活动确定一个基调，影响听众对整个活动的看法；如果你是最后一个发言者，就要注意制造激动的氛围；如果你在活动当中发言，就要注意和前后发言人内容的承接和表达的差异。

2. 信息收集

对听众信息的收集是很有必要的，但是如何做好信息收集工作呢？大体上可以采用这几种方式：

（1）询问主办方　任何演讲，都可以通过询问主办方，了解听众的大致情况。如果是面对某一团体进行演讲，就可以获得比较完整的第二手资料，了解这个团队的历史、现状以及他们对演讲选题的了解情况和态度。如果是专业的演讲，如竞选某个高级职位，你也可以借助专业的调查机构和人员来获得有效的资料。

（2）与听众面谈　如果可能，可以找机会与听众进行面谈，更多地了解他们对某个演讲选题的兴趣和意见，获得大量的第一手资料。面谈可以找一个典型的听众，也可以组织小规模座谈。这是听众分析中比较有效的方式，但是相对来说时间和精力成本比较高。

（3）问卷调查　利用问卷进行听众分析是比较科学的方式，这一方式可以了解相对多的听众，所收集的信息也比较全面。问卷调查可以采用开放性的问题，也可以采用半封闭和封闭性的问题进行。但是需要注意的是：首先要使调查问卷的内容集中有效，不可太分散；其次要确保问题清晰，不可模糊或有歧义；问卷也要尽量简洁。

3. 适应需求

完成了听众分析，就应该对听众有一个相对完整的认识，可以确定他们的总体特征，他们对演讲选题的兴趣与了解程度，他们对演讲者的态度以及他们对演讲的预期。听众分析的目的在于：在演讲前和演讲中如何利用这些信息满足听众需求，为自己服务。

在演讲的准备阶段，演讲者心里就应该装着听众，预测听众的反馈：他们对你的演讲内容和结论会有什么反应？他们会觉得你举的例子表达清晰并且有说服力吗？你的语言和讲述方式对他们会有吸引力吗？你有没有使用视觉辅助，视觉辅助能否有助于他们了解你的思想？能够并且有创意地解决以上问题，你的演讲准备就比较完善了。

当然，再好的准备也不能保证演讲能一切按计划进行，在正式演讲中还需要注意听众的反馈，据此作出临场调整。

三、 知识链接

听众的信息接受有什么特点呢？

如果你去听一场演讲，你可能会认真听，也可能会"开小差"。你可以逼迫别人去参加一次演讲会，但是没办法逼迫他们认真听讲。所以，吸引听众的注意力很重要。注意力就是演讲吸引受众关注的程度，它类似于一个信息过滤器——一个能控制任何受众接受信息数量和性质的筛选工具。

（1）获取信息的方法　通常情况下，人们获取信息有三种方法：主动搜索、正常获取和被动注意。正常获取就是通过正常的渠道，对自己感兴趣的信息进行选择性的储存和保留。被动获取就是信息源通过不断的提示和"强制性灌输"，竭力引起人们对信息的注意和接受。这三种方式中，被动获取的信息数量和质量损失最严重。

（2）信息的类型

1）价值性信息。人们在生活中无时无刻不在面临各种决策，决策的过程就是信息判断的过程。这其中，对人们的决策效用较大的信息就属于价值型的信息，这类信息最受人欢迎。有效的演讲必须满足人们的需求，不是空泛的信息堆积。

2）接触性信息。人们愿意接触支持其观点的信息，而回避"差异"信息。认知上的不一致、相互冲突的认知元素的存在，会造成某种不愉快，但人们在行为和认知过程中会努力减少这种不愉快。因此，演讲过程中要尽量向听众传达支持性信息，以强化其自愿接受；回避非支持性信息，以减少其不自愿接受。

3）多样性信息。人们会有接触刺激信息的渴望。人们总在追求新鲜性、不可预见性、变化和复杂性，这是由于在它们中包含有某种令人满足的东西。所以，演讲也需要创造出新颖而不落俗套的内容和形式。

4）有趣性信息。人们被诱导去寻找他们觉得有兴趣的刺激信息。一个人渴望看到自我反映，渴望关注自我投入的事情。所以，演讲过程中要努力使内容设置和相关沟通技巧与受众心理达成更高的融合。

四、 探讨分享

案例一

芭芭拉·布什的《选择与变革》

演讲背景：

1990 年 6 月 1 日是美国卫斯理女子大学举行毕业典礼的日子，《紫色》的作者爱丽丝·沃克应邀为四年级毕业生做演讲，但是她因故不能到场，大学方面就改而邀请当时的总统夫人芭芭拉·布什。但是有 1/4 的毕业班学生提出抗议，150 名同学签署请愿书，认为布什夫人并不是一所女子大学中准备投身职业的学生的良好楷模。之所以请她来，仅仅因为她所嫁的人，而不是因为她自己有什么成就。

这次请愿活动引起极大争议。在布什夫人演讲前的一个多月里，教育家、报纸专栏作家和其他一些人就请愿书展开辩论，也就妇女在美国社会中的作用问题展开讨论。在毕业典礼的头一天，苏联总统戈尔巴乔夫到美国参加高峰会议，其夫人莱莎·戈尔巴乔夫陪同前往美国，并受到布什夫人邀请，同去卫斯理大学发表演说。

演讲的结果是，布什夫人赢得了人们的称赞。NBC 新闻播报员汤姆·布罗柯称她的演讲是"我听过的最好的毕业典礼演讲之一"，而《纽约时报》也说这次演讲是一次巨大的成功。卫斯理大学的许多学生一开始对布什夫人的出现表示怀疑，但她们也说，她们对她的演讲感到十分意外。

演讲稿（根据卫斯理大学的录音整理）：

非常非常感谢基海因校长、戈尔巴乔夫夫人，各位校董、教师，各位父母。我必须说，还要感谢朱莉娅·波特，毕业班级学生会主席，当然还有我最好的新朋友克里斯汀娜·比克纳尔，还有 1990 届的所有同学。今天能够到这里来真是莫大的欣慰，令我十分激动，我知道大家一定也是一样的感受，因为戈尔巴乔夫夫人也到场了。这是激动人心的时刻——在华盛顿我就感受到了这样的激动，我也一直在盼望能够来到卫斯理大学。我觉得这会是很好的一趟旅行；我倒是没有想到事情会这么叫人开心。因此，谢谢各位。

10多年前，我曾来这里讲过话，是谈我们在中华人民共和国的经历。当时，我为贵校校园的天然之美而惊讶，也因为这个地方充满活力而高兴。可是，大家知道，卫斯理不仅仅只是一个地方，她是一个思想，是一场杰出的实验，在这里，多样性不仅仅广为包容，而且大受欢迎。

这份活力的本质，被去年一次关于宽容精神的演讲捕捉到了，那是邻校一个学生组织的主席做的演讲。她谈到了罗伯特·富尔甘的一个故事，是说有位年轻的牧师发现自己在照看一群精力充沛的孩子，结果发现了一个称为"巨人、蜥蜴和矮人"的游戏。"你们现在必须决定，"那位牧师告诉孩子们说："你属于哪一种人，是巨人，是蜥蜴还是矮人。"听到这话以后，一个小姑娘扯着他的裤脚问："但是，美人鱼放在哪里？"牧师告诉她说，没有美人鱼。她就说："啊，有的，我就是美人鱼。"

那个小姑娘知道自己是谁，她既不打算放弃自己的身份，也不打算放弃那场游戏。她的意思是要占有自己的位置，看看美人鱼到底适合安插在游戏的哪个地方。美人鱼放在哪里？因为美人鱼是不一样的东西，它们无法装进盒子，也不能安插到鸽子棚里。"回答了这个问题，"富尔甘写道，"那你就可以建造一所学校，缔造一个国家，或者创造整个世界。"

那位聪明的年轻女人说："多样化，就跟任何值得拥有的东西一样，都需要人们付出努力。"我们需要努力才能理解差异，才能对别人抱有同情心，才能珍惜我们自己的个性，才能无条件地接受别人的个性。你们大家一定非常自豪，因为这就是卫斯理大学的精神。

我当然知道你们今天的首选是爱丽丝·沃克，你们猜猜我是怎么知道的？因为她是通过《紫色》知名的。结果你们找来了我，而我仅仅因为我的头发的颜色而出名！爱丽丝·沃克的著作在这里引起特别的共鸣。在卫斯理，每一个班级都因为其特别的颜色而闻名。在四年时间里，1990届的学生都赢得了自己的紫色。今天，你们在告别草坪上集会，要对所有这些说再见，要开始自己的新旅程，要去寻找你们自己真正的颜色。

在等待你们去探索的那个世界里，在走出瓦班湖的另外一个世界里，没有人能够说自己真正的颜色是什么。但是，我知道一点是确实的：你们在一流的学校接受过一流的教育。因此，你们不必，也许不能够过上"照着数字填色"的生活。决策并不是不可撤回的。选择也会再次来临。当你们离开卫斯理大学的时候，我希望你们当中有很多人会考虑作出三个特别的选择。

第一个选择是，要相信有比自己更伟大的东西存在，要参与我们这个时代更伟大的一些思想。我选择了读书识字，是因为我真诚相信，如果有更多的人会读书写字，能够理解很多事情，那我们在解决影响我们这个国家和社会的诸多问题的时候会容易得多。

我早先还作出了另外一个选择，也是我希望你们也能够作出的选择。不管你们谈到的是教育、职业还是服务，你们其实都在谈生活，而生活真的必须有欢乐。生活本应该是充满快乐的！

我作出了自己一生最重要的一个决定，这就是嫁给了乔治·布什，原因之一是他让我发笑。这是真的，有时候，我们会笑得眼泪汪汪的，但是，这共同的大笑就是我们最坚固的纽带。应该在生活当中找到欢乐，因为正如弗里斯·布艾勒在他决定休息的那一天所说的一样："生活跑得极快。如果没有不时停下来四处看看，那你就会错过它！"（你们为弗里斯的话鼓掌，超过了为乔治的话鼓掌，但我不会告诉乔治的！）

不能错过的第三个选择是珍惜人与人的关系：是你们与家人和朋友之间的关系。多年以来，人们把职业奉献和艰苦工作的重要性刻上了你们心头，而且这也是正确的。你们当医生、当律师、当商界领袖的责任很重要，但是，你们首先是一个人，而所有这些人际联系，就是与自己的配偶、与孩子、与朋友之间的联系，却是你们能够作出的最为重要的投入。

到你们生命的末尾，你们永远也不会遗憾少通过了一次考试，少赢得一场官司，少达成了一笔交易。你们会遗憾自己的时间没有花在丈夫身上、孩子身上、朋友身上，或者父母身上。

我们正处在一个转折时期，是一个激动人心和让人兴奋的时期，我们学会了根据社会变革和我们作为男人和女人面对的种种选择而调整自己。我想起一个例子，我记得一位朋友说过，说她听到丈夫在跟他的兄弟发牢骚，他在抱怨自己必须得看孩子。我的朋友很快纠正了他的想法，她告诉他说，如果是带你自己的孩子，那就不叫带孩子！

现在，我们也许必须做快的调整，也许我们应该做稍慢的调整。但是，不管是什么时代，不管是什么年代，有一件事情是永远也不会变的：父亲和母亲，如果你们有孩子，孩子必须放在第一位。你们必须为孩子念故事，你们必须拥抱孩子，你们必须爱自己的孩子。你们作为一个家庭的成功，我们作为一个社会的成功，并不取决于白宫都发生了些什么事，而是取决于你们自己家里都在发生什么样的事情。

在 50 多年时间里，据说卫斯理大学的年度铁环赛的得奖者将会是第一个结婚的人。现在，人们说，那个得奖者将会是第一个成为 CEO 的人。这些都是过时的概念，说明对那些想知道美人鱼放在哪里的人没有宽容心。因此，我想在此提供一个新的传说：铁环赛的得奖者会成为第一个实现梦想的人，不是社会的梦想，而是她个人的梦想。谁知道呢？就在你们这群听众当中，有朝一日或许有人会踏着我的脚印，也去作为一位总统的配偶入主白宫。我祝愿她一切顺利！

嗯，争议就到这里结束吧。但是，我们的谈话才刚刚开始，而且是非常有价值的一次谈话。那么，当你们今天离开卫斯理大学的时候，带上你们对于你们同戈尔巴乔夫夫人与我曾共同分享的礼遇和荣誉的深深谢意吧。谢谢你们。上帝保佑你们。但愿你们的未来美好如梦。

讨 论

1）芭芭拉·布什本次演讲的听众有什么特点？她在演讲中采用了什么方式应对？

2）你认为芭芭拉·布什在卫斯理大学的演讲获得成功的秘诀是什么？

案例二

亚伯拉罕·林肯的《葛底斯堡演讲》

87年前，我们的先辈在这块土地上创建了一个崭新的国家，它从自由中孕育，基于全民皆生而平等的信念。

如今我们打响了一场伟大的战争，它是对我们这个国家的考验，也是对其他和我们具有同等信念的国家的考验，考验它能否长久地存在于此世界。今天，我们相聚在这场战争的大战场上，把这片战争的土地献给浴血奋战，用生命捍卫国家的先烈们，让他们安息于此。这样做，是再恰当不过的了。

遗憾的是，我们不能为牺牲了的英雄，献祭任何东西，也无法使这片土地更神圣。曾在这里奋勇杀敌的英雄已经赋予这土地无比圣洁的意义，我们微薄的力量远远不及。人们不会注意，也不会铭记今天的演讲，但是，英雄的伟大事迹将流芳百世。作为生者，我们应当继续完成先烈们未完成的事业，忘却自己，投身到伟大的革命事业中去。只有这样，我们才可以无愧于心地说，烈士们的鲜血没有白流，他们的牺牲是有价值的。在上帝的指引下，我们的国家将获得新生，而民有、民治、民享的政府将永存于世。

讨 论

1）查找资料，了解这篇演讲的背景资料，反复诵读，模拟演讲，体会它的真挚感情和深刻意义。

2）观看电影《林肯》（史蒂文·斯皮尔伯格执导、丹尼尔·戴·刘易斯主演，2012年），加深对这篇演讲的理解。

情境二　控制演讲的进程

一、情境设定

公司关于价值观的主题演讲赛即将开始，作为参赛选手，你大体了解了比赛的规则以及参加比赛的评委、观众、选手的构成之后，就开始准备演讲稿了。一次主题演讲赛，有近20个选手讨论同样的话题，怎样才能让自己脱颖而出呢？

二、 任务实施

演讲本身不仅仅是语言表达，它也和效率紧密相关。演讲有明确的时间、地点、场所和听众，也有明确的主题和目标。所以，需要对演讲全过程进行良好的控制，才可能获得成功。

1. 明确选题

演讲中首先面对的问题就是选择一个话题。你会发现，在日常闲聊中，你可以对任何一个话题发表一通意见，但是演讲的时候，选择一个话题却很困难。

（1）确定话题　除了命题演讲外，通常有两类题目可供选择：

1）熟悉的话题。对于多数人来说，谈得最好的都是自己熟悉的话题。因为这类话题可以保证自己有经验或者相关知识，可以作为演讲的资料。

2）有兴趣的话题。如果把演讲的过程当做学习的过程，选择一个自己有所了解、但是不继续研究就无法表现得更好的话题是一个好办法，有时甚至可以是自己一无所知的话题。

任何人都会有自己关心的事情，这些事情可能是国际性的问题，如环保、反恐等，也可能是生活性的问题，如减肥、食品保鲜等。而演讲的目的可以是劝说大家一起行动，也可以是为了闲暇时逗人一乐。

（2）筛选话题　虽然可供选择的话题很多，但是确定一个有吸引力的话题仍然需要进行认真的筛选。

1）个人盘点。快速盘点自己的经历、爱好、技能、信仰等，把它们记录下来，就会找到一个具体的话题。

2）资料查阅。到图书馆或者借助网络资源，可以查阅大量资料，从中能发现新话题。也可以对别人的观点说"是""否"或者"综合一下"，这些都是演讲的好话题。

3）联想推演。如果实在是没什么好说的，可以准备一张纸一支笔，按照人物、事物、事件、地点、问题、政策的类别，把最近能想到的内容列出来，从中也可以找到自己的话题。也许你会从动漫联系到网络，从网络联系到游戏，从游戏联系到赌博，从赌博联系到戒赌难。于是你的演讲题目是《你为什么赌不过机会》。

2. 明确目标

在构思演讲稿的过程中，我们难免会问自己："我想让听众在我的演讲中得到什么？"这就是主题，也是你的演讲目标。这个主题不仅可以吸引听众的注意力，并且也能发挥你的长处。

（1）总体目标　这个目标总的来说，不外乎三种：如果你是要解释、报告或者演示什么，那就是告知；如果你是要销售、倡导或者辩护什么，那就是说服；如果你是要模仿、消遣或者逗笑，那就是娱乐。通常公开演讲很少涉及娱乐。

（2）具体目标　明确了总体目标之后，可以细化这个目标，把它确定在一个具体的层次上，用一句话正面表达：把关于……的情形告知听众，说服听众去……

在确定具体目标的过程中，需要考虑：这个目标是否符合听众的需求；这个目标在有限的演讲时间内是否能够达成；这个目标和话题之间是否有必然联系。例如：

话　　题：瑜伽

总体目标：告知

具体目标：瑜伽可以降低我们的压力，改进我们的健康水平，甚至能帮助我们取得好成绩。

（3）展示主题　对于大多数演讲者来说，他们会困惑于要讲的东西太多而时间太少。而从听众聆听的角度看，却往往是听的很多而记住的很少。同样的用时，主题在演讲过程中表现得越集中明确，越便于听众理解和记忆。根据总体目标设立的演讲主题，在演讲过程中要遵循以下原则：

1）首尾原则。演讲的起始和结尾，听众的认真程度都比较高，所以演讲主题要在演讲首尾得到呈现。

2）频度原则。听比之于看，更容易走神，更容易遗忘。所以在演讲过程中要反复提到主题，便于听众的理解和记忆。有位受人尊敬的老牧师，在介绍他几十年布道的经验时说，每次布道他都准备三个部分："首先，我会告诉人们我想说些什么。接着，我就开始说我想说的。再接着，我会把我说过的再说一遍。"当然，如果主题的呈现反复几次用的都是同一个表达，会感觉单调。所以，要注意适当地变化，如换一种表达方式，用和主题直接相关的内容进行展示。

3）情感原则。听众记住的往往是触及他们心灵的内容。你不仅需要把自己的情感倾注到演讲中，也要练习把握听众的情绪。

3. 安排结构

演讲词的组织很重要。听众需要演讲内容有连贯性，他们不能像看书一样，不明白的时候就翻回去再看一遍。所以，必须确保听众能从头到尾跟上演讲的节奏。这就要求演讲者能战略性地组织材料。如同任何的故事都有一个序幕、经过和结果一样，演讲也有一个开场、主体和结束。

（1）设计开场白　迈出有效的第一步，对演讲者建立演讲的信心很重要，对听众建立听讲的兴趣也很重要。演讲的开场白要完成以下任务：

1）与听众建立起信任关系。听众难免成为一个评判者：评价你是否有资格站在台上对他们发表演讲。如果你是某个领域的行家，就会有人把你推荐给他们。如果不是，就需要自己在开场的时候作出努力。

可信度并不一定需要你必须具备第一手经验或知识，而是要让自己表现得有知识和能力，并让听众明白。例如，"我对心理学产生兴趣已经有好几年了，我看了大量这方面的书籍和文章，向心理医生进行了多次的讨教。"可信度很多时候也表现为演讲者的声威。例如，芭芭拉·布什在卫斯理女子大学的演讲，在演讲开始就必须消除听众的敌意。

所以，演讲开始不要贬低自己，过分的谦虚会消除听众的热忱。更要一开始就向听众道歉，说自己得到演讲的消息太晚以至于没有好好准备，那听众就会打算随便听听。

2）吸引听众的注意力。吸引听众的注意力开始于走上讲台的那一刻，你需要聚集所有人的眼光，使他们停下彼此间的闲聊。开始演讲之后，要注意内容的吸引力。

人们对直接影响到自己的事情比较有兴趣，应该努力把演讲的主题和听众联系起来。使用身边的例子，让大家展开联想都是好办法。例如，你的演讲主题是纪念抗日战争胜利，如果你打算从回顾历史开始，听众会认为又开始上干巴巴的历史课。但是你的祖父母、你所站立的地方，也许在那段历史中保存下很多的故事。这样的开场白一定会吸引大家的注意力。

演讲的开头也可以戏剧性地设置悬念，或者提示主题的重要性，让听众对演讲产生兴趣。

3）为演讲主题设置路标。演讲的开场吸引听众的注意力的同时，必须说明自己演讲的主题。但是不要用这样的陈词滥调："我今天演讲的题目是……"你可以讲故事或者新闻，利用名言或者数据来引导出主题。

只用一句话告知主题是不够的，开场还需要有路标的功能。路标就是指示听众注意主题，了解整个演讲的基本思路，使大家明白在接下来的时间里注意听什么内容。

（2）安排主体节奏 演讲的组织最困难的是主体部分的内容安排，而主体部分的内容很大程度上依靠要点来体现。要点是主体部分的关键。要点可以从具体目标的陈述中分解出来。一般演讲的时间如果不超过15分钟，甚至只有三五分钟，要点如果太多，结果就是听众难以理解和记忆，所以大部分演讲不要超过4个要点。如果你要陈述的内容很多，就需要进行梳理、归类。

常用的要点安排顺序有时间顺序、空间顺序、逻辑顺序等。演讲中的逻辑顺序最常见的是"问题—求解"顺序或者主次顺序。

需要强调的是：要点要保持相对的独立性；要点的措辞要前后一致；要点分配的时间要均衡。这样才能便于演讲者和听众共同的理解和记忆。例如：

低效率的要点：

1）有规则地锻炼身体会增强耐力
2）睡眠会因为锻炼而改善
3）锻炼是减肥的好办法
4）锻炼身体需要有恒心

高效率的要点：

1）身体锻炼要持之以恒
2）身体锻炼能增强耐力
3）身体锻炼能改善睡眠
4）身体锻炼能控制体重

演讲中吸引听众的参与是很有必要的。所谓的参与并不一定是做游戏，提问的方式更适合演讲。提问的功能在于，无论听众接受的是疑问、设问还是反问；是真的需要听众回答，还是演讲者自问自答，都可以利用听众固有的思维习惯使之考虑演讲者的问题，这样演讲者就可以把听众纳入到演讲中。

（3）清晰地结束　许多人的演讲开头和主体都不错，结果却毁于一个又臭又长的结尾。通常结尾和开场一样，篇幅不能超过演讲的10%。演讲的结尾是让你深入听众心灵的最后机会，必须善加把握。

结尾首先要让听众明白你的演讲即将结束，不能突然结尾，让听众茫然失措。结尾常用这些话来表示："最后，让我重申""总而言之，我们的目标是""结束的时候，我要说"。为了让演讲产生首尾统一的效果，结尾需要回应开场白。

结尾还要强化听众对主题的理解。和开场一样，你也可以用引语或故事结尾，也可以小结要点。结尾的语势可以渐强，也可以渐弱。例如，道格拉斯·麦克阿瑟将军在美陆军学院所做的告别演讲：

> 在梦中，我一再听到大炮的轰隆声，听到步枪的喀喀声，还有战场传来的让人伤感的低语。但是，在我记忆的迟暮之年，我总是回到了西点军校。这几个字眼总在我的耳际回响：职责、荣誉、祖国。
>
> 今天是我最后一次为大家点名。但我希望你们明白，在我跨过生死之河的时候，我最后的清醒意识一定是部队，部队，部队。
>
> 祝大家一路顺利！

4. 强化效果

演讲，简单说其实就是有表演性质的公众讲话，为了达到更好的效果，可以借助很多的方式。

（1）增强戏剧性效果　演讲应当尽量使自己的内容具体和丰富，用幽默风趣的话语展现五彩缤纷的细节，使自己的意念富于画面感地展现于听众面前，这是增强表达效果的重要手段。

在演讲过程中，需要有具体的事例和数据来说明抽象的概念，但是并非所有的数据和事例都能达到预期的效果。除了事例和数据本身要新颖、有细节外，演讲过程中也要善于利用嗓音、语调等来表现。语速快慢、音量高低、停顿连接等方式，都能增加语言表达的戏剧性色彩。比较下面两个例子：

1）这个世界上还有很多人吃不上饭，在挨饿。

2）让我来告诉大家阿托罗的故事吧。他今年四岁，有着棕色的眼睛和一头黑发，但肚子却瘪瘪的。他到这个世界已经四年了，但从来没有享受过一天吃三顿饭的快乐。

（2）注意非语言交流　很多时候，演讲需要肢体语言来强化表达效果。如果需要板书，在写的时候一定要停止演讲，避免背对着听众说话。自始至终的脱稿，保证眼神和听众的真切交流；用动作来模拟情景、表情达意，这些都非常重要。演讲不同于普通的交谈，手势的幅度要比平常略大，才能让人觉得自然。

（3）利用视觉辅助　如果可以把文字和图表一起用来表现主题，那么传递的信息就会更有趣，而且掌握也更便捷、记忆也更深刻。所以，在演讲过程中要善用视觉辅助。视觉辅助最大的优势是清楚。有研究表明，采用可视辅助物可以提高40%的表达效果，也是克服怯场的可靠办法。

视觉辅助可以是实物、模型、照片、图表、幻灯、录像等。准备视觉辅助的时候，需要注意视觉辅助本身要简单、好用，停留的时间要保持在30秒以上。为了让所有的听众都能看清楚，视觉辅助要足够大，并且要注意颜色的可分辨性。最重要的是，要注意演讲文字与视觉辅助的配合，不能让听众分心，介绍要清晰简洁。

三、 知识链接

1. 演讲的种类

（1）告知性演讲　告知性演讲又可称为信息性演讲。在现代社会中，人们交流的大部分时间都花在信息交换上了。广义上说，解说过程、辅导培训、面试等都属于告知性演讲。

除了演讲的一般要求外，告知性演讲还需要注意以下几点：

1）避免抽象词汇的堆叠。演讲面对的不一定是专业听众。多数时候，哪怕是专业人士，也未必对纯专业的表达、术语、数据等有好感，所以，增加表达的具体可感性仍然很重要。可以通过具体的描写和比较达到这一目的。

2）要有自己的个性表达。虽然是以告知信息为主，但是只有不间断的数据和事实难免枯燥。如果有可能，应该努力让自己的表情变得生动，表达有戏剧性色彩。例如下面这个介绍厌食症的演讲：

我是朱莉最好的朋友。我看着她从一个小姑娘长大成人，她父母溺爱她，把她惯成一个顽皮姑娘，口袋里时常装着几只青蛙。我看着她长成一个大姑娘，第一次约会前把头发梳来理去，换了100套衣服。我总想和她一样。

但后来，发生了一件极可怕的事情。朱莉闪闪发光的头发失去了光泽，而且很容易断。她的眼睛失去了光芒，再也不像以前那样开心微笑了。我现在看到，她一天要称七次体重，穿袋子一样的衣服，好盖住已经发枯的骨架，还不停地念叨着要减去最后那两磅顽固不化的赘肉。朱莉得了厌食症。

（2）说服性演讲　说服是一个心理学过程，总是发生在存在两个或者更多观点的情形下。说服性演讲就是希望改变听众观点或者劝导他们采取行动的演讲。

说服性演讲的听众在听讲过程中，会主动评估演讲人的可信度、材料、推理和感召力。这意味着在进行说服性演讲的过程中，必须把演讲看成是和听众进行心理对话的过程。你需要预测听众对你的观点可能产生的反对意见，然后在演讲中解决它。

说服性演讲需要区分目标听众。有人试图说服同班同学捐献器官，为此专门做了听众分析：22名同学中，有3人反对在任何情况下捐献器官，他们是不可说服的；有4位同学已经在器官捐献卡上签字，他们是不需要说服的。所以，剩余的15名同学才是他的目标听众。

（3）娱乐性演讲　娱乐性演讲是满足人们某种社会需求的演讲，它不仅局限于逗乐，还能通过建立良好感受而创造集体凝聚力，很多礼仪性的演讲都属于娱乐性演讲，如晚会、剪彩、典礼等。通常，娱乐性演讲比告知性演讲和说服性演讲要简短，但是个人化风格更为鲜明。

娱乐性演讲最重要的是建立善意。人们通过祝词等方式来肯定他们对家庭、集体、社区、民族、国家等承担的义务。善意不单依靠鲜花和掌声，最重要的是需要"为你着想"的态度，也就是从听众的角度看问题，满足听众的期望并尊重他们的智慧。

娱乐性演讲更需要情感诉求，通过打动听众的感情来加强听众对你的认同。要善于挖掘和利用你与听众共有的兴趣和价值观。

此外，娱乐性演讲也非常需要活泼生动的风格。

2. 赤瑞特拉的实验

实验心理学家赤瑞特拉（Treicher）曾做过两个著名的心理实验。

一个是关于人类获取信息的来源，就是人类获取信息到底主要通过哪些途径。他通过大量的实验证实：人类获取的信息83%来自视觉，11%来自听觉，还有3.5%来自嗅觉，1.5%来自触觉，1%来自味觉。

另一个实验是关于知识保持，即记忆持久性的实验。结果是这样的：人们一般能记住自己阅读内容的10%，自己听到内容的20%，自己看到内容的30%，自己听到和看到内容的50%，在交流过程中自己所说内容的70%。

他的两个实验对人际沟通，尤其是演讲有重要的启示。

四、 探讨分享

 案例

比尔·盖茨演讲时放蚊子"咬人"

2009年2月6日，比尔·盖茨在参加美国加利福尼亚州举行的TED（科技、娱乐和设计）大会时应邀上台演讲。"疟疾是由蚊子传播的，"他边说边打开一个罐子，"我带来了一些蚊子，我将让它们四处飞行，没有理由只让穷人感染疟疾。"

盖茨的这番话将不少在场观众吓得不轻，来参加TED大会的都是世界科学、技术、商业、娱乐、学术界的重量级人物。视频分享网站Seesmic的创始人卢瓦克·勒·默尔马上在网上说："我们离开这间屋子的时候要得病了。"eBay的创始人兼董事长皮埃尔·奥米迪亚尔也在网上开玩笑地抱怨："我再也不会坐在前排了。"

在停顿一两分钟后，盖茨大概觉得已经起到足够的"恐吓"效果，才向会场听众保证，他放飞的那些蚊子不携带疟疾病毒。大会主持人克里斯·安德森打趣称，新闻报道应当用"盖茨向世界释放了更多虫子（Bug）"（Bug本意为臭虫，也指计算机系统或程序中隐藏的错误、缺陷或问题）来形容这一事件。

盖茨离开微软后就将主要精力集中在慈善工作上。疟疾预防是比尔和梅琳达·盖茨基金会的重点项目。

讨 论

比尔·盖茨在演讲开始时放蚊子对他的演讲产生了什么作用？对你有什么启发？

情境三　演讲要怎样讲话

一、　情境设定

公司关于价值观的主题演讲日益临近，你已经确定了演讲的主题，并且收集了很多的材料以准备演讲稿。但是演练的时候，你的朋友还是听得难免走神。经过仔细分析，你认为不是主题的问题，也不是内容和结构的问题，那会是什么环节出了错？

二、　任务实施

语言是思维的素材，也是思维的表现形式。语言是演讲者表现技艺的工具。好的演讲者应该清楚语言的意义，知道如何恰当、准确、清晰、生动地利用语言。

1. 演讲语言的合适性

某些人喜欢讲、某些人喜欢听的语言，未必是恰当的语言。演讲的语言要适合于场合，适合于听众，适合于主题，适合于演讲人。

适合于某些场合的语言也许不适合于另外一些场合。一个教练，在训练的时候会对运动员说"你们这些家伙"，但是正式场合他会说"我们队员"，对外来者会说"尊敬的来宾"。

针对不同的听众、不同的话题调整语言是必需的。针对技术员进行产品演示，介绍机电产品的型号、规格是可行甚至是必需的，但是面对普通参观者，还是用通俗的语言比较恰当。在前一种情形下，一般不会使用整齐的句式，追求语言的韵律；而面对后者，好的韵律可以加强他们的记忆。此外，尤其需要避免使听众茫然或者感觉受到冒犯的语言。

无论怎样的演讲，在准确、清晰的前提下，演讲语言都需要适合演讲者的个性。如果一个朴实、木讷的人忽然讲了一个笑话，大概发笑的人会少于发愣的人。

2. 演讲语言的形象性

演讲语言的形象性是和主题以及听众的接受情况相关的。

（1）语言的通俗性　通常的演讲语言要采用丘吉尔所说的"简短的、平常使用的家常词语"。比较以下两段介绍孕妇酗酒对胎儿影响的文字，看看哪段更适合做演讲：

1）孕妇的乙醇消费严重影响宫内环境，因此造成这些母亲所生婴儿的疾患和死亡。考虑到这种综合症状的病理生理学，用于乙醇代谢的酶的基因多形可能改变胎儿的感受能力。还有可能造成极差的微粒体或有丝分裂功能，或 ATP 活动减弱。

2）孕妇喝酒的时候，酒精会吸收到她的血液里去，并流入全身。喝完几杯啤酒或马爹列后，她就开始感到歪歪倒倒了，然后准备醒酒。她拿起一杯咖啡，两片阿司匹林，然后好好睡一觉。不一会儿，她就感觉好多了。但是在她睡觉期间，胎儿的周围充满了母亲喝下去的东西。因为泡在酒精里，胎儿开始感受到酒精的影响。但是胎儿却无法醒酒。他不能够端起咖啡，也抓不到阿司匹林。对于胎儿的肝脏来说，从血液中排出酒精的关键器官还没有发育成熟。这个胎儿实际上是泡在酒精里。

（2）语言的具体性　具体词是指表示具体可感的物体的词，抽象词是指普遍的概念或性质。听讲的过程，其实就是听众动用过往的经验了解新事物的过程。具体的描绘可以唤起听众对场景、声音、感触、嗅觉、味觉的印象，唤醒因为这些印象而带出的情感，使他们不自觉地感受到演讲的吸引力。比较下面两段话，看看哪段的表现力更强：

1）火蚁从南美发展到美国后，一直以来都是一个问题。它们遍布了南方，现在又威胁到西部各个部分。这是一个严重的问题，因为火蚁极具攻击性。已经出现了火蚁造成的人身攻击。

2）在二战前从南美传到美国后，火蚁像圣经时代的瘟疫一样传遍了从佛罗里达州到得克萨斯州的 11 个州。火蚁成群攻击，不管谁的脚，只要在错误的地方放几秒钟就会有火蚁叮上去……

（3）善用比拟手法　营造具体可感的形象的方法还可以借助于比拟的手法。比拟包括我们熟知的明喻、暗喻、拟人、拟物。简单说，比拟就是把我们不熟悉的事物用熟悉的事物进行类比的方式。例如，南北战争时期林肯有一段著名的演讲：

诸位先生，我想让各位来做一番假设。假设你所有的财产都是黄金，而你又把它交付到著名的走绳索专家伯罗丁手中，让他通过绳索带到尼亚加拉瀑布的那边去。当他行经瀑布之上时，你会不会摇动绳索，或不断对他喊叫："伯罗丁，再俯低些！再走快些！"不会的，我确信你一定不会。相反，你会屏息闭嘴，肃立在一边，直到他安全通过。现在政府也处于和他相同的境地。它目前正背负着巨大的重量要越过狂澜汹涌的海洋，数不尽的财宝就握在它的手中。它正竭尽所能地工作。请勿打扰它！只要保持沉着，它便能带你安然渡过。

3. 演讲语言的生动性

（1）节奏　卡耐基认为改善一个人语言表述的最好办法是阅读，如果要提高演讲水平尤其需要增加诗歌的阅读量。因为诗歌的节奏顺口、顺耳，非常适合于口头表达。在演讲过程中，可以通过文字的选择和运用而使语言具备规律的强弱、长短。有节奏的语言能吸引观众，强化文字的冲击力，从而使自己的思想得以强调。丘吉尔著名的战时演讲犹如诗歌一般，被约翰·肯尼迪誉为"使英语行动起来，投入了战场"。

演讲的节奏感可以从整散结合的句式中来，也可以从句子和词语的反复中来。

（2）对比　对比一直是演讲中最受欢迎的方式。通过对比，演讲者的意图表现得鲜明而突出，演讲节奏鲜明而连贯，听众能轻易地感知到主题。

三、 知识链接

1. 语言的意义

词语的意义可以分为内涵意义、外延意义、附加意义、风格意义等多种。

简单说：内涵意义就是这个词所暗示或者隐含的意思；外延意义通常是准确的，它描述语言要指称的物体、人物、地点、想法或者事件；附加意义是社会、阶级、集团甚至个人附加在事物对象的概念意义之上的意义。例如：

某男士在三八妇女节时精心挑选礼物送给女友，不料年轻的女友却勃然大怒："我有那么老吗?!"其中的分歧在于，三八妇女节中的"妇女"一词用的是内涵意义，也就是指成年女性。而附加意义通常认为妇女是已婚生育后的女性。因此女友才会不领情。

风格意义是语言形式使用的社会环境的意义。感情意义是用来表达说话者感情和态度的意义，也就是褒贬意义。反射意义是听话者对某个词语产生的某种联想而体现出来的意义，又称为联想意义。例如，传说中两家理发店不同的对联：

1）磨刀以待，问天下头颅几许；及锋而试，看老夫手段如何。
2）相逢尽是弹冠客，此去应无搔首人。

搭配意义是通过某个词语和其他词语组合的不同体现出来的意义。例如，"交流"和"交换"两个词都有互换的意思，但是前者一般指抽象物，后者指的是形象物。

主题意义是表达者借助组织信息的方式不同而体现出来的意义。著名的"屡战屡败"和"屡败屡战"就是典型例证。

2. 语言的形式

长句由于形体长、结构复杂，因而它的容量大，能表达丰富的内容，可以取得叙事具体、说理严密、气势畅达的效果。短句由于形体较短，包含的成分和意思比较简单，因而可以取得简洁明快、干净有力的效果。演讲要多用短句，便于表达和理解，但是也要适当穿插长句。

整句形式整齐、声音和谐、内容贯通，有助于表达丰富的情感、深刻的感受，能给人以深刻的印象。散句结构灵活，内容丰富多样，自然生动。演讲通常使用散句以体现通俗化，但是也需要借助整句来加强表达效果。

四、 探讨分享

案 例

马丁·路德·金的《我有一个梦想》

听《我有一个梦想》的录音或者看《我有一个梦想》的演讲稿，分析这次演讲的语言特色。

实训拓展

一、日常关注

在网上寻找一段演讲视频，分析这段演讲的优点与缺点。

二、分步拓展

1. 根据下列词语，由抽象而具体地推演，确定演讲的主题与目的

交通　　社会保障　　艺术　　结构　　创新　　献血

2. 完成句子、段落练习

新学年开始，新一级的大学生又进入了校园。你被要求在新生开学典礼上代表老生发言，演讲开场部分你希望听众能感觉到你作为新生时的感受。请用"进校时，大学生活好像……"这个句子开头，拟写一段运用比拟手法、句式整齐的开场白。

3. 完成全文结构练习

大学毕业以后，你在一家行业百强企业任职。这是一家生产汽车塑料配件模具的企业。该公司最近收购了两家专业化生产类似产品的国内企业。你是企业产品质量管理小组的成员，也是参观新收购的公司并评估其产品质量、安全控制的工作人员。你到所收购的那两家企业进行了为期一周的考察，并将对此向收购管理小组汇报考察情况。

请分析：本次报告若采用时间顺序、空间顺序和逻辑顺序，分别有哪些要点？在这几种顺序中，哪种顺序最有效？

4. 比较分析

老张是某公司一名普通员工，他为这家公司工作了一辈子，所以退休时公司为他举行了一个茶话会，公司的总经理上台致辞。请比较下面的两种致辞，分析哪一种是成功的演讲。

✍致辞方式一

"各位同仁，明天老张就要光荣退休了，我想，我们公司上上下下每一个人，都一定会感到万分不舍，因为老张在我们公司已经工作了30年，他把他一生的黄金岁月，全部奉献给了我们公司。30年来，他在工作中竭尽全力、无怨无悔、牺牲奉献，才使公司有了今天的成就。真的，老张是我们公司最重要的功臣！"

"明天，老张就要退休、离开公司，我们除了不舍之外，还是不舍！不过，好在老张就住在我们镇上，大家还是有机会见到他。也希望老张有空时，多多回来公司探望我们，并给我们指导，我们永远都会展开双手欢迎他，毕竟他是我们大家最好的朋友！而且，老张的光荣退休，不是我们公司力量的'分散'，而是力量的'扩散'！"

"最后，我谨代表公司，敬祝老张身体健康、永远快乐……"

✍致辞方式二

"各位同仁，我们所敬爱的老张，明天就要光荣退休了，相信在座的每个人都跟我一

样，心中感到非常的难过与不舍！记得 1984 年时，有一股台风侵袭我们这里，那时候气象信息没有现在发达，大家也缺少警觉性。后来台风转强，把公司的玻璃都吹破了，整个工厂都淹了水，屋顶也被掀掉了一大半！"

"那天，刚好是老张值夜班，当我凌晨四点赶到工厂时，看到老张一整夜都没有合眼、没有睡觉，他一个人为公司抢救了许多公文、资料、原料……或许各位不相信，当时老张只穿了件汗衫，全身湿透，脸上、手上也都被玻璃割伤，血流如注，整个人非常狼狈！这一幕，至今还历历在目！"

"隔天早上六点半，台风渐渐转弱，我看到老张的大儿子气喘喘地跑到公司来，对着老张说，75 岁的阿公，在台风夜里心脏病发作，突然过世了……"

总经理抿着嘴、红着眼、声音有些哽咽地继续说道："真的，这三十多年来，我对老张，心中一直有着无限的感激和亏欠，我们公司真的亏欠他很多……"总经理说着说着，站在一旁的老张，眼眶也不禁红了起来，不断地擦拭着泪水。

三、 综合实训

自选主题，综合使用各种技巧，在班级中进行一次演讲。

任务四 怎么理解别人

微课5

任务要求

1）能尝试去理解所有的沟通对象。

2）沟通中能运用基本的观察角度和方法。

3）学习提高自身肢体语言的表现力。

4）能倾听别人说话，并理解他们。

情境一 看透别人的心

一、情境设定

大学毕业以后，你生活中的接触对象多了，经常需要和形形色色的人打交道。家人和朋友提醒你，要与人为善，要学会察言观色。作为公司的内勤人员，你经常在办公室接待来访人员，需要和他们进行工作上的沟通和交流。偶尔也会因为做错事或说错话而影响了工作。

和周围的人、尤其是陌生人打交道，了解他们的需求和个性很重要。这些了解，固然可以通过查询得到，但更多的时候，是自己观察得到的。你需要增强自己的观察能力，进而提高自己的沟通能力。

二、任务实施

观察沟通对象，不是在说话时候才需要看他（她），而是在你看见他（她）的时候就开始了。观察沟通对象时，不能孤立地看待他（她）的某个身体姿势，而是要把身体姿势置于"整体行为"中，某个体态语言的明确含意要看整体的体态语言，身体语言要与有声语言相联系，身体语言还要与交际的场合、情景相联系，才能准确地判断对方的心理状态。

1. 观察外围信息

观察一个人，始于看见他（她）的那一刻。而通常情况下，你可能首先看见的是他（她）从交通工具上下来，或者匆忙地从办公室外面冲进来……这时候，你看见的是他（她）的什么？

当前，交通工具和乘坐人的经济地位、社会地位还是有很高的关联度的。公务活动中，交通工具和乘用人的等级呈梯级安排，社会地位或者职位高的人乘用的交通工具规格就高，通过对交通工具的观察，可以帮你甄别公务接待的规格。如果是自备车，大体和乘用人的经济条件有关。在当前城市普遍交通拥堵、环保意识强化的背景下，也有相当多的人会选择公用交通工具。因此，单纯观察交通工具是不够的。

和交通工具类似的，通信工具的使用也和使用者的工作背景、经济地位有一定关联。当你的沟通对象使用手机或者计算机的时候，需要加以观察，除了品牌、价格外，还应该根据经验了解这些通信工具的功能，从而可以帮助我们揣摩他（她）的工作或教育背景，了解他（她）的喜好。

此外，你和他（她）的沟通的环境和特定的情境也是必须要考量的因素。不同的环境和情境下，人们的心理有差异，采取的方式就会有不同。他（她）在这样的背景条件下的言行和举止更值得揣摩。例如：

一个大富翁，家里新买了一辆名贵的进口车，想找一个驾驶技术高超的司机，有四个人来应征，而大富翁只出了一个题目："你的驾驶技术，能使车距离悬崖多近？"

第一个人说，他开车可以距离悬崖 1 米，大富翁摇了摇头。第二个人说，他可以距离半米；第三个人说，他比较厉害，他可以把车开到距离悬崖 30 厘米！

最后，大富翁问第四个人，他回答说："我根本就不会把车开去靠近悬崖！"大富翁听了，点点头："好，你就是我要的司机！"

2. 查看距离

人们通常喜欢标出自己的空间，无论是在家里还是在海滩或者公交车上。在家里你会争取有自己的房间，在海滩上你会摊开自己的浴巾或沙滩椅，在公交车上你会坐得笔直并把包放在自己身边……

（1）沟通的个人空间　有时候你会进入一个陌生的环境，那里的人穿同样的衣服、用同样的语言，他们围在一起说笑。也许他们会问你一两个礼貌的问题，但是你觉得你不属于他们。如果这是你工作的环境，你就必须要尽快融入他们当中，享受成为组织一员的快乐。

（2）沟通的人际距离　人与人在面对面的情境中，常因彼此间情感的亲疏不同，而不自觉地保持不同的空间距离。一般而言，50 厘米以内，属于亲密距离，只有家庭成员或者爱人可以进入；50~100 厘米，属于朋友距离；100~250 厘米，属于一般距离，所有的交流沟通对象都在这个范围之内；250 厘米以外，是公共空间。当然在拥挤的公共空间里，如果人们不得不靠得很近，就会装出别人不存在的模样，不看、不碰别人，面无表情。

（3）沟通的位置　办公室人员通常喜欢坐在一张桌子后面接待别人，一般情况下只有上司可以走到桌子后面和他们进行交谈。如果办公桌后面的人想表示友好或者愿意合作的意图，他们会离开自己的固定座位，在其他地方坐下来。坐在位置上的人需要仰视站着的人，所以大家会喜欢来访者坐下，才有可能控制局面。

面对面的坐向，容易造成紧张、对立的关系。因此交谈中，双方横向或斜线而坐，让彼此的视线斜向交错，减弱视线的对应性，那么就可以避免尖锐的对立状态。与情绪欠佳的对象谈话，应坐在他（她）的身旁，使他（她）获得关心、温暖的心理感受。

3. 观察仪表

人们普遍认为，一个人的仪容仪表最能反映他（她）的内心。就如同演讲需要研究听众一样，日常的沟通也需要了解对象的基本信息。我们需要判断他（她）的年龄，以此注意自己的话题和口吻。通过看他（她）的服饰，还可以了解他（她）的喜好。有时候也需要注意对方的民族或者种族，从而在交流中少犯错误。

4. 观察肢体信号

一个人要向外界传达完整的信息，单纯的语言成分只占7%，声调占38%，另外的55%信息都需要由非语言的体态来传达。因此所有的观察中，最重要的是观察对方的肢体语言。

这是一个肢体语言的著名案例：1994年10月25日晚上，美国各地电视台在新闻节目中反复出现一个感人镜头：23岁的苏珊·史密斯泪流满面地恳求人们帮助她寻找3岁的儿子迈克尔和14个月大的儿子亚历克斯。然而肢体语言专家却从中发现了蹊跷——在整个呼吁过程中，她时不时低头闭眼，尽管每一次的持续时间都非常短——这意味着苏珊可能在思考她应该说什么、如何说。果然一周后的11月3日，苏珊再次面对媒体，供认了自己杀害两个亲生儿子的事实。

通常我们对肢体语言的观察主要集中在脸部和四肢。

（1）目光的接触　诗人泰戈尔曾说："眼睛的语言，在表情上是无穷无尽的。像海一般深沉，碧空一般清澈。黎明与黄昏，光明与阴影，都在这里自由嬉戏。"

心理学家认为，谈话双方彼此注视对方的眼睛能给彼此造成良好的印象。在两个人的交流中，有1/3的时间会对视。目不转睛地凝视，会让对方感到不自在，甚至还会觉得你怀有敌意。而游移不定的目光，又会让对方误以为你是心不在焉，不屑一顾。最佳的目光接触是：说话方开始说话的时候先注视对方一会儿，再把目光移开。然后时不时看对方一眼，看他（她）是不是在听、是不是明白、是不是同意。说完话后再次看着对方。而听话方则大部分的时间都在看着说话方。任何一方如果被对方吸引，看对方的时间就会更久一点。如果两个人对视时间超过一分钟，那基本是传达愤怒或者爱慕的情绪。

如果生气了，就会瞪着对方，眼睛或眯起或睁大，同时脸色严厉。如果是害怕或者紧张，就会避免看对方，也不希望对方看自己。恐惧的时候，也会注视对方。

人们生气时，瞳孔会缩小，兴奋的时候瞳孔会放大。观察推销员、恋人的眼睛，就可以验证这一观点。眼睑一动不动，说明对方平静而自信；眼睛张大多半因为威胁、惊奇或害怕；听话的时候眼睛眯起来说明他（她）在集中注意力。

（2）肢体的动作　除了眼睛，四肢的动作也能反映人的内心。通常的沟通过程中，手和脚的动作简单而平和。如果一方身体稍向前倾，以诚恳赞美的目光看着对方，表示的是肯定、谦逊的态度。但如果一方左右腿不停交叉，两臂环抱，或身体后仰，手上小动作不断，交谈中说话明显减少，就应该意识到他（她）已经没有了耐心。

三、 知识链接

人类常见的肢体语言有哪些含义？

（1）头部语言

微微侧向一旁：说明对谈话有兴趣，正集中精神在听。

挺得笔直：说明对谈判和对话人持中立态度。

低头：说明对对方的谈话不感兴趣或持否定态度。在商务交往中，低头这种身体语言是非常不受人欢迎的。

身体直立，头部端正：表现的是自信、正派、诚信、精神旺盛。

头部向上：表示希望、谦逊、内疚或沉思。

头部向前：表示倾听、期望或同情、关心。

头部向后：表示惊奇、恐惧、退让或迟疑。

（2）眼睛语言

1）注视的范围。注视是有范围的，在这个范围内，对方可以明显感觉到你对他的尊重和重视，同时你也不会感到拘谨和不自然。目光注视范围主要有两种，一种是公务注视范围，一种是社交注视范围。

公务注视：它的范围是以两眼为底线、额中为顶点形成一个三角区，是在洽谈业务、贸易谈判或者磋商问题时所使用的一种注视。如果你看着对方这个区域就会显得严肃认真，对方会觉得你有诚意；在交谈时如果目光总是落在这个注视区域，你就会把握住谈话的主动权和控制权。

社交注视：它的范围是以两眼为上线、唇部为下顶点所形成的倒三角形区域。在一般的人际交往场所应使用这种注视。当和人谈话时注视着对方的这个部位，能给人一种平等而轻松的感觉，可以创造出一种良好的社交气氛。

在商务场合，除了要把握眼神的注视范围外，还要注意眼神注视的角度和方法。应该使用平和、亲切的目光语言，既不目光闪闪显得激情过度而近乎做作，又不目光呆滞显得应酬敷衍。如果眼神发虚或发瞟四望，就会让对方产生一种不踏实的感觉，话还没出口，就先入为主地对你有了看法。

2）眼神的含义。一般沟通中的眼神含义有：斜视，表示轻蔑；俯视，表示羞涩；仰视，表示思索；正视，表示庄重。这些都需要根据场合恰当把握。以下几种眼神是需要避免的：

盯视：如果死死地盯视一个人，特别是盯视他的眼睛，不管有意无意，都是一种不礼貌的表现，令对方感到不舒服。盯视，在某些特定场合，是作为心理战的招数使用的，在正常社交场合贸然使用，便容易造成误会，让对方有受到侮辱甚至挑衅的感觉。

眯视：眯视是一种不太友好的身体语言，它除了给人有睥睨与傲视的感觉外，也是一种漠然的语态。在西方，对异性眯起一只眼睛，并眨两下眼皮，是一种调情的动作。

回避：避免刻意回避对方的眼光或眼睛瞟来瞟去，会让对方觉得你不专心或心虚，从而得不到信任。

漫游：这是一种犹豫、举棋不定的身体语言信息。

（3）嘴部语言　嘴不仅是用来表达有声语言的，也同样可以表达丰富的身体语言。

嘴唇闭拢：表示和谐宁静、端庄自然。

嘴唇半开或全开：表示疑问、奇怪、有点惊讶，如果全开就表示惊骇。商务交往中，除非是为了沟通谈判的需要，否则不要轻易出现这种嘴部动作。

嘴角向上：表示善意、礼貌、喜悦。商务交往中，这种身体语言特别会让对方感觉到你的真诚、善解人意。

嘴角向下：表示痛苦悲伤、无可奈何。

嘴唇撇着：表示生气、不满意。这种表情在商务场合出现，会被认为是不尊重对方的表现。

嘴唇紧绷：表示愤怒、对抗或者是决心已定。

以手掩嘴：表示"心里有鬼"，有说谎之嫌。

四、探讨分享

 案例一

酒会上的尴尬

A先生去参加一个酒会，旁边坐着一位很优雅的夫人。A先生一直想找一个话题和这位女士搭话，可惜一直没有机会。

这时钢琴声响起，A循声看去，看到一个男士在演奏曲子，这个人的出场引起了很多人的关注。A想这是一个机会，于是趁机对旁边的那位女士说："看到那位弹钢琴的人没有？"那位女士优雅地点点头。A见引起女士注意了，接着说："不简单，看不出那个人还会弹琴哟！"女士微笑了。A继续说："可惜弹得实在是差啊，节奏感根本没有掌握好，选的曲子又低俗……"女士的脸已经有点儿尴尬了，一副欲言又止的神态。A毫不理会女士的表情，一鼓作气地说着："这个人是我目前为止所见过弹的最差的，来这里弹琴简直是丢人现眼啊！"女士的脸已经白一阵青一阵了。

A说完，转头问女士："对了，还没有请教你的尊姓大名呢？"女士白了他一眼："尊姓不敢，本人只是那位弹琴的男士的妻子罢了……"说完拂袖而去，留下A先生呆坐在那边……

讨　论

你认为A先生在和女士搭话的时候犯了什么错误？应该怎么修正？

案例二

求职成败的消息透露

一个大学毕业生正在面试。谈话过程中，人事部经理的右手总是撑在脸上，中指封在嘴上，食指伸直指向右眼角，左臂又横在胸前，目光很少对着这位求职的毕业生。

谈话结束了。经理站起来和求职者握手："请回吧，我们研究一下，会告诉你消息的，再见。"这位求职者心中没底，拿不准主意他应等这个单位的通知，还是立刻再到别处去联系。

讨 论

你认为这位毕业生求职会成功吗？为什么？

情境二 理解别人的话

一、 情境设定

你在学习、工作和生活中经常需要和形形色色的人交谈。家人和朋友提醒你，要和人处好关系，不要与人为敌。你认真做事，小心说话，可事情并不如你想象的那么简单。除了做事和说话，还有什么需要注意的地方吗？

那天你在办公室里忙，有同事进门，问你："不好意思，你现在有时间吗？我有件事情和你反映一下。"你对他说："有事你就说吧。"然后一边继续收拾东西，一边听他说话。结果没说两分钟，他就说："我看你很忙的，我以后再找你吧！"说完他就走了。但后来却再也没有见他来向你反映事情。

你是犯错误了吗？

二、 任务实施

俗话说："会说的不如会听的。"根据科学家的研究：知识信息的积累，有70%来自于"看"，有30%来自于"听"，所以人要学会说之外，还要学会听和看。在人际沟通中，需要和周围的人建立良性的关系，就更需要了解、理解别人，这时候除了观察别人，也需要倾听别人的话语。

1. 了解听的功效

倾听可以及时了解谈话对象的情绪、意见、建议等，以便相应处理，避免问题积压，难以解决。

倾听本身也是一种鼓励方式。倾听可以提高说话者的自信心和自尊心，加深彼此的感情。在工作中，许多人的抱怨并非来自工作辛苦，而是因为自己的意见、建议得不到应有的重视。员工心情愉快，很多时候得益于领导能在工作中经常倾听他们的谈话，尊重他们的意见。例如，某单位一位年轻的下属在非正式场合向领导说起工作量多、任务重。这位领导误认为下属在叫苦，于是说了一大通要吃苦耐劳，要无私奉献的话，结果那位年轻下属愤然离去。其实那位下属只是想让领导知道他工作的辛苦，肯定和承认他在单位里的地位和作用。倘若那位领导能细心体察其言外之意，说些得体的安慰话，那位下属非但不会愤然离去，而且有可能会越发卖力地工作。

倾听还可以消除误解。通过倾听，可以获得更多的信息，减少不必要的麻烦、误解和摩擦，增加人际交往的成功因素。在很多情况下，人与人之间的误会都是因为没有机会申述或彼此没有认真听而造成的。

倾听让对方感受到关心与尊重，可以赢得对方对你的尊重与信任。

2. 学习同理心地听

（1）听的层次　听的最低层次是"听而不闻"：如同耳边风，完全没听进去；其次是"敷衍了事、假装在听"：嗯……喔……好好……哎……略有反应其实是心不在焉；第三是"为我所用、有选择的听"：只听合自己意思或口味的，与自己意思相左的一概自动消音过滤掉；第四是"专注地听"：以复述对方的话表示确实听到，即使每句话或许都进入大脑，但是否都能听出说者的本意、真意，仍是值得怀疑。第五是"同理心倾听"：一般人聆听的目的是为了作出最贴切的反应，不是单纯想了解对方。同理心倾听的出发点是为了"了解"而非为了"反应"，是"设身处地看这个世界"，也就是透过交流去了解别人的观念、感受。这并不意味着你必须同意对方的观点，而是能从对方的视角来理解人。

（2）运用同理心倾听的场合　学习同理心倾听，是所有人工作和生活的必需。在工作中，同理心倾听主要用于以下几种情况：

1）对方只是想找个人听他（她）说话。这时候，他（她）在交流过程中也往往表现得很情绪化。

2）人际关系紧张或信任度低的时候。

3）自己不确定是否了解情况、对方是否确认自己的时候。

4）招聘、绩效反馈、个人发展面谈的时候。

在这些情况下，同理心倾听能让我们站在对方的立场看问题，可以帮助我们更平和地沟通，让对方在非教训、非评价的情况下，真实地袒露心声。

（3）对同理心倾听可能存在的误解

1）同理与同情。很多时候，人们会错误地把同情当成同理。一个孩子削铅笔的时候弄伤了自己的手，举着出血的手去告诉妈妈。妈妈的反应大体有这么几种：

有的妈妈会说："我看看。这么一点小伤口！谁没弄破过手呀，好了，玩儿去吧！"小孩子会很愤怒地叫："真的很痛啊！"

有的妈妈会说："我看看。哦呦，真的有个伤口，都出血了！痛吧？"孩子听了这话之后，当场泪如雨下："妈妈，我痛死啦！哇……"

有的妈妈会说："我看看，哦，真的有个伤口。把你刚刚削笔的样子比画给我看看。"孩子拿了削笔刀按照之前的情况模拟了一下，妈妈又说："啊，原来你拿笔的时候，手指托得低了一点点。下次就知道怎么做啦，真好。"孩子就平静地走开了。

第一种情况的妈妈有理性，但是没有同情心更没有同理心，孩子一定不喜欢。第二种情况的妈妈有同情心，替孩子感到痛。第三种情况的妈妈有同理心，一起感觉孩子的行动和心理。区分同情心和同理心，就看在听的过程中，是以听的人为主角，还是以说的人为主角；是听的人替说的人感觉，还是听的人和说的人一起去感觉。

2）推理与同理。上述的例子中，如果有个妈妈说："手弄破了啊？你太不小心了吧，下次不要这样了！"这样的妈妈就是用推理代替了同理。推理是把自己的感觉加在对方身上，认为对方应该有同样的感觉。而同理是让对方拥有自己的感觉，也就是让说话方发现自己的感觉。

3. 排除听的心理障碍

阻碍同理心倾听，有物质原因，如环境嘈杂、不够封闭；有身体原因，如人很疲惫；也有语言原因，如听不清楚、不理解对方的话。但更多时候是由于听话方的心理原因。要努力平静自己的心情去听人说话。

（1）自我保护　沟通中人们不愿意倾听的一个重要原因是心理防御。一般地说，人们不想得到坏信息；更有些人以自我为中心，本能地排斥着坏消息。或许我们认为听不到比听得到更好，因为听到后你不得不去面对它。其实不然，只有当你听到或能确切地预见危险时，你才会想到去避免和处理它。实际上，只要你怀疑有坏信息存在时，你都应该更深入地进行探查。

（2）没有自信　许多人出于紧张、忐忑，在本应细细倾听时以过度的说教来做伪装。所以，忐忑不安可以说是对倾听的致命打击——当对方正在讲话时，它会使你的思维像赛跑一样去寻找答案。一个人心灵的运动也会像嘴巴的运动一样阻碍有效倾听。所以，不自信会让你付出沉重代价，在你本应倾听的时候，你失去了对嘴巴及注意力的控制，很可能因此而失去信任、失去朋友、失去合同。

（3）抱有成见　成见是一种观念，指对人或事物所持的固定不变的看法。它只是人们内心的预期估计，人们往往会因为一个人曾经怎样而料想他将会这样，不认为别人能说出有价值的信息。它会让你否定每个人都有自己的思想和能力，阻碍你的思维，阻碍你接受正确信息。在沟通尤其是谈判中，对方有着大量有用的信息，但如果你以常规的思维模式认为那些人讲的都没用，倾听对你而言就成了不可能。

4. 掌握听的步骤

倾听是有步骤地调整自己、感受别人、作出反馈的过程，不是简单、被动地听。

（1）聆听他人　人际沟通仅有一成是通过文字来进行，三成取决于语调及声音，六成是人类变化丰富的肢体语言。所以同理心地倾听要做到下列"五到"，不仅要"耳到"，更要"口到"（声调）、"手到"（用肢体表达）、"眼到"（观察肢体）、"心到"（用心灵体会），才能体会到别人的内心。这就要求听讲者要有良好的感觉能力，也要有耐心和对他人的关心之情。

在倾听过程中，既听对方的口头信息，也注意对方所表达的情感，学习用适当的方式鼓励对方把心里话都说出来。不可心不在焉，也不能急于插话。避免使用如"你好像不明白……""你肯定搞错了……""我们规定……""我们从没……""我们不可能……"之类的话封堵对方的话。

（2）复述内容　与人交谈，如果只是默默地听，难免使人尴尬，对方也会因你的一无反应而心生疑窦。因此，在倾听时，不仅注意力要集中，也要主动及时地作出反馈。在适当的时候，插问一两句，表示在倾听他（她）的言论。例如，"你说得对""应该是这样""你说的可真有趣""是吗""以后怎样了呢"，或采用"嗯"等与对方相呼应。在听完之后，问一句"你的意思是……""我没理解错的话，你需要……"等，以验证你所听到的。

（3）反映情感　同理心地听，是为了理解对方。在倾听过程中不仅要调整自己的心态，进入角色，调动自己的经验和能力去感知对方，也要把自己的感觉表现出来，让对方明白你听懂了。所以需要用语言尤其是肢体语言来体现你的情感，如温和的眼神、若有所思的表情、动情处的轻叹等，才能让对方心理感觉到满足。

（4）等候反应　沟通是一个双向互动的过程。说话方把事情或情绪表达出来，听话方倾听并回馈。回馈之后，还需要等候说话方的下一步反应，才能顺利地完成沟通的过程。

三、知识链接

感觉能力的强弱与人际关系的好坏有很大的关联。

如果你闭上眼睛，假设自己有心事需要倾诉，你会找谁，然后问自己为什么是他（她）。你会发现那些你愿意分享心事的人多半能倾听你的话，不急于作出判断，更重要的是能明白你的心。心理学研究证实，感觉是人际关系的核心，分享感觉的量通常和关系深浅成正比。只有那些有敏感的心、能了解和接收自己的感觉的人，才能准确地接收别人的感觉。

而很多人会发现，自己的感觉缺失了：对外界刺激反应麻木，同时也不善于表达自己的感觉。时间长了，会招来一个"冷血动物"的名声。事实上，这些人的感觉不是消失了，而是被隐藏。只要释放出感觉，同理心就可以回到他们身上。

人们普遍认为女性应该是被动、依赖的，而男性则应该是主动与独立的。甚至初生婴儿的父母也因性别不同而给予他们不同的标签：他们描述女婴比男婴柔软、脆弱、娇小、细致；男婴则比女婴坚硬、协调、警觉、倔强及强壮。性别刻板化教育让人们尤其是男性会修饰自己以向社会印象靠拢，久而久之，感觉能力就受到了压抑而被隐藏了。还有的人不是受性别刻板教育的影响，而是家庭或者自我的压抑导致了感觉的丧失。

更多的人是出于自我保护的原因，而隐藏了自己的感觉。害怕表现出来显得幼稚、不理性等，担心自己因为太敏感而容易受伤害或被人孤立。这些担心在一定程度上是有道理的，但是我们可以在保证自己安全的前提下，尽可能地保持自己的感受力，为自己赢得多彩的世界，赢得家人、朋友和同事的心。

四、探讨分享

 案例一

父亲的苦恼

有位父亲曾抱怨："真搞不懂我那宝贝儿子，他从来都不肯听我说。"

有人问："你的意思是说，因为孩子不肯听你说，所以你才不了解他。"

父亲："对啊。"

再问："要了解一个人，应该是你'听'他'说'，还是他'听'你'说'？"

这父亲想了许久，回答说："你说的对。但是我是过来人，我走的桥比他走的路还多，他为什么就是不听我的话呢？"

讨 论

你认为父亲的抱怨说明了什么问题？他应该怎么做才能理解儿子，并把自己的经验传送给儿子呢？

案例二

乔·吉拉德的教训

乔·吉拉德被誉为当今世界最伟大的推销员之一，回忆往事时，他常念叨如下一则令其终生难忘的故事。

在一次推销中，乔·吉拉德与客户洽谈顺利，但临近签约成交时，对方却突然变了卦。当天晚上，按照顾客留下的地址，乔·吉拉德找上门去求教。客户见他满脸真诚，就实话实说："你的失败是由于你没有自始至终听我讲话。就在我准备签约前，我提到我的独生子即将上大学，而且还提到他的运动成绩和他将来的抱负。我是以他为荣的，但是你当时却没有任何反应，而且还转过头去用手机和别人打电话，我心中一恼就改变主意了！"

讨 论

通过乔·吉拉德的遭遇，分析推销员可吸取的教训。

实训拓展

一、 日常关注

用一周的时间观察自己身边或公共场所的人们，尝试理解他们所处的情境，写一篇观察记录。

二、 分步拓展

1. 这是一次公司内部会议的现场，期间会议参与人员分别表露出各种不同的肢体语言，请分析每个肢体语言的含义，并说明理由。

2. 播放一部影视作品的片段，就其中人物的口头语言与肢体语言进行讨论和分析，研究他（她）的身份、年龄、受教育程度、心理需求与满足。

三、 综合实训

1. 警民关系

一天晚上，一位年轻的代理警官上街执勤。他接到了关于抢劫的报案电话，于是来到了当事人家敲门。这位警官还没来得及问清缘由，里面的人就劈头一顿臭骂：“你们这些警察跑到哪里去啦？三个半钟头前打的电话，你们现在才来！我跟你说，你们这些人一看就讨厌，我缴税付你们薪水，当我需要你们的时候却一个也不见，我恨死这种事！看，我的屋子被抢个精光！”

代理警官忙了一天，当然很累，他立刻不假思索地反驳：“嘿，先生，我犯不着听你讲这些。我已经来了，如果你要帮忙，我就帮忙；如果你想站在那里大呼小叫，满口粗话，我还有公务在身，你自己看着办吧！”他转身走出门廊，不用说，那个家伙更加暴跳如雷。

1）你认为市民那番话的真实意思是什么？
2）代理警官应该怎样回答才能便捷地完成任务，并让市民修正原先对警察的不良印象？

2. 医患关系

一天，王小姐来到某医院皮肤科。王小姐指着胳膊上的红点说：“大夫，我想问问胳膊上的这些红点点能不能去掉？”该医生看了她一眼马上打断她说：“你这是毛周角化，很难根治！”随后医生也未告诉她这种病症的形成原因，只说开些药膏回家擦，可能会让红点的颜色变淡。

在王小姐就诊的 5 分钟里，这名医生非常“忙碌”：诊室里又涌进三四个护士，有找她领东西的，也有找她看脸上长“痘痘”的，她一边和别人说话一边给王小姐开处方，以致王小姐不时惶恐地问：“您是和我说话吗？”

这位医生的医术确实不错，几天后王小姐的病情大为好转，但她心里却依然不舒服。

列举这位医生在处理王小姐的病情中不适当的地方。

3. 同学间一对一互相交谈，一人主述、一人倾听，2 分钟后由主述者反馈感受。

任务五　有成效的交谈

微课6

/任务要求/

1）知道人际沟通的意义。

2）明确交往中的沟通关系与角色类型。

3）能运用开场、陈述和提问的技巧进行人际沟通。

4）可以理性对待生活中的冲突，并学会适当的论辩。

情境一　他们扮演什么角色

一、情境设定

公司打算开发一个新产品，要求你所在的部门进行一次完备的市场调研，分析新产品的市场情况。部门主任接到任务后，要对部门人员进行分工。在讨论会上，你发现有的人很积极地参与策划研究，有的人始终一言不发。作为一个新人，你不知道自己该说点什么更好。会议结束后，你分析自己，发现你比较喜欢和自己的朋友聊天，面对陌生人往往插不上嘴。问题出在哪里呢？

在工作和生活中，每个人都有面对熟悉或不熟悉的人、需要发言或者倾听的时候，到底怎么做才更合适？首要的问题是要区分你的沟通对象的角色和自己的角色。

二、任务实施

每个人在工作和生活中都会扮演几个不同的角色，甚至同时兼有两个或更多的角色，另外处理公务和私人事务的过程中也有一定的角色差异。完全地区分每个人的角色是一件困难的事情，但最重要的是，只有每个人在沟通过程中都要坦诚、热情、愿意分享，才能使沟通得以顺利进行。

1. 了解角色的转换

有的时候我们希望一个人忙碌，有的时候需要和人讨论问题，有的时候需要去商店买点东西，有的时候需要告诉别人自己喜欢哪个歌手……在这个过程中就需要信息和观点的交流，也有对人和人之间关系的处理。

有的关系是社会赋予的。例如，他是上级，我是下级；我是主人，你是客人；她是母亲，他是儿子……这些角色都有相应的社会期望，人们需要按照某些特定的方式行动、说话。而这些关系也随着社会进步不断发生变化，这些变化也使我们在扮演这些角色时的语言和行动方式有了改变。

除了社会角色，每个人还扮演着自己的个性角色。在有些场景下，我们是坚决果敢的；有时我们又是滑稽失败的；还有的时候我们是黯淡无光的。我们愿意扮演多变的个性角色，目的是为了控制所处的环境，希望在沟通对象身上有所得。

成功的沟通需要分辨、理解别人所扮演的角色，并且明白自己需要扮演的角色，把握所扮演的角色应该有的语言和行为上的反应。

2. 认识内心的三个面

（1）人人都有三个面　正如事物都有多面性，每个人的个性都是由三种比重不同的心理状态构成，这就是父母状态（Parent）、成人状态（Adult）、儿童状态（Child）。

父母状态以权威和优越感为标志。当一个人的人格结构中父母状态占上风时，优势在于可以照顾别人，可以继承社会传统；缺点是凭主观印象办事，独断独行。讲起话来常用"总是""从来""你应该……""你不能……""你必须……"。

成人状态表现为注重事实根据、善于进行客观理智的分析。当一个人的人格结构中成人状态占上风时，优势在于考虑全面、善于接受新观点；缺点是做决定不够快，不懂享受。讲起话来常用"我个人的想法是……""可能是……""可以是……"。

儿童状态是自我中心及服从的综合体，认为"我"和"我的"很重要。当一个人的人格结构中儿童状态占上风时，优势在于欢快、兴奋，有好奇心和创造力；缺点在于自私、自负、娇惯。讲起话来常用"想要""最大""我猜想……""我不知道……"。

这三种状态在每个人身上都交互存在，无论是男是女、是老是少，不同的是每个人在面临不同的情境时占上风的状态不同。一个孩子可能在老师上课时表现驯服，面对同伴时好像专家，而遇见一个问路人时，又能准确而周到地解决问题。

（2）三面个性的人如何沟通　父母、成人、儿童三种个性综合的人在一起沟通，怎样才是最佳方案呢？我们可以回忆一下自己的家长，他们聚在一起讨论孩子的话题，他们会表现出什么人格？他们可能会讨论孩子的性格并给出自己的意见，这是成人和成人状态在沟通；可能是一起分享孩子小时候的趣事，这是儿童和儿童状态在沟通；可能是一个对自己的孩子表示忧虑而另一个在给建议，这是儿童和父母状态在沟通。这三种沟通对双方来说都是愉悦的。如果一方用成人对成人的态度讨论孩子的教育问题，另一方用父母对儿童的态度教训他；或者一方用儿童对父母的态度夸耀自己的孩子多么出色，另外一方却用成人对成人的态度对他说别人也做得不错。他们之间的谈话还会愉悦吗？

从上面的回忆可以发现，虽然很多时候我们被教育要理智，要用成年人的态度做事说话，但是如果对任何时候的任何人都用成人态度说话，并不能取得满意的效果。例如，一个孩子上课迟到了，他心里假设老师会用父母的态度教育他，他就会向别人夸口他成功惹恼了老师。如果老师用成人的态度问他："是不是觉得我这门课你学起来有困难，还想不想继续学啊？"如果学生坚持用儿童的心态来回答："这事不用你操心！"事情会怎么演变？

因此，合适的沟通应该是用合适的个性配合合适的口气与沟通对象交谈，并不是一味地理智、成熟就能取得好效果。

3. 区分别人玩的游戏

Eric Berne 于 1964 年出版的《人们玩的游戏》(《Game People Play》)中，把人们用来影响他人并从中得到自己所需的方式都称为游戏，我们个性中的父母和儿童都会参与到这些游戏中。大多数人的多数时间都在玩游戏，如果想成功地进行交流，就需要学会简单分析别人在玩的游戏，然后决定自己是不是参与其中成为一个角色。你也许不想玩他们的游戏，但是如果你想和他们相处，就得对玩游戏的人有些耐心。

所以我们也来看看人们常玩的游戏有哪些：

（1）我真的什么都做不好　生活中有一些人非常"谦虚"，他们经常说："唉，我是个失败的人！我做什么都是错：我的工作没有成绩，我的生活一团糟，我连一起吃个饭的人都找不到！"

玩这种游戏的人为生活的种种问题找到了一个简单的答案——自己什么都不行。而事情的真相可能是他们不想成功，因为成功需要他们改变现状，需要他们承担更多的责任，他们的工作和生活会因此而复杂化。玩这种游戏的人同时也会经常玩下一种游戏，或者喜欢跟玩下一种游戏的人在一起。

（2）他们什么都不行　生活中的有些人是批评家："你看，这社会太腐败了。他混蛋透顶，她是个骗子，这个人是个傻瓜，那个人是个懒汉。他们都没救了！"

玩这个游戏的人很可能是通过批评别人来逃避对自己责任的追究。为了能成功地玩这个游戏，他们必须找到某些想玩第一种游戏的人。那些认为自己是失败者的人，看到有人能证明社会充斥着腐败、虚伪、荒谬，会觉得失败也不是自己的错，社会上不如自己的人还很多。而那些玩"他们都不行"游戏的人则从第一种人的关注中得到了满足。

（3）我只是想帮个忙　有没有见过这样的场景？某人请客吃饭，席间很热情地劝酒。如果不是他很有钱或者别人都爱喝酒，那他劝酒又为什么？仔细观察一下，你也许会发现，热情的劝酒人在遇到一个拒绝喝酒的人时会表现得异常兴奋。他会表现出加倍的热情以及受挫之后的委屈，终将引发席间其他人对他的声援。

事情的真相也许是这些人貌似要帮忙，其实是在等别人拒绝他们的帮助。这就让他们的好意遭到了不公正待遇。于是他们就可以得到双份回报：钦佩和同情。我们似乎都经历过在筋疲力尽的时候被邀请去吃宵夜，享受发呆的时候遭受别人热情的关心……小心"我只是想帮个忙"。

（4）要是我不这么忙　"如果我不是这段时间工作繁忙，我一定会帮你去完成这个任务，你的责任就会比现在轻一些，成效也许会更高。唉，这都怪我。"有人这样对他的同事或朋友检讨。

上面的检讨也只是看上去很理智，实际却是检讨人在为自己没有做什么或者没做好什么找借口。他们希望别人会因为他们忙而赞扬他们，会因为他们不能做他们想要做的事情而同情他们。万一他们真的做了什么，他们该得到感激和恭维。为了成功地玩这个游戏，他们也需要有个失败者接受他们的检讨和道歉。

（5）亲爱的　一对情侣在吵架。女方拂袖而去，男方在后面拉住她："你真是个让人放不下的小家伙，对吧，亲爱的？"女方该怎么办？千万不要任着性子继续往前走，应该听了这样的话心一下就软了，双方和好如初。

这个游戏，需要意见不同的双方共同完成，如果不说"亲爱的"，玩这个游戏的人也可以用用自己的手臂环住对方，或者用其他轻柔的方式表达关爱。使用这样的语言和动作，表明了对方是多么不讲道理，而自己是一个多好的人。

玩这种游戏的人的目的是通过轻柔地批评别人来避免批评自己，他们自我暗示更希望别人赞扬他们心地善良，即使他们未必真心做好事。如果对方拒绝合作，他们会很愤怒。

真实的社会更加复杂，要进行成功的交流，必须要了解不同的群体或对象对"礼貌""合适"的不同理解，要了解他们所玩的"游戏"，决定自己的角色类型。

4. 认清工作中的角色

在工作中，人们都有各自的岗位和职责分工，这是在公务中进行沟通的角色基础，我们可以根据岗位来选择自己沟通的内容、方式和语言。古人云："不与之言，与之言，失言；可与之言，不与之言，失人。"意思是有些话不应该与某些人讲，你讲给他们听，你就会因失言惹祸上身；而有些人，应该与他们沟通，你却不和他们沟通，你会失去这些人的心。

多数的工作，我们是以部门或项目组为单位进行的，这其中又存在团队成员的角色分工。这个分工不仅有现实职务，如部门经理、项目经理、内勤、项目成员，还有实际中所扮演的角色，如潜在领导者、行动者、社交者或者思想者。每个人都要分清自己的优劣，选择合适的角色进行扮演，并明确自己的沟通要求。最主要的是，决不能做一个旁观者，只看不说也不动。

三、 知识链接

心理学中关于人际沟通的理论研究有很多，实际应用中相对简便的是 PAC 理论。

PAC 理论又称为相互作用分析理论、人格结构分析理论、交互作用分析、人际关系心理分析，由 Eric Berne 于 1964 年在《人们玩的游戏》（《Game People Play》）一书中提出。他认为个体的个性是由三种比重不同的心理状态构成，这就是父母（Parent）、成人（Adult）、儿童（Child）状态，简称人格结构的 PAC 分析。无论人们是以坚决还是非坚决的方式相互影响，当一个人对另一个人作出回应时，总存在一种社会交互作用。

（1）互补式与非互补式交互作用　交互作用（语言、动作或非语言信号的交换）可以是互补式的或非互补式的。在公开交互作用中，如果发出者和接受者的心态在回答中仅是方向相反，则交互作用是互补式的。如果用图表示发出者—接受者的心态交互作用的交互模式，则线是平行的。在这种关系中，主管对员工说话就像父母对儿童一样，员工的回答就像儿童对父母一样。

当刺激和反应线不平行时，非互补式的交互作用，或者称为交叉式的交互作用就会出现。在沟通中，主管努力按照成人对成人的模式来对待员工，但是员工按照孩童对父母的模式作出回答。出现交叉式交互作用时，沟通往往被堵塞，不会得到令人满意的结果，冲突也经常紧跟其后。

（2）交互作用的类型

1）PP 对 PP 型（见图 5）。在这种类型中，甲乙双方都表现出武断的特点。例如，甲方说："你来完成这项工作。"乙方却说："你不见我正忙着吗？找别人干去吧！"

2）AA 对 AA 型（见图 6）。在这种交流类型中，双方都能以理智的态度对待对方。例如，甲问："你能完成这项任务吗？"乙说："如果没有什么干扰应该可以。"

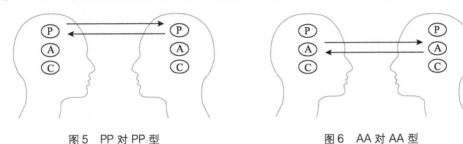

图 5　PP 对 PP 型　　　　　　图 6　AA 对 AA 型

3）CC 对 CC 型（见图 7）。在这种类型中，甲乙双方都易诉之于感情。例如，甲说："干不了就别干！"乙答："不干就不干，有什么了不起！"

4）PC 对 CP 型（见图 8）。在这种交流类型中，甲乙双方表现出权威和服从的行为。例如，甲作为上级对乙说："这件事完不成要挨批评。"乙作为下级回答："真完不成，我甘愿接受批评。"

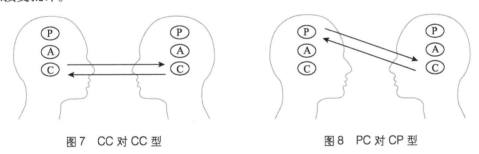

图 7　CC 对 CC 型　　　　　　图 8　PC 对 CP 型

5）CA 对 AC 型（见图 9）。在这种交流类型中，一方表现为小孩子脾气，而另一方则表现为有理智的行为。这在同事之间、夫妻之间经常会发生。

6）PA 对 AP 型（见图 10）。在这种交流类型中，甲方表现为有理智，但又担心自己控制不住自己。为此，甲方经常要求乙方承担 P 的角色，起到对甲方的监督和防范作用。这在上下级、同事、夫妻之间经常会发生和利用这种类型的相互作用。

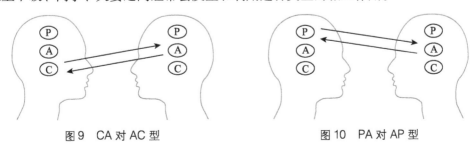

图 9　CA 对 AC 型　　　　　　图 10　PA 对 AP 型

7）PC对AA型（见图11）。在这种交流类型中，甲方要求乙方以理智对待他，但乙方则以高压方式对待甲方，这在上下级、同事之间经常发生。

8）CP对AA型（见图12）。在这种交流类型中，甲方讲理智，而乙方却易感情用事。

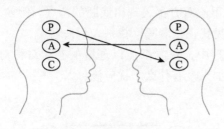 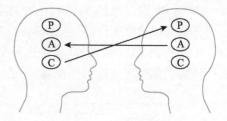

图11 PC对AA型　　　　　　　　　图12 CP对AA型

9）PC对PC型（见图13）。在这种交流类型中，一方采取命令式而另一方不服，也采取同样方式回敬。这种交流方式必然会引起矛盾冲突。这经常表现在上下级、父母和子女之间。

10）CP对CP型（见图14）。在这种交流型中，甲乙双方都把对方作为权威看待而表现出一种服从的意向，这在同事和朋友之间经常发生。

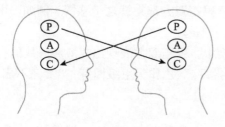 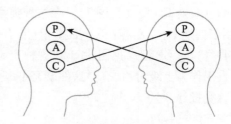

图13 PC对PC型　　　　　　　　　图14 CP对CP型

四、探讨分享

 案例

老太婆，打针了！

A护士给一个70多岁女病人肌肉注射，她对那病人说："三床的老太婆把裤子脱掉，打针了！"

老人一听火冒三丈，张口就说："我用不着你来骂我'老太婆''老太婆'！我吃自己的饭，又不吃着你，又不要你养。你不老，可你大概还活不到我这么大年纪！年纪轻轻不讲道理，态度极差，技术没有，打针一定很痛，我不要你打针，如果你打针，我宁愿出院。"

A护士觉得自己又没有说错，也就随口回了几句："你这老东西，又不是什么官，有什么了不起，你要出院就出院。"

这时另一个护士B听到了，连忙过去说："李大妈，你好，你有什么需要我来给你做。你要打针是吗？我来给你打。"B护士一边打一边给她按摩。

老人很高兴，连声称赞："你这个护士好，态度好、技术好，打针一点都不痛，以后要你一直给我打针。"

讨　论

这则案例中，护士 A、女病人、护士 B 分别用了什么角色进行沟通，有什么效果？

情境二　我会谈话吗

一、 情境设定

公司的市场调研开始了，你也被派出去做访问员，然而几次面对客户都开不了口，大大影响了自己的工作进度，并且由于和客户沟通不良，收集的调研信息也不够完备。这天你下班后，丧气地想："我是不是和经理去说说，别让我去访问了，就在办公室里帮忙做文字工作吧！"

可是，这是不是又一次自己放弃了机会呢？

二、 任务实施

在工作和生活中，常常需要和人交谈。所谓"交谈"，总得有互动，有倾听，也有说话。好的对话永远是两个人相互反应，哪怕意见不同。那么成功交谈的标准是什么呢？客户访谈只要收集到需要的信息就可以了吗？专家告诉我们，成功的交谈，不一定只是信息的交换，更关键的是"彼此友好"的信息的传递。

1. 别看不起问候和闲聊

问候和闲聊是每个人生活中的常事，但是它并不是简单地和人打招呼，也并非是单纯打发时间的手段，它也是了解信息的重要手段。通过问候和闲聊，你也可以确定自己的态度，明了自己是不是想和对方有更深入的接触。有时候偶发的闲聊也可以让人体会到温暖、收获朋友；或者彼此疏远、丢失了机会，所以不要看不起闲聊。

（1）相互问候　你是否遭遇过这样的尴尬：路上看见一个熟人，和他招呼了一声，结果他没发现，却引得旁边的人扭头看你；或者走在路上，突然被一声招呼吓了一跳。

简单地说，人们之间相互问候也需要注意距离。通常，我们大约可以发现 10 米外有没有自己熟识的人，这段走动的距离正好可以让我们观察并判断，你是否需要和他（她）打招呼。等双方距离在 3 米左右的时候，你就可以开口问候了。这样既不会让你陷入无人回应的尴尬，也不至于让人吓一跳，需要扭头寻找说话的人。

简单的礼貌问候通常是这样的：

"嗨，你好吗？"

"我很好，你呢？"

"哦，我也不错！"

"真好!"

也许你会遇见这样一个问候的对象:

"嗨,你好吗?"

"我?这要看你问什么了。如果问的是我的身体,你看见了,一切正常。如果你问我的工作,我累死了可也没得到什么好处。或者你是问我的家人,我的孩子倒还不错。"

这样的回答实在让人不容易回应。在礼节性的问候中,人们约定俗成的形式是做简单回应,不需要真的解释自己好或者不好。如果正式作出解答,反而令人不安。

也有在问候时涉及具体状况的。如双方好久不见,或者对方正好度假归来希望你对他们的行程感兴趣。如果你能判断出他们的需求,问候就可能是这样的:

"嗨,你好吗?"

"你好你好。"

"好几天没看见你,据说度假去了?"

"哦,是的,我们去了海南。"

"海南可是个度假的好地方!那几天天气怎么样?"

"我的运气不错,天气一直晴朗,并且舒适。"

"太好了,真羡慕你啊。哦,不好意思我得先走了,再见!"

"以后见!"

(2)和人闲聊 闲聊常有打发时间的目的,如在漫长的火车旅途中,在一个宽松的聚会里。这样的场景中人们并不想严肃地讨论问题,而只想保持轻松愉悦的心情。闲聊不需要有很多的资讯,也不需要有突出的个性。人们多半会对别人的陈述随声附和,有分歧也不会过多争辩。

有人在闲聊中讨论天气:"这几天的天气实在糟糕,你说是吗?"

如果你同意:"哦,是的。下雨天出门太不方便了。"

如果你不同意:"不会啊,我觉得下雨天很好。"

或者:"实话说这几天的雨水我倒很欢迎。我刚刚在园子里撒了些种子,每天的雨水帮我省了浇水的工作。"

不同意的两句话,你会选择说哪句,对方会喜欢听哪句?如果你说这两句话的时候,表情严肃或者面带微笑,哪个可以达到闲聊的目的?

偶尔也有人会在闲聊的时候讨论严肃的问题,如"污染"问题;或者你不想说话的时候,有人过来和你聊天。思考一下,在这种情况下怎样才能不让彼此尴尬呢?

2. 开始交谈

漫长的旅途让人无趣,你打算首先开口和邻座聊天。怎么开始呢?首先我们要口气温和,讨论的话题可以就近寻找,如对方看的书、窗外的风光;也可以说一个事实,但是要注意,如果你说的事是显而易见的,对方只能表示同意,那聊天可能就无法继续,所以最好的开始是选择一个不私人化、不深入的事情，简单陈述后提出一个问题，这个问题还不能让对方简单用"是"或"不是"答复。在对方回答的过程中注意观察反应，尽量引向他们有兴趣的话题。

有时候交谈也可以从自己开始，尤其你作为一个旅游者的时候。例如：

"车站的人可真多，是吧？"

"是。"

"这儿总有那么多人等车吗？"

"我很少坐火车，不是很清楚。"

"啊，在我们那里车站里的人总是很少。"

"哦，那你是从哪儿来的呢？"

对方有可能并不想和你多谈，可能是因为觉得你威胁了他们的时间和空间。只要你表现得温和而坦承，闲聊就会成功。如果在观察和试探中你确定对方真的不愿意聊天，那就应尊重他们的意愿，并且没必要觉得尴尬，因为闲聊是分享的一种形式，它会让很多人得到快乐。

3. 陈述还是提问

（1）陈述和提问的配合　在与人交谈的过程中，经常需要陈述事实、数据、观点，或者了解对方的情况，引导彼此互动，所以也要注意陈述和提问的运用。交谈中的陈述就像一个微型演讲，无论是事实、数据还是观点，都要留心对方的反应，注重表达的简洁性和戏剧性。在交谈中注意收集对方的信息。引导对方更深入地沟通，最佳的解决方案是学会提问。

（2）学习提问技巧　提问需要避免预设答案、密集发问、挑战对方心理。

通常的问题可以分为开放性提问和封闭性提问。开放性的提问能得到大量而难以预知的信息。而封闭性提问缩小了回答的范围，可以获得少量而准确的信息。如果要让彼此在自由放松的气氛中进行交谈，寻求大量的话题选择机会，开放性提问是必要的。随着最适合交谈话题的出现，逐步减少开放性提问转而询问细节，封闭性提问就显出了优势。交谈尤其是闲聊不能用直线型的语势，因而开放性提问和封闭性提问多是交互出现的。

1）开放性提问。交谈中的开放性提问常用这样的开始用语：什么、怎么、你能告诉我、你可以说明、为什么。这种发问可以激发对方对相关话题更广泛的兴趣，并鼓励讲话方自愿陈述更多的信息。

2）封闭性提问。有的封闭性提问能澄清是非。常用的开始用语有：什么时间、在哪里、是什么、谁。

有的封闭性提问将答复缩小到是与非，往往意味着严厉的口吻或者挑战的态度。常用的开始用语有：真的、是、能够、这样。

还有的封闭性提问其实隐含着答案，有着明显的质疑。常用的开始用语有：不会、不是、为什么不。

4. 区分人际风格倾向

高超的沟通者可以根据对方的人际风格倾向选择合适的沟通方式。

对随和型的对象，需要创造友善的环境氛围，减少沟通的戒心。亲情、友情方面的话题对他们有吸引力。交谈过程中要面带微笑，鼓励他们多发表看法，表现出很强的亲和力。

对表现型的对象，要给予关注和兴趣，赞赏他们的积极态度。注意认真倾听他们的说话，及时肯定他们的优点。

对支配型的对象，战略、进程、行动等话题对他们更有吸引力。对他们说话要果断，并且表现出尊重的姿态。

分析型的对象，相对偏爱书面沟通。因此口头沟通时候也要以数据、事实等加强论述，充分体现说服力。他们不欢迎仓促行事，所以最好给他们一点准备的时间，慢慢进入话题。

三、 知识链接

交谈过程中的话题与人际关系有微妙的联系，对这方面的研究，比较突出的是 A－B－X模型。

A－B－X 模型又被称为对称模型，是一种关于认知过程中人际互动与认知系统的变化及态度变化之间的相互关系的假说，由美国社会心理学家 T. M. 纽科姆于 1953 年提出。纽科姆认为人们相互之间的感情、态度、信念有一定的联系和相互作用，因此人们的认知系统有趋向于某种一致的倾向。

在图 15 中，A、B 代表相关的两个人，X 则表示沟通的客体。从图中可以看出：A 与 B 和 X 之间构成了三角形的三个角。这里包含了四种关系：A－B 的感情关系，A－X 的认知关系，B－A 的感情反馈（B 对 A－B 感情关系的认知），B－X 的认知反馈（B 对 A－X 认知关系的认知）。这四种关系构成认知主体 A 的认知系统；当把反馈包括在认知系统中时，A 和 B 的地位是互换的，A 是认知主体，又是认知对方；B 亦然。于是，B 作为认知主体出现时，也形成了一个认知系统。

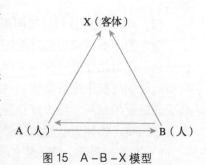

图 15 A－B－X模型

如果 A 与 B 和 X 之间的倾向越强，即双方都希望能够全面了解 X，并且有关 X 的信息对于 A 和 B 都是公开的、流通的，那么 A 和 B 与 X 的关系像 A－B－X 模型一样形成一个稳固的等腰三角形。A 与 B 之间的吸引力越小，A 与 B 之间的距离就越大。但是他们为了保证这个模型对称，必须维持 A－X 和 B－X 这两条边对等的关系，这种对等关系是建立联系所必需的。

如果 A 和 B 对 X 产生了不同的认识，A 就会不顾 B－X，或者 B 就会不顾 A－X，那么 A－X 和 B－X 之间的影响就会不同，A－B－X 模型就会失去了对称和平衡，A－B 之间的失衡关系更加速了 A 和 B 关于 X 的不一致观点。

纽科姆认为，认知不平衡是由这种趋于一致性的倾向在人们心理上形成的压力所造成的。他把这种压力叫做"趋对称压力"。在这种压力下产生的认知不平衡，沿着趋对称压力的方向变化，人际关系中的认知变化并不取决于任何认知主体自身的心理力，而是人际互动中的合力。

四、 探讨分享

 案例一

林黛玉进贾府

阅读《红楼梦》第三回"贾雨村夤缘复旧职 林黛玉抛父进京都"中的"林黛玉进贾府"部分。

讨 论

分析主要人物的问候、闲聊与谈话技巧。

 案例二

面试麦肯光明广告公司

阿努汗是复旦大学广告专业的毕业生。他一心想进麦肯光明广告公司的客户部，所以尽管麦肯光明公司没有招人，还是试着把简历通过 E–mail 发送给客户部的总监。

第三天阿努汗被通知接受客户部总监的直接面试。总监是台湾人，中英文双管齐下。阿努汗显得很紧张，局限于简短的一问一答。总监的问题开始也很简单，如为什么选择广告，是否知道客户部如何运作，为什么选择客户部等。随后，总监开始问阿努汗在大学里参加的活动，这时候他才打开话匣子。他介绍自己是漫画社副社长，参加过一大堆的社团活动。大四时参加了广告研究小组，他们的论文《新形态的消费者研究模型 CASSY》得到了导师的首肯，并成为学校的一个品牌讲座。组织过广告专业的沙龙活动，帮助广告公司接过很多广告业务。阿努汗说得很兴奋，甚至忘了用英文，总监也顺势配合他说中文。

接着，品牌督导开始面试，问阿努汗在客户部想干什么。他脱口说最想做大的广告策划。女督导的眉头皱了一下说："客户部可能不像你想的那么有成就感，工作很细很累，你能承受吗?"阿努汗恍然大悟，立即满口答应没问题。督导又把刚才的问题重复一遍，阿努汗坚决表示任何琐碎的工作都可以承受。

结果是，女督导带着阿努汗到总监办公室说："一切 OK"。

讨 论

1）面对刚从大学毕业的阿努汗，麦肯光明广告公司的面试人员用什么方式获得了自己需要的信息？

2）从阿努汗的面试经历中，我们可以吸取哪些沟通的经验和教训？

情境三　怎样解决争端

一、情境设定

你是某企业销售部的工作人员，一天正在办公室里忙碌的时候，负责编制生产计划的老张冲了进来，对你嚷嚷："你们销售部是不是没脑子啊，昨天刚刚签订的合同，要求我们半个月就生产出那么大量的产品，当我们是超人吗？"你很想跟他解释：现在经济不景气，好不容易拿到一个大订单，所以生产部门应该全力以赴开工，可又怕被老张顶回来，怎么办呢？

好不容易把老张打发走，已经到了下班时间。办公室同事约你一起去看电影，结果在电影院又为看什么电影产生了分歧。这真是充满矛盾的一天啊！

二、任务实施

在工作和生活中，总有和他人意见对立或者不一致的时候，如果处理不好这些对立或不一致就至少会对一方产生消极影响；但如果处理得当，冲突和争端也可以带来变革和创新。争端本身不重要，怎么处理争端才更重要。

1. 争端的产生

人们对生活和工作中的任何事物都会有自己的认识，而认识来自每个人的感知。感知力有差异，原有的个人经验不同，对事物的了解角度和层次不同，关注问题的角度也不同，因此认识上的差异在所难免。

2. 需要争辩吗

解决争端一定需要争辩吗？在争辩的念头产生之前，你需要先问自己：我到底要在争辩中得到什么？仅仅是澄清事实吗？或者是利用证明对方错误的机会自我满足？对方对我有成见吗？他（她）会乐于承认自己的错误吗？我和他（她）以后还有沟通的可能吗？承认自己的错误对任何人都是不愉快的，向别人认错的结果很可能就是从此不喜欢那个人，甚至讨厌他（她）。如果彼此讨厌，彼此合作就成了不可能的事情。

如果你确实认为让他（她）意识到自己的错误很重要，那么就需要帮助他（她）找出错误而又保留尊严。如果你想证明自己的观点，又不想伤害对方，你可以这样做：

1）倾听他（她）的话，也许你会发现他（她）的观点有道理。如果有不同，也要尽力找出你们之间的共同点。从共同点开始交流，能营造相对好的沟通氛围。

2）一旦发现自己错了就要主动承认，避免更大的伤害。向事实低头并不等于向对手低头。当你败下阵来的时候，应该坦陈自己在这场争辩中所受的教益，弥补因辩论失败所造成的遗憾。

3）你的话语要表明：虽然你不同意他们的观点，但你还是尊重他们的，并且在胜负明了于心的时候能主动打住话题，并为对方搭个下台的台阶。

4）争端解决后，需要找机会修补可能的裂痕。给对方端一杯茶，笑说："看看我们，像孩子一样，这么认真。"或轻松自如地转一个话题。争论和人际关系并不是水火不容，人性都有很软弱的一面，易被击垮也易被扶起，你只要说一两句得体的话语，便可恢复一个刚刚失去的心理平衡，让他（她）重返愉快平静。

3. 如何争辩

亚里士多德在《修辞学》中指出，辩论有三种手段，这一论述在今天仍然是较权威的意见。我们需要的是把这三种辩论手段结合起来使用，有力地说明观点。

（1）气质（Ethos）亚里士多德所说的"气质"是指说话者的可信度。说话者的社会地位越高，权力（权威）越大，道德品质越好，受众就越觉得可靠而越容易被说服。这是因为在长期的思维实践中，人们形成了尊崇名人、尊崇权威的习惯。不过，气质作为一种辩论手段随着历史的进步而逐渐在减弱。

（2）情感（Pathos）劝说要唤起公众的情感。亚里士多德认为，劝说者要了解听众对话题的情感和态度，并善于利用甚至是迎合。当听众的情感被劝说者打动的时候，就能产生说服的效力。因此，劝说者必须善于使听众处于他们所预计的某种心境，表达出共有的情感，如"骄傲""害怕""爱"等。情感力量是所有辩论中最有力量的一种，破坏力也最大，第二次世界大战时希特勒的演讲就是一个典型。

在使用这种辩论手段的时候，劝说者必须要有明确的情感倾向，并且利用具体的事例增强感染力。

（3）逻辑（Logos）在多数情况下，人们都试图通过讲事实、摆道理来说服对方。人们把重点集中在主要观点上，积极寻找事实来证明自己的观点。在利用逻辑推理进行辩论时，必须要围绕自己的主要观点进行，选择有共鸣可能的例证增强说服力，但是不能让例证本身显得比观点还重要。

4. 小心陷阱

辩论时有很多可能的陷阱需要回避。

（1）对事不对人 解决生活和工作中的争端必须就事论事，不能把问题上升到对对方品格的质疑等高度，只有这样才能表现自己的能力和风度，并让对方信服。只要我们举止镇定、行为有度，哪怕辩论不成功，也能博得别人的赞誉。

（2）不要混淆推论和事实 辩论中的事实是有力的论据，但是要注意不能错把自己的结论当成事实。请看下面两组对比：

1）他是个不称职的员工。　　　　到这周末，他还是没有上交报告。

2）他的医术很过硬。　　　　　　他在医院工作了15年，没有出过医疗事故。

（3）慎用某些论据 有没有听见过有人教训他人："这是常识，你都不知道吗？"仔细分析一下：这是有力的论据，还是质疑别人没有常识？是想通过这句话说明这是常识，从而证明自己的观点毋庸置疑吗？

还有人会说："不仅我这样说，专家也这样说。"这样的论断也许会让很多对手噤口。不重视专家的意见固然错误，但仅靠专家的意见也不能保证辩论的成功，你需要更多的事实来验证。

也有的人会骄傲地说："大家都这么认为。"数量未必可以取胜，你一定知道古人曾经坚持地球是宇宙的中心，而把布鲁诺送上了火刑台。

（4）小心归纳 "夏天杭州的温度总是比北京高" "你们班的人都是一群捣蛋鬼" "年轻人总比老年人聪明"，类似的话我们时常能听到。这些结论都用了归纳的推理方法，使用这种方法容易激起讲话者的激情，但也可能是拙劣的论据。

使用归纳推理的时候要力求全面、客观，不要让对手意兴阑珊，或者恨恨不已。

三、 知识链接

团队成员间的冲突多属于工作上的冲突，解决这种争端，可以借鉴托马斯·基尔曼的冲突处理策略。

我们每天都生活在一个团队中，团队成员间不可避免地会发生很多冲突。处理冲突的方式按武断性程度和合作性程度可以画出一个矩阵，表示出来的模式就是"托马斯·基尔曼模型"，如图 16 所示。

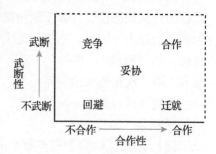

图 16 托马斯·基尔曼模型

（1）竞争策略

1）何时采取竞争策略。需要采取竞争策略的情境有：事情重大，情况关系组织命运，而决策者认为自己的做法是非常正确的；情势危急，必须马上采取措施；面对他人仗势欺人的情况。

2）竞争策略的潜在危害。采取竞争策略造成的潜在危害有：决定后容易被一群说客包围；导致沟通不畅、人际关系紧张；在后期的执行过程中需要不断花力气做说服和监督工作，难以得到他人真正的承诺。

（2）迁就策略

1）何时采取迁就策略。需要采取迁就策略的情境有：对方已经意识到自己的错误，并愿意改正；继续争执只能让事情更糟；需要获得对方的好感为今后的工作奠定基础；事情对对方来说很重要；给对方一个机会，让他（她）在今后有所改观。

2）迁就策略的潜在危害。采取迁就策略造成的潜在危害有：你的影响力和认可度也许会因为过于亲和而降低；消极被动，工作纪律松散；因自己的需求没有获得满足而事后懊丧或者自尊心受到伤害。

（3）回避策略

1）何时采取回避策略。需要采取回避策略的情境有：结果难以达到自己的期望；目前的争论只是表面问题而非根本问题；事情不那么重要，对立只会危害问题的解决；对方需要时间冷静，或者由其他的人出面解决争端更有效。

2）回避策略的潜在危害。采取回避策略造成的潜在危害有：决策随意性比较大；问题悬而未决，在相互扯皮中使信誉度降低；决策者的自信心受挫。

（4）协作策略

1）何时采取协作策略。需要采取协作策略的情境有：双方的利益都很重要，需要获得共同的承诺；需要对问题看得更全面深入，试图检验自己的观点，更好地理解对方的观点；担心人际关系受到严重影响。

2）协作策略的潜在危害。采取协作策略造成的潜在危害有：轻信对方；因不了解情况的人员的参与而影响决策；因为小事而花费过多的时间和精力。

（5）妥协策略

1）何时采取妥协策略。需要采取妥协策略的情境有：问题的重要程度不高，不值得用强硬方式处理；双方势均力敌，而各自要达到的目标之间没有冲突；因为问题复杂需要临时达成共识，迫于时间采取权宜之计。

2）妥协策略的潜在危害。采取妥协策略造成的潜在危害有：谁都对结果不满意，问题得不到根本解决；给人造成了无原则的错觉，授人笑柄；为了眼前利益牺牲了长远目标的实现。

四、探讨分享

 案例一

圣经或莎士比亚

某晚，卡耐基赴伦敦参加一个欢迎飞行英雄史密斯爵士的宴会，当时坐在他旁边的一位来宾，讲了一段很幽默的故事，还用了一句名言。那位来宾说那句名言出自《圣经》，其实他错了，卡耐基确信那句话出自莎士比亚，就毫无顾忌地纠正了他的错误。但那人坚持自己的见解。

这位讲故事的来宾坐在卡耐基右边，卡耐基的老朋友贾蒙坐在卡耐基左边。贾蒙花了很多年的时间研究莎士比亚的作品，所以那讲故事的来宾和卡耐基都同意把这个问题交给贾蒙先生去决定。贾蒙静静听着，在桌下用脚踢了卡耐基一下，然后说："戴尔，那是你错了……这位先生才对，那句话是出自《圣经》。"

那晚回家路上，卡耐基问贾蒙："你明知道那句话是出自莎士比亚的作品，为什么竟说我不对呢？"

贾蒙回答说："是的，一点也不错……那句话在莎翁作品《哈姆雷特》第五幕第二场中。可是戴尔兄，我相信你应该知道，我们是一个盛大宴会上的客人，为什么一定要找出一个证明，指责人家的错误呢？你这样做会让人家喜欢你，对你发生好感？你为什么不给他留一点儿面子呢？他并没有征求你的意见，也不要你的意见，你又何必去跟他争辩呢？最后我要告诉你，戴尔，永远避免正面的冲突，那才是对的。"

讨 论

你同意贾蒙"永远避免正面的冲突"的观点吗，为什么？

案例二

发烧旅客讨退团费 甲流是否不可抗力引争辩

甲型 H1N1 流感流行之际，有发烧症状的柯先生在出发前一天取消了马尔代夫自由行。柯先生以"不可抗力"为由，主张旅行社全额退款。负责预订机票和酒店的旅行社却以费用已经交纳为由，表示无法退还钱款。2009 年 7 月 7 日，北京东城法院审理了此案，双方对此各执一词。

柯先生说，出国游前两天，他突然开始发烧、咳嗽，经医院诊断为上呼吸道感染。此时，正逢甲型 H1N1 流感在全球肆虐，为了不给同机旅客添麻烦，他临时取消了去马尔代夫的行程。柯先生认为，在各国抵御甲型 H1N1 流感的大背景下，政府采取了包括隔离治疗、不允许发热人员登机等措施，对旅游合同的履行构成"不可抗力"，即便他想继续旅行也是不可能的。在此情形下，他有权解除合同，并要求旅行社全额退款，共计 9000 元。

在法庭上，旅行社一方对"不可抗力"一说提出了异议。旅行社认为，旅游局并未对此下发通知，柯先生是自行放弃了出行，而不是在机场被"截"下来的。在双方签订的合同内规定，因客人自身原因造成的个人损失，旅行社不承担任何责任。其次，马尔代夫游属于"自由行"路线，旅行社在柯先生通知前，已经将酒店和机票的费用全部交纳。此外，机票是由斯里兰卡国际航空公司负责，但由于柯先生递交的诊断证明上没有医院公章，因此无法作为申请取消航班的有效依据。

讨 论

在上述案件中，原告和被告采用了什么方式进行论辩，请加以分析和评论。

实训拓展

一、日常关注

回顾一周来你所遇见的典型情境，区分这些情境中人物的角色类型，课堂分享。

二、分步拓展

1. 销售部的肖经理到财务部报销，但财务部的柴经理说周四才能报销，肖经理就有些恼火："我无论什么时间去报销，你财务部都得给我报，财务部就是干这个的，要不然公司养你们这帮人干什么！"

如果你是财务部的柴经理，会怎样回复？

2. 由于客户坚持要求一次性付清货款，肖经理到财务部要求马上提出货款 200 万元，柴经理说高于 100 万元的款项，必须提前一周向财务打报告。两人都认为自己都是为公司争取利益，谁也不让步。

你认为解决这次争端的最佳策略是什么？

3. 肖经理加班回家，他的妻子非常心疼，可一张口却是："怎么老是这么晚回家？你又不比人家多挣钱！"肖经理本身已经很疲劳，一听这话就生气："啊，你是不是后悔嫁给我啊？没关系，我们可以离婚，你去找个有钱人吧！"

这次争论中双方各是什么心理状态占了主导？可以怎样纠偏？

三、 综合实训

全班同学分组、自编故事，进行情景模拟，体会并讨论什么是有成效的沟通。

任务六 参加辩论赛

微课7

任务要求

1) 知道辩论的主要类型。
2) 明了辩论赛的主要特点。
3) 能在辩论中运用基本的辩论思维和逻辑技巧。
4) 可以进行比较纯熟的辩题分析和材料的收集整理工作。
5) 学习使用常见的攻防技巧。

情境一 辩论赛是什么

一、 情境设定

为了配合正在进行的价值观大讨论，公司决定举办一次"态度·细节"的辩论赛。你当仁不让地成为了其中的一个辩手。在组建队伍的时候，有人问你："我们需要什么样的队员？辩论赛的评分标准到底是什么？"

这个问题，你能回答吗？

二、 任务实施

辩论是一种普遍的社会现象，人类社会的历史有多长，辩论的历史就有多长。它通过语言的运用融会政治、哲学、历地、艺术、科学等多方面的知识，准确表述、论证自己的观点，是表达、思维等综合素质的集中体现。很多时候，辩论水平的高下证明了口才的优劣。辩论赛作为辩论的竞技形式，随着自身发展，慢慢地从重表演转向了重务实。

1. 认识辩论和辩论赛

辩论是不同的思想观点之间的语言交锋。口头辩论形式分为三类：第一类是特定辩论，如谈判辩论、法庭辩论；第二类是日常争辩，如邻里争辩、上下级争辩；第三类是赛场辩论，即辩论赛，它是辩论者按照一定的规则、围绕事先设定的辩题进行说理和辩驳的竞技游戏。

前两类辩论，论辩双方各自有明确的立场和主张，辩论的目的各有不同。辩论赛的主题和立场是由抽签决定，论辩双方在人格、辩论形式等方面都是平等的。胜负由评委通过考量双方的辩论技术及战术水平等作出裁决。

2. 稳定的比赛心理

"战以气为主，气勇则胜，气衰则败。"历来军事家都把战争看成是敌我双方的心理战，辩论赛也不例外。心理素质和临场状况直接影响比赛的进程和结果，赛场上能否正确对待各种干扰和刺激，始终保持平稳的心态，是执行辩论预案的重要保证。

（1）对抗　辩论赛有鲜明的对抗性，在规定时间的竞智较量中，辩手必须始终保持清醒的头脑，分析处理信息，作出恰当反应。没有稳定良好的心理状况作为保证，绝不可能正常发挥水平。

辩论赛中没有一方会如生活中的辩论一样当面认输，双方都会而且必须始终坚持己方立场，战斗到最后。对抗心理意味着辩论队要有坚定的论辩意志，所有辩手都应该独立、果断、坚忍、自制，有效攻防，争取胜利。

（2）积极　辩论中的积极不是单纯地严厉质问、穷追不舍，而是始终能围绕战略目标和战术安排、积极寻求和创造机会获取胜利。辩论要攻防有度，避免被动挨打。在辩论赛中，无论赛前准备如何充分，都不能避免出现意外的状况。这时候尤其需要不慌乱、不气馁，积极寻求对策。

（3）自信　许多参加过大型辩论赛的选手，不约而同地把"有没有自信心"作为辩论取胜的关键。自信源于辩手的胆识、个人或团队的自我评价、辩手间的相互信任；源于赛前充分、有效的训练。有了充分的自信，加上赛前的充分准备，辩手在比赛中才能张弛得当、游刃有余。

3. 良好的思维能力

马克思曾说"语言是思维的直接现实"，这句话在辩论赛中得到了集中体现。辩论中的思维要求敏捷、辩证、深刻。没有突出的思维能力，辩论就缺乏深度，辩论赛的观赏性也打了大大的折扣。

（1）形象取胜　在论辩中，借助于形象思维的形式，运用具体生动的形象来说服对方，可以使辩论语言有声有色，更具有深切感人的力量。

和演讲相似，加强辩论的形象性可以表现在：对具体事物形象进行细致的叙述描绘；借助具体描述故事来代替抽象的说理；运用比喻，使生疏的、深奥的、抽象的事物化为熟知的、浅显的、具体的、生动的形象。例如：

辩题：美是客观存在/主观感受

反方自由人发言：如果美和美的感受不是客观统一的话，那么美反映客观存在的时候，就必然有对错真假之分，可是我们谈了这么多美的角度、美的欣赏，您能告诉我哪一个是对的，哪一个是错的吗？和对方清谈主观客观，不如我们拿出一个具体的客观实例来请问对方辩友（举着一朵玫瑰花），在大家的眼中，这是不是同一朵花，但在大家心中是不是有不同的美的感受？伤心的人会说"感时花溅泪"；高兴的人会说"花儿对我笑"；憔悴的人会说"人比黄花瘦"；欣赏的人会说"人面桃花相映红"；有人说花是有情的，所谓"落红不是无情物，化作春泥更护花"；有人说花很无情，"颠狂柳絮随风舞，轻薄桃花逐水流"。原因是什么？"年年岁岁花相似，岁岁年年人不同"；在客观上"花自飘零水自流"，可我们的主观却是"一种相思，两处闲愁"。

（2）富于想象 在辩论中借助于活跃奔放的想象，能使自己的辩论语言增添一种神奇莫测的力量。有时可以摆脱现实中原型的束缚，在假设导致现实生活中事物形象的条件并不存在的情况下，塑造出种种可能出现的事物形象；或在掌握事物发展规律的基础上，指出事物未来发展的趋势。例如：

辩题：我国农村剩余劳动力应当在当地吸纳

反方： 对方辩友，要知道现在全世界的工业化、现代化几乎都是建立在农村剩余劳动力到处流动的基础上，中国自然也不例外。请问，如果没有他们的流动，有没有祖国东北、西北边疆的开发？有没有深圳、海南经济特区的腾飞？按照对方辩友的意思，农村剩余劳动力当初不该流动、现在不该流动、将来也不该流动，那么我就想了，深圳现在还只能是个小渔村；长春是一个小火车站；哈尔滨是江边的晒网场；大连现在还只是青泥洼子，中国将变成什么样子了？我们的现代化还要不要了？

（3）灵活机变 在辩论的审题、整体构思的过程中需要灵感，辩论时有效的控场、巧妙的应变、即兴的发挥、技巧的运用、语言的选择都离不开论辩者的灵感。例如：

辩题：城市交通问题是设施问题还是管理问题

正方： 东京地铁站已经形成地下5层的结构，而中国还没有几个城市能开通地铁，交通问题正是设施带来的弊端啊。

反方： 仅发展设施就够了吗？随着人口的增加，地铁越挖越深，将来发展到30层、40层，是不是那时的东京地铁故事，都要变成鼹鼠的故事了呢？

（4）善用分析 辩论赛中的分析思维，主要表现在论辩准备阶段的辩题分析和论辩展开阶段的论述求证。可以从结构上把整体分解为几个部分，也可以从性质上把整体区分出不同的层次和角度。例如：

辩题：外来文化对民族文化的发展利大于弊

正方： 我们说，判断外来文化是否有利于民族文化的发展，首先是要看它是否有利于维护本民族文化的主体意识。外来文化不请自来，或者是长驱直入，或者是潜移默化，其最终目的就是要用它们的价值体系取代本民族文化的价值体系。请问，喧宾夺主难道是利大于弊吗？第二，是要看外来文化是否有利于维护民族文化自身发展的规律。既然和民族文化不可相通，外来文化必然与产生民族文化的自然环境和社会环境格格不入。如果生搬硬套、强行嫁接的话，必然会破坏民族文化自身发展的规律。同时，由于水土不服，对外来文化本身也会产生消极影响。请问，两败俱伤难道是利大于弊吗？第三，是要看外来文化是否有利于维护本民族的社会稳定。如果我们一定要改造自己的环境去适应外来文化，那么"皮之不存，毛将焉附"？如果说民族文化安身立命的基础都随风而逝的话，那还谈什么发展与繁荣呢？请问，釜底抽薪难道是利大于弊吗？

（5）综合提炼 要把握一个辩题的含义，必须在分析的基础上进行综合，才能获得完整认识。综合不是把各个部分简单地凑在一起，也不是把事物恢复到整体的混沌状态，而是在分析的基础上，从本质上再现对象的整体性和具体性。在论辩过程中，要使听众明确对方的错误或明确己方的优势，必须借助综合思维提纲挈领地予以揭示。例如：

辩题：温饱是谈道德的必要条件

反方：下面，我总结对方的几个基本错误。对方犯的第一个错误就是"李代桃僵"。对方用"温饱过"来代替"温饱"，用"温饱"等同于"生存"来建构他们的立论基础，这显然是错误的。对方犯的第二个错误就是"扬汤止沸"。认为一个贫寒的人只要教唆他追求温饱就可以了，从来不问用什么手段。我刚才已经说过，如果到麦当劳里面打砸抢的话，这难道就能合法地追求到温饱了吗？这显然又是荒谬的。对方犯的第三个错误就是"避实就虚"。对方始终只是告诉我们温饱能够给谈道德提供更好的条件，但是，没有说不温饱的情况下绝对不能谈道德。对方犯的第四个错误就是"指鹿为马"。把谈道德与谈道德的效果混为一谈。对方今天的论点可谓是云山雾罩，让我们一头雾水，不知所云。

4. 突出的逻辑技巧

某种意义上说，辩论赛是逻辑之战，比赛胜利的概率与辩论逻辑的层次高低、严谨程度、流畅与否密切相关。

（1）巧用条件　辩论过程中的推理论证，总是需要借助事物之间的条件联系而进行。所以，需要明确这些条件联系，并且善于借助这种条件联系为自己服务。例如：

"假设现在有10个人投票，赞成说将对方三辩的财富充公，来满足大家的需要，这是公认的，这样是对的吗？"

"如果我的财产充公，能够为很多人民谋福利的话，那我想，我会选择这样做的，因为做人要做有道德的人。"

（2）合理归谬　有时候需要沿着对方的逻辑把他们的观点推向极端，用荒谬的形式呈现出来，达到出奇制胜的效果。常用的方法有：由被反驳的论点推出新的论点是虚假的；从被反驳的论点中引申出与其相矛盾的论点；从被反驳的论点中推出两个相互矛盾的论点。例如：

辩题：法治能否消除腐败

正方：法制加上道德等辅助手段，才正是我方说的法治啊！请问对方同学，宪法里没有规定要对你进行普法教育吗？

反方：我来请问对方同学，用共产主义道德来教育共产党员不要腐败，这到底算不算法治啊！

正方：这正是我们法治教育的重要内容。

反方：噢！对方同学的观点是——共产主义道德、共产主义理想都是法治啊！

（3）二难制敌　在论辩过程中，只列出两种可能性的情况，迫使对方从中作出选择，不论对方选择哪一种，得出的结果都不利，除此以外又别无选择。例如：

辩题：焚毁犀牛角是保护自然资源的行为

反方：对方一再强调焚毁，可是在社会系统工程中，其他环节没做好，焚毁是一种无用的行为；其他环节做好了，焚毁是一种无效的行为。所以不管怎样，焚毁只能是一种浪费的行为！

三、 知识链接

常用的逻辑规律有同一律、矛盾律和排中律。

（1）同一律　在同一论证过程中，概念、判断必须保持同一性。同一律的公式是：A是A。

同一律有三个逻辑要求：在同一思维过程中，概念必须保持同一。违反这一要求的逻辑错误，称为"混淆概念"或"偷换概念"。在同一思维过程中，语境自身必须保持同一。违反这一要求的逻辑错误，称为"转移论题"或"偷换论题"。在同一思维过程中，语境自身必须保持同一。违反这一要求的逻辑错误，称为"混淆或偷换语境"。在日常思维中，任何思想断定都有特定的具体背景，这种特定背景，称为"语境"，也叫做"上下文"。例如：

1）知难行易——言难行易

2）有一种观点认为，到21纪初，和发达国家相比，发展中国家将有更多的人死于艾滋病。其根据是：据统计，艾滋病毒感染者人数在发达国家趋于稳定或略有下降，在发展中国家却持续快速发展；到21世纪初，估计全球的艾滋病毒感染者将达到4000万～1亿1千万人，其中，60%将集中在发展中国家。这一观点缺乏充分的说服力。因为，同样权威的统计数据表明，发达国家的艾滋病感染者从感染到发病的平均时间要大大短于发展中国家，而从发病到死亡的平均时间只有发展中国家的1/2。

上述反驳指出对手把两个相近的概念即"艾滋病人"和"艾滋病毒感染者"，当做同一概念来使用。

（2）矛盾律　矛盾律是指两个互相矛盾或互相对立的判断不能同真，必有一假。否则，就会犯"自相矛盾"的错误。矛盾律可以用一个公式表示：A不是非A。

两个判断互相矛盾，是指它们不能同真，也不能同假；两个判断互相对立，是指它们不能同真，但可以同假。"此君是男性"和"此君是女性"这两个断定不能同真，也不能同假，属于矛盾关系的判断。"此君姓张"和"此君姓李"二者不能同真，但可以同假，属于对立关系的判断。矛盾律在辩论中的应用如：

辩题：是否应当重建圆明园

分析："不应（不可）"和"应"的之外，还存在"可（可不）"的子集，所以"不应"和"应"属于对立关系。这个辩题的设定应该依据矛盾律，也就是对方立场的崩溃并不能代表己方的立场成立，自己仍需要作出足够的解释来支持己方立场。正方需要强调非重建不可，而反方则要强调重建是不实际、不能操作的。

（3）排中律　排中律是指两个互相矛盾的判断不能同假，必有一真。对两个互相矛盾的判断同时都否定，要犯"两不可"的错误。排中律的公式是：或是 A，或是非 A。

四、探讨分享

案例

"美是客观存在还是主观感受"正方开篇陈词

主席、评委，大家好！到底是客观存在的美决定了人对美的感受呢，还是人的主观感受创造了美？今天我们双方辩论员在此辩论，就是要解决这千古难解的美学难题。如果说美是主观存在的话，那就是说，今天美的存在与否完全由个人主观意念而决定着，但我方今天就是要告诉大家，美的存在有它一定的规律，就因为这不变的规律，因此美的存在不以个人主观的意念而改变，这就是我方的观点——美是客观存在的。

美是一个事物或行为的特质，它有三个特性：第一，形象性；第二，感染性；第三，功利性。形象性指的是，一个事物如果要发挥它的美，它就必须拥有一个具体的形象或形式；第二，它也必须拥有一个感染性，让人们能够引起本身的欢愉或喜爱的感觉；第三，它也必须拥有一个功利性，能够给予人精神及物质上的好处，如进化及使用等。由于美的存在必须以这三个特性作为衡量标准，因此也就产生了一个客观的规律，而由于要用这个客观的规律去衡量，对方又怎么能够说这是主观感受呢？

除此以外，美的三个特性也是独立于人的主观意念之外。人的主观感受不能够改变这三个特性的规律，在欣赏的过程中，主体与客体之间所产生的关系只能是感受与被感受的过程，是客观存在的美引起了人的美感，而不是人的美感创造了客观事物的美。美不以欣赏者的个人主观意念而改变。金字塔的美始终存在于金字塔本身，就算没有人去欣赏金字塔，但是金字塔的美也是千古地流传下来了啊。

如果取消了，如果说美并没有一个客观的标准，那么就是说，我们以个人的主观喜好来作为标准的话，那么千百个人就有千百个不同的标准，请问，这又和没有标准有什么分别呢？当然，一个事物的美和丑对于不同的人来说，可能有不同的美感，但这种种不同的美感起源是在于个人不同的背景、不同的审美观念以及个人不同的修养而决定的。

当然，我们可以欣赏美，去发现美，并且可以用美的规律去创造它，但是却不能够轻言地要取消美，或否定美的存在。如果说美是主观感受的话，那我就不明白了，人类一直追求的真、善、美等伟大的目标，不就完全没有意义了吗？因为它们因人而异，可以随时改变哪！法国美学家狄克罗斯就告诉我们，不管有没有人，卢浮宫的美不会因此而荡然无存！

谢谢！

讨论

分析上述开篇陈词的思维特点。

情境二　不打无准备之战

一、情境设定

公司举办的"态度·细节"辩论赛预赛抽签完成，进入准备环节，大家都开始查找资料、分头准备辩论稿。但是你却提出要把大家先召集在一起，好好讨论辩论赛的准备工作。有人不解地问你："辩论赛的准备不就是找资料、分工写辩词吗？"

他说得对吗？

二、任务实施

辩论赛的准备过程，就像是一个策划案的形成过程，需要经历辩题分析—材料准备—制定战略—安排战术—落实任务等几个前后关联的过程。

1. 辩题分析

辩题分析简单地说就是审题，通过理清辩题的含义，可以认识辩题对双方的利弊，把握双方辩论中的焦点，以确立对自己有利的论点和战术。

（1）分析题型——定基调　辩论的题型分析是破题立论的基础，需要剖析的内容主要有以下几点。

1）从性质看，辩题可分为：

价值型命题，即辩论某类事物是否好，谈论的是人们的主观愿望、价值取向。主要是从一个问题的价值取向上来看，然后在价值层面上展开讨论的。这类题目如"天灾比人祸更可怕/人祸比天灾更可怕""生命诚可贵爱情价更高/爱情诚可贵生命价更高"等。

事实型命题，即辩论某件事是否真，论述的是这个命题与客观事实是否相符。这类辩题需要从现实出发，根据一定的现实背景，以事实为依据展开讨论。这类题目有"善行/善心是真善""金融危机主要是经济因素/非经济因素造成"等。

政策型命题，即辩论某事该不该做，这类辩题应侧重从可行性方面进行分析。这类题目有"发展经济应/不应鼓励超前消费""西部开发教育/经济优先"等。

2）从逻辑看，辩题可分为：

从属型命题，即辩题提出的两种事物彼此是从属关系。这类辩题需要区分两者之间有没有本质属性上的一致性、外延上的包含性。

条件型命题，即辩题提出一类事物是另一类事物出现的前提。这类辩题需要理清两类事物之间是充分条件、必要条件还是充要条件，根据条件关系进行辩论。

比较型命题，即对同时出现的两种事物进行优劣比较，可分为"轻重之辩""主次之辩""利弊之辩"。这类辩题要注意避免主观武断。

3）从倾向看，辩题可分为：

理性命题，即立场的理性意义接近社会的普遍看法，这类辩题具有客观优势。

感性命题，即立场的情感色彩接近特定的辩论语境、人情，这类辩题比较容易引发观众的呼应。

辩题：应届大学毕业生当基层村官是/不是大材小用

分析：从性质看该辩题属于价值型命题，应该从不同的价值观着手讨论；从逻辑看该辩题属于从属型命题，需要分析两者之间的从属关系是否成立；从倾向看，这几年国家出台了一系列政策鼓励应届大学毕业生当基层村官，具有理性色彩。

（2）梳理层次——定焦点　在认清了辩题的题型后，就需要对辩题进行剖析，探求双方可能的分歧，确立辩论的实质性问题。

这部分的工作分三步走：

1）明确各个概念。例如"社会秩序的维护主要靠道德/法律"这个辩题，就可以分解为"社会秩序""维护""主要""靠""道德""法律"这几个概念，要逐一明确概念的内涵和外延。

2）划定辩论范围。例如"社会秩序的维护主要靠道德/法律"这个辩题，在分解概念后，可以发现缺少行为主体。综合考虑的结果，可以确定"国家"为行为主体，也就是要从国家的角度进行辩论。

3）探求辩论焦点。通常，辩论双方不会在任何问题上进行辩论，往往在关键问题上进行攻守。这个过程，需要先拓展视角进行全面剖析，然后逐步深化，寻求最佳的辩论核心。例如，通常价值型命题的核心是寻求一个既符合辩题范围、又符合社会标准和观众心理的判断标准。

（3）精心立论——造优势　在分析辩题的过程中，必须打开思路把问题考虑得面广而理深，不仅从己方立场看问题，也能从对方和观众的角度进行讨论，趋利避害找到最适合己方的立论角度。在立论中寻求优势的常用方法有以下几个。

1）限题。就是通过对辩题中概念的内涵和外延的研究，或设置条件，或划定辩题范围，使辩题对己方有利。例如：

辩题：人类社会应重义轻利/重利轻义

正反双方辩论的焦点是"义"和"利"的定义。正方将"利"定义为"利益和好处"，"义"定义为"调节、引导和评价各种利益关系的社会价值体系"。反方将"利"定义为"利益，指人类为生存发展所需的东西"，"义则是一种合宜的道德规范"。当反方阐述国家利益、民族利益、人类利益高于一切的观点时，正方三辩立即将对方所说的利概括为公利，并说为天下、为国家的公利舍去自己的小利的行为就是义。这样，就把对方的观点包容在自己的论题之内。

2）拔高。就是通过寻求辩题高起点的方式，超越对方的辩题范围，扬长避短。例如：

辩题：贸易保护主义可以/不可以抑制

正方立论：贸易保护主义在世界范围内普遍存在而且十分严重，如果在这方面与反方纠缠就会被动。因此立论时候首先承认这一事实，直接把焦点确立到"是否可以抑制贸易保护主义上"，放眼将来进行讨论就可以获得主动权。

3）定义。概念的界定是多种多样的，因此立论时可以通过对关键概念下定义的方式争取主动。例如：

辩题：人性本善/人性本恶

在首届国际大专辩论会上，当复旦大学队抽到"人性本恶"的辩题后，辩论队员自己都接受不了这一观点，于是，他们从队员感情认同、激发观众共鸣和说服评判团的需要出发，制订了决胜方案，即在"人性本恶"的立场之下，区分人的自然属性与社会属性，把"恶"界定为本能与欲望的无限制扩张；把"善"界定为对本能与欲望的有理性的节制。强调后天教化的功能与重要性，表达"人性向善"的价值观。

4）求新。即立论打破惯性思维，推陈出新，以奇制胜。需要注意的是立论的"新"也要符合规律和情理，才能博得评委和观众的心。

2. 材料准备

辩论的传统准备工作就是收集整理材料，有充足的材料才能实践论辩的战略。

（1）收集材料　首先要求材料类型齐，也就是第一手资料和第二手资料、理论材料和事实材料兼有并充分。理论材料中尽可能包括与辩题相关的自然科学和社会科学的研究成果、专业知识；得到大家确认的名言俗语、语言典故；与辩题相关的政策法规。事实材料要包括古今中外的各类事例和数据，既要概括的资料，又要细节的资料；既要全面的资料，又要深入的资料。

其次务求材料真。所有的材料都要注明出处，经过核实，避免成为辩论的破绽。

（2）整理材料　整理材料的第一步是分类。具体可以分为支持本方观点的材料和反对本方观点的材料、反驳对方观点的材料和反驳本方观点的材料、回击本方反驳的材料和回击对方反驳的材料，一一对应排列，用起来才得心应手。

整理材料的第二步是加工。通常收集到的资料总是或琐碎、或冗长、或抽象、或平实，需要根据要求进行合并、浓缩、形象化和口语化，制作成卡片。卡片也要进行简单分类排序，才能适用于辩论赛的需求。

3. 制定战略

（1）确定辩论范围　确定论辩范围的重点工作是明确论辩的重点和论辩的底线。

"重点"就是辩题分析时所讨论的焦点。"底线"是己方必须死守的立场、攻防的堡垒，是辩论的逻辑起点，也就是己方最基本的观点。在战争中，每一场战役都有进攻的目标、守卫的防线，辩论也是如此。检验底线最有效的做法就是模拟进攻，尽量做到无论对方采取何种战略，我方都有相应的战法；无论对方从哪点上进攻，我方都有相应的防守机会。

（2）确立战略目标　从根本上说，辩论的目标都是宣扬己方观点、驳斥对方观点、征服观众和评委。对具体辩题来说，各方辩题的优势和不足各不相同，因此目标有时是以立为主，有时是以驳为主；有时是以理服人，有时是以情动人；有时是直捣黄龙，有时是迂回包抄。

有了战略目标之外，还要根据战略目标确立阶段性目标，规划出辩论层次，编排好各部分材料。注意缜密衔接、攻守有度，体现辩论的整体性。

4. 安排战术

战术是接近目标的方式和途径。常用的战术有：

（1）固守底线，稳扎稳打　辩论的过程中按照逻辑层次全力论证、各个击破。这种方法思路清晰，可以令人印象深刻，但是隐蔽性差、突击性不足。适用于立论优势明显、材料充足的立场。

（2）包容涵盖，先发制人　辩论赛理论框架的包容性在于不仅可以论述己方观点，也能解释对方的问题。这种方法突然性强，打击力度大。例如：

辩题：课堂面授优于网络教学/网络教学优于课堂面授

正方首先肯定网络作为先进技术应用于教学，在知识的获取和传播上有很大的优势。但是，从素质教育和人的全面发展看，课堂面授为学生提供学以致用的实践机会，在现实生活、情感上进行全方位的交流与关照。所以"要讲知识的传播，课堂面授与网络教学可谓'秋水共长天一色'，但立足于素质教育，课堂面授'风景这边独好'"。

（3）埋伏奇兵，诱敌深入　可以设计一连串相互关联、层层深入的问题，诱使对方上钩；也可以有意暴露自己似乎准备不足的"弱点"；诱导对方深入到己方预先设置的陷阱里，然后四面出击，穷追猛打，将对方"置于死地"。这种方法后发制人，可令对方措手不及，比较适合于自由辩论时使用。

（4）设置预警，以防不测　事先再充分的准备，也不能防止比赛时被人意外追问的情况发生，为了避免冷场、化被动为主动，辩论中需要设置预警。除了死守底线外，辩手之间要严密围护。此外，每个辩手都应该准备一张"万能卡片"，卡片上的文字可以是理论，也可以是事实。它也许不能完美回答对方的问题，但是必须能服务于己方观点并且没有明显破绽。

5. 落实任务

准备工作最后阶段的最重要的工作是落实辩手任务，根据辩题特色和战略战术要求进行排兵布阵。布阵时未必就是开篇必须沉稳，二辩必须灵活。

三、知识链接

辩论赛的团队评分表和个人评分表见表1和表2。

表 1　团队评分表

	评分要点	正方	反方
开篇立论 （10 分）	1. 开篇立论逻辑清晰，言简意赅，论点明晰，分析透彻 2. 论据内容丰富，引用资料充分恰当、准确 3. 分析的角度和层次具有说服力和逻辑性 4. 语言表达流畅、有文采		
攻辩 （20 分）	1. 表达清晰、论证合理而有力 2. 回答问题精准、处理问题有技巧（攻、守、避合理） 3. 推理过程合乎逻辑，事实引用得当		
攻辩小结 （10 分）	1. 全面归纳对方的矛盾差错，并作系统的反驳和攻击 2. 辩护有理有据及有力，说服力强		
自由辩论 （25 分）	1. 攻防转换有序，把握论辩主动权 2. 针对对方的论点、论据进行有力反驳 3. 语言表达清晰流畅，事实引用得当		
总结陈词 （15 分）	1. 全面总结本方的立场、论证，系统反驳对方的进攻，为本方辩护 2. 语言表达具有说服力和逻辑性		
观众提问 （10 分）	辩驳有理有据有力，说服力强，紧密贴合本方观点		
团队配合及临场反应 （10 分）	辩论队整体形象；辩风、整体配合、语言运用、临场反应（语言、风度、举止、表情）；有团队精神，相互支持；论辩衔接流畅；反应敏捷，应对能力强；问答形成一个有机整体		
团体总分 （100 分）			

表 2　个人评分表

	评分标准	正方				反方			
		一辩	二辩	三辩	四辩	一辩	二辩	三辩	四辩
语言表达 （20 分）	1. 普通话标准、语速适中 2. 口头、肢体语言和谐 3. 修辞得当、表达合理 4. 表达流畅、说理透彻								
逻辑推理 （20 分）	1. 逻辑推理过程清晰 2. 论证结果合理、有力								
辩驳能力 （20 分）	1. 提问简明扼要，设问针对性强 2. 回答问题精准、处理问题有技巧 3. 反驳有理有据、引用实例恰当 4. 引用实例恰当								
临场反应 （15 分）	1. 反应敏捷，用语得体 2. 技巧多元得当								

（续）

评分标准		正方				反方			
		一辩	二辩	三辩	四辩	一辩	二辩	三辩	四辩
整体意识 （15分）	1. 分工合理、协调一致 2. 衔接有序、互为攻守 3. 自由辩论思路清晰，气氛调节有度								
综合印象 （10分）	1. 仪态、着装合理 2. 台风与辩风，有风度及幽默感 3. 尊重对方辩友、评委和观众								
个人总分 （100分）									

四、探讨分享

 案例

"发展旅游业弊大于利"的辩题分析、战术设计与实施

⊃设计：

仅从题目表面看于我方不利，我方不能与对方正面硬拼，必须要找到一个新的角度，出奇制胜。辩证法的原理我们都很熟悉，凡事都有两个方面，都可以找到于我方有利的东西……经过以上分析，我方终于找到出奇制胜的办法，即以"条件论"作为我方辩论的基础。

我方为对方设下双重圈套，他们要是承认发展是有条件的，那么我方就分析这些条件能否成为现实，如果不能成为现实，就是说明了反面论点。如果对方不承认有条件，那么必定走入极端，这样他们必输无疑。

⊃实战：

反方：我想请问对方同学，你们刚才说，发展旅游业的后遗症不是人为的，那么发展旅游业带来这么多弊处是谁造成的呢？

正方：我们没有说过不是人为的，这些弊处正是人为的。

反方：但是，这些弊处你如何去消除它呢？

正方：我方刚才一直强调的是，发展是一个理智、有计划的过程。现在反问反方同学，有哪些对国家、人民有利的条件是发展旅游业所必须排除，或者有哪些对国家、人民有害的认识是旅游业发展所必需的呢？

反方：我方也承认在目前情况下，有许多国家是不适宜发展旅游业，Sorry，是不适宜旅游业，但是这并不表示他们不适合发展旅游业啊！

正方：我并未认为这个世界完全是一个理性的世界，如果是这样，我们今天的世界上哪还有那么多罪恶呢？

反方：那么，对于这不适合于发展旅游业的国家，它是不是发展旅游业就弊大于利呢？

正方：我想你理解错了我的意思，我只是说不适合旅游业，并不是说不适合发展旅游业。

反方：我看不出来这两个问题有什么区别。

正方：噢！我真的非常惊讶，反方同学竟然把题目误会到这种地步，一件事的存在和其发展一件事，大家都明白，是截然不同的呀！

反方：正是你们因为篡改了题目，把题目说成在一定条件下，发展旅游业才是利多于弊，所以才造成这样的误解。

讨 论

分析反方辩论战略战术的确立与应用。

情境三　做有智谋的辩手

一、 情境设定

通过前期的辩题分析和战略战术设计，你所在的辩论队的准备工作基本结束。但是，拿着准备好的卡片就能保证胜利吗？辩论的魅力仅仅在于精心准备吗？在辩论赛的过程中，我们可以从哪些方面提高自己和自己所在辩论队的辩论水平？

二、 任务实施

1. 学会聆听

和人际沟通中的倾听相比，论辩中的听更强调辩手的聚精会神，确保听清楚对方的辩辞。要注意对方的语气、语调、语速，观察对方的非语言信号；绝不能为比赛中的不良情绪左右。

辩论赛中的聆听除了了解对方的内容之外，着重要听以下内容：

1）听对方论辩中有无常识性的错误。

2）听对方的论点是否有破绽。

3）听对方论据是否真实可靠。

4）听对方所列证据是否能论证论点。

5）听对方论辩中有无偷换概念。

6）听对方论辩中有无自相矛盾。

7）听对方论辩中有无有利于己方的言辞。

8）听对方的反驳是否有指控不实之词。

2. 学会对抗

辩论是短兵交接的战斗。双方在较量中，往往呈现出也必须呈现出对立状态。这对抗性，正是辩论的重要特征之一，也是辩论观赏性的重要来源。对抗技巧在于"针锋相对"，不逃避、不气馁。

（1）正面对抗　所谓正面对抗，就是找出相反的论据，采用相同的手法直接对抗，以极端激烈的方式唤起观众和评委的共鸣。

1）例证对抗/史实对抗。在论辩中，选取与对方所提及的相反的事例来与之对抗，从而构成尖锐对抗。例如：

辩题：人性本善/人性本恶

正方：对方辩友，请你们不要回避问题，台湾地区的正严法师救济安徽的大水，按你们的推论不就是泯灭人性吗？

反方：但是对方要注意到，8月28日《联合早报》也告诉我们，这两天新加坡游客要当心，因为台湾地区出现了千面谜魂大盗。

2）名言对抗。当对方引用名言来为自已的观点作证时，你直接对名言进行反驳是不理智的。这时最好的办法是引用与对方相反的名言与之构成尖锐对抗。例如：

辩题：人类社会应该重义轻利/重利轻义

反方：就义利作用而言，利是基础，是社会发展的原动力；而义呢，只是通过对利益关系的调节，来间接地影响社会发展。正是在对自身利益锲而不舍的追求下，人类从洪荒蛮野走进现代化文明的瑰丽殿堂。法国哲学家爱尔维一语道破这种真谛："利益是我们的唯一动力。"

正方：对方辩友跟我们说了一位法国人的话，那么我也想回赠对方一段法国人卢梭的话，他说："爱人类，首先就要爱正义。"

3）煽情对抗。煽情就是通过公众的某些特殊利益，迎合公众的心理、凭借公众在情感上的好恶，以此达到征服对方的目的。针对煽情的对手，可以从另一个角度唤起公众对己方的支持和对对方的憎恶来与之构成尖锐对立。例如：

辩题：离婚率上升是/不是社会文明的表现

反方：我只想请大家设想一个很简单的场景，当越来越多的孩子在他们最需要关怀的时候，偏偏失去了健全的爱，这难道能说是社会文明的表现吗？

正方：君不见，有多少孩子在父母的吵闹声中流着眼泪离家出走，又有多少孩子有家不愿回，流浪在外而误入歧途。他们是有一个家，然而，这样的家带给他们的又是什么呢？

（2）间接对抗　有时候论辩中的对抗也需要有变通，以达到更好的效果。

1）问句对抗。当对方提出一个令已方难以回答、或不愿意回答的问题时，我们也可以乘机向对方提出一个令他们难以回答的问题，化被动为主动。例如：

辩题：艾滋病是医学问题/社会问题

正方： 光用社会的方法也不能解决，彻底解决的方法是从医学来，不是从社会！

反方： 光靠医学能解决艾滋病吗？

正方： 光靠社会能解决吗？

2）反推对抗。当对方依据某一条件，从中推出令我方为难的荒谬结论来向我方发难时，我们不妨从反面来推论，否定论敌所依据的推论条件，同样也可推出荒谬的结论，这样便可以巧妙地将论敌的推论推翻。例如：

辩题：我国农村剩余劳动力应/不应在当地吸纳

正方： 对方同学认为只要出去了就有钱赚，恐怕出去了还得流浪吧？

反方： 那么，就是说，留在当地就有钱赚了？那他怎么还是农村剩余劳动力啊！

3）顺推对抗。当对方依据某一条件推出某一结论时，我们不妨通过肯定对方的结论，并从中推出某一荒唐的结论，从而与对方构成尖锐对抗。例如：

辩题：经济发展应该/不应该以教育发展为前提

正方： 对方辩友说先行不是前提，可是不要忘了，今天辩题中还有"应该"二字啊，应该加前提，不就是先行吗？

反方： 先行就是前提了吗？女士优先就是说女士是男士的前提吗？

4）归谬对抗。当对方在辩论中使用过于武断的语句时，我们可以用利用逻辑中的归谬法，回击对方论断，从而与对方观点构成对抗。但需要注意表达的巧妙，不能因为过于绝对化的语言而被对方抓住小辫子。例如：

辩题：人性本善/本恶

反方： 荀子也说：后天的所谓善是在"注错习俗之所积耳"，什么叫"注错习俗之所积耳"啊？请回答。

正方： 荀子说错了！……

反方： 你说荀子说错了就错了吗？那么要那么多儒学家干什么？

3. 学会提问

在辩论赛中，针锋相对的问答是构成辩论交锋的必要条件。一般情况下，问不仅仅表现为消除疑惑，更多的是作为攻击论敌的一种强有力的武器。学会提问是参加辩论赛的必然要求。

（1）直问　直接提问就是抓住对方的要害开门见山地提问，它要求辩手有敏锐的洞察力和反应能力。进攻中，不论你是冷面杀手还是微笑杀手，都必须有一种一往无前的气势和自信。就兵家而言，直问就是强攻，务求一击而中。例如：

辩题：知难行易/知易行难

反方： 如果按照对方辩友所说的知难行易原则出现后，那接下来的步骤应该是很简单。那两千多年前柏拉图告诉我们的理想国的境界，为什么到今天还未出现理想国啊？

正方：对方辩友，那是因为我们还没有找到达到理想国进去的方法和途径，还是知之不深啊！对方辩友刚刚又说，知是很容易的话，那么我们请问对方辩友，这世界上有没有外星人呢？我们怎么去和外星人交流、做朋友呢？

（2）反问 在论辩中，借用反问句式可以增添论辩的气势和力量。例如：

辩题：提倡买国货利于/不利于经济发展

反方：我请问对方辩友，在科威特90%的商品靠进口，如果你们一味提倡购买国货，难道让科威特的小朋友喝石油长大吗？

辩论过程中的提问要言简意赅、目的明确。一般情况下，提问结束，发言也随之结束，避免继续发言掩盖了所提的问题，削弱了攻势。更不能在提问后，对自己假设的对方回答进行反驳，违背论辩原则。

4. 学会答问

辩论中提出问题，意味着进攻，是主动的表现。而回答问题，首先是防卫，也就是为己方的论点作辩护；其次论辩中的问答也应该是反击对手的机会，要注意不能被动回答，而是要积极通过回答问题来争夺辩论的控制权。

不回避问题，也不等于每个问题都回答，或者每个问题都直截了当地回答。但无论采取什么方式回答问题，都必须明确，回答问题的目的只有一个，那就是维护己方的立场，揭露对方的矛盾。

（1）正面答问 辩论中，针对对方咄咄逼人的问题，用简洁的正面回答能干净利落地结束战斗，取得很好的效果。例如：

辩题：信息战能/不能取代传统武力战

正方：请问未来战争的制高位是什么？……

反方：信息……

……

正方：……高位势支配低位势，高层次决定低层次。对方辩友既然已经承认未来战争的制高位是信息，也就是说，对方辩友也承认：信息就是未来战争的主导了？

反方：对方辩友的逻辑就是建房子只要最高层，不要下面的基础。

（2）条件设答 有时对方提出的问题在不同条件下有不同的结论，对这样的问题就不能作无条件回答。根据情况，弄清对方提问的目的，特别注意是否有"陷阱"，然后设定对本方有利的条件作为前提，再回答相应的问题。攻辩或自由辩论阶段的问题，应该首先考虑设定条件的回答。例如：

辩题：艾滋病是医学问题，不是社会问题/艾滋病是社会问题，不是医学问题

正方：我想请问对方同学：如果有一个1~2岁的婴儿被感染，你对他进行性安全教育是必要的吗？

反方：……至于谈到小女孩，当然我们不要对她进行性安全的教育，但是对她的母亲要进行教育，这样才能防止艾滋病的母婴传染啊！

（3）以问代答　辩论赛中也有不回答对方问题，另外提出完全不相干的新问题的方法，来摆脱困境。这种方法大大降低了辩论的对抗性，不值得提倡。摆脱困境的方法有很多种，"以问代答"不是回避问题，只是指针对问题本身的迂回的回答方式，结果常常把问题又还给对方。例如：

辩题：信息战能/不能取代传统武力战

正方： ……面对铺天而来的软件炸弹、逻辑炸弹，亲爱的对方辩友难道还能对着敌人说："亲爱的敌人啊，我们的祖宗家法不可变，让我们打一场传统武力战吧！"你知道敌人在哪吗？

反方三辩： 而对方辩友所说的威力无比的软件炸弹、逻辑炸弹不正说明信息网络不可靠，所以我们不能把国家安全系于"信息战"这一根绳上吗？

（4）模糊回答　对方提问不清楚，或直接回答对本方不利，但又不得不回答时，可以采用模糊回答法。模糊回答可用含义不清的语言或模糊不清的概念，使得对方不得要领，无法准确地把握含义。这种回答法有点像外交辞令，一般辩论赛中不到万不得已的情况，尽量不要采用。例如：

辩题：流动人口的增加有利于/不利于城市的发展

反方： 请对方辩友正面回答，你们为城市的发展选择何种模式？

正方： 健康的发展模式，而这个健康的发展模式就离不开流动人口的增加。我请问对方辩友，你们既不让流动人口增加，又不让流动人口减少，你到底让流动人口怎么办呢？

（5）否定问题的回答　当问题的前提是错误的、或者虚假的、或者对本方不利时，可以直接否定问题本身，并指出对方的荒谬之处。

5. 有自己的个性

辩手未必有漂亮的外型，也不一定有过人的天分，但是他（她）的智慧、语言和气质应该给评委和观众留下好印象。这种印象不需要整齐划一的规格，而应该有自己的个性。

辩题：金钱追求与道德追求可以/不可以统一

正方： （沉默）大家好！首先对大家说声"对不起"！这场比赛有一点乱，乱的原因是因为定义模糊不清。我们要告诉大家的是，中国的文字浩瀚无边，可以任由人们去任意玩味，任人们去探索。到底什么是"追求?"事实上，我们仔细听听对方辩友所下的追求定义，就不难发现，对方辩友认为所谓的追求就是在内心当中加了那么一点点努力，那么一些些牺牲的奉献，那么一些些积极的动力，那么一些些不择手段。然而，在座的各位，一个人的心都在想什么，你知道吗？

各位，熟悉中国文字的中国人哪！让我们扪心自问，想想看，我用心用力去追求奉公守法的境界，努力诚实地纳税，对方辩友却要跟你说，你不是在追求社会体制的安定，以及你不是在努力地做到问心无愧。这有差别吗？再重述一遍，这场比赛输赢不重要，重要的是人类的希望又没有被我们打开。希望之门的打开是我们衷心盼望的。因为我们知道人类没有一天能够离开利益，我们更知道，人类如果没有道德，社会就要变成人吃人。我们不希望饿死，也不希望吃人，我们只希望大家能够和和乐乐，本着金钱和道德统一创造一个更美好的明天！谢谢在座各位！谢谢大家！

上述文字是 1995 年国际大专辩论会新南威尔士大学和辅仁大学的比赛，由辅仁大学四辩林正疆做的总结陈词。这个外表敦厚的年轻人，以自己临危不乱、力挽狂澜的沉着表现，帮助自己的辩论队险克新南威尔士大学队。

三、　探讨分享

讨　论

分析"任务六"中所提到的各段辩辞的问、答和对抗的技巧。

实训拓展

一、　日常关注

1. 积极参加各类辩论赛，观察选手的表现，并利用所学知识分析他们的得失。
2. 从网上下载一段辩论赛的视频，进行学习。

二、　分步拓展

就以下辩题，设计辩论双方立场的战略和策略，并撰写辩词。

1. 先成家后立业/先立业后成家
2. 从小事做起/从大事做起
3. 技术引导观念/观念引导技术
4. 干一行，爱一行/爱一行，干一行
5. 网络隔离了人际关系/网络拉进了人际关系
6. 诚信依靠自律/诚信依靠他律
7. 机器换人利大于弊/机器换人弊大于利
8. 低碳必然提高生活品质/低碳必然降低生活品质
9. 网络用语有利于语言的发展/网络用语不利于语言的发展
10. 非遗传承重在保护/非遗传承重在创新

三、　综合实训

可以选用上题中的辩题或者另拟辩题，采用多种模式组织辩论赛，并对辩论赛进行讨论评价。

下　篇

书面
沟通

任务一 去公司应聘

微课8

/任务要求/

1）能写结构规范的应聘文书。
2）明确求职信和简历写作的针对性。

情境一 写一封求职信

在求职过程中，除了利用简历来介绍并推销自己外，依例需要附上一封求职信，告诉求职单位，你对该工作的胜任及申请意愿。简历是求职程序中的主体，但求职信却可以补其不足，达到画龙点睛、锦上添花的妙用。因此，可以将一些无法在简历中充分展现的个人专长或才能，通过求职信详细说明，藉由简历及求职信的相辅相成，争取到面试的机会。

一、情境设定

杭州通灵自动化股份有限公司招聘营销业务员2名，具体岗位要求如下：

1）自动化、机电、电子及相关专业大专或以上学历，年龄20～35周岁，全职。

2）熟悉工业自动化产品的销售及应用，熟悉PLC、变频器及常规工控电器的应用。

3）有工作激情和行业信心，具备市场开拓能力，意志坚定，熟悉行业产品情况。

4）语言表达能力及沟通能力佳，工作责任心强。

5）能够独立开展工作，能够承受工作压力，具有敏锐的洞察力和判断能力。

6）积极配合公司技术人员承担公司已实施完成工程项目的后续技术服务工作。

如果你很想获得这个工作岗位，你准备写一份怎样的求职信，让人事主管同意你参加面试的请求？

二、任务实施

1. 基本条件分析

（1）你是他要找的人吗 你的专业是什么？如果不是自动化、机电、电子专业，相关专业也可以，这里有两层意思。其他条件也要逐一分析，对号入座，并且从中找出自己应聘这个职位具有哪些优势。但是，应聘营销业务员工作，需要有强烈的工作激情、比较出色的语言表达能力和沟通能力，能承受多次失败带来的强大压力等。请自问：你行吗？

（2）怎样让你的求职信脱颖而出　应聘需要和许多人一起竞争。那么，怎样能让你的求职信吸引人事主管的注意力，并给他留下深刻印象？

2. 几点建议

若想写出一份出色的求职信，必须牢记以下几点：

1）使用专用的纸张，上端写有你的姓名、地址和电话号码。它能显示出你的职业风范，也方便对方快速找到你的联系方式。

2）使用敬称"尊敬的招聘主管"，而不是"尊敬的先生"，因为招聘主管或许是位女士。

3）确保求职信言简意赅。长度最好不要超过一页。

4）在求职信中展示你独特的解决问题的技能，并用特定事例加以支持。这一点尤为重要。这是你能力的最主要的表现，而它在简历中难以充分展现。

5）不要说谎或者夸大其词。你在求职信和简历中说的一切都必须能够在面试中得到支持和证实。

6）确保求职信中绝对不出现错别字、语法错误和常识错误。

7）如果没有被要求，不宜在求职信中谈论薪金。

三、 知识链接

1. 求职信的格式

求职信通常由标题、称谓、正文（包括开头、主体、结尾）、署名、日期、附件等部分构成。

2. 主体写作要领

主体是求职信的核心部分。主体应最大限度地展现求职者的"亮点"，因此一定要充分利用语言的魅力。写清自己有本专业的相关知识和实习经历，有本专业的技能和取得的成绩，有与本工作相符的特长、兴趣、性格和有关能力。应该在这方面多下些功夫。

（1）有的放矢　不要把求职信写成一种能到处"撒网"的东西，然后大量复制，到处投递。这种不管三七二十一的狂轰滥炸，很少能击中目标。有效的求职信都具有很强的目标性，或针对公司的某一具体职位而写。

（2）设置两个左右的兴趣点　写出你自己最关键的经历、最好的成绩、最重要的特长以及自己的愿望、心情和信心等。表明你所受到的教育、所具有的技能和个性特征将会为招聘单位做出什么样的贡献。

（3）特长词句加黑加粗　在求职信的格式上，对需要特别强调的词语用另外一种字体。例如，描述主要特长的词句用加黑、加粗的字体，更能吸引招聘人员的目光。

（4）加上一两个小故事或者事例　在每个人的成长过程中总有一些特别的经历，会对自己的人生道路和对人生的看法产生重要的影响，会改变一个人对于人性、金钱和世界的看法。特别是重大的挫折、人生的转变或者一个悲剧，这样的事例常常最能打动招聘者的心弦，因为通过这些小故事能反映出自信、有责任感、不轻言放弃等人人推崇的品质，而这些良好的品质正是招聘单位所需要的。

（5）逆向思维，胜人一筹　求职应聘不附和、不随俗、不从众，是有主见的表现。有一位同学这样写："虽然贵公司并不是行业中最出色的，但发展快速，我的专业很适合这个岗位。最后能不能入选，关键在于实力而不在于运气。"这种写法常常能使招聘者眼前一亮，起到很好的效果。

（6）适当地自负一些　"我虽刚刚毕业，但我年轻、有朝气，有能力完成任何工作。尽管我还缺少一定的经验，但我会用时间和汗水去弥补。请领导放心，我定会保质保量地完成各项工作任务。"口气坚决，信心十足，给人以精力旺盛、"初生牛犊不怕虎"的感觉。

3. 求职信的结构化写作

尊敬的先生/女士：

　　您好！我是××（学校）的××（姓名）。我给您写信应聘××（岗位）。我是通过贵公司的官网（报纸、人才招聘网、招聘 APP 等渠道）得知招聘信息的。

　　我的专业是××（专业全称）。在校期间我参加（或主持或策划等）过××（活动），培养了××能力。××年××月～××年××月（起止时间）在××（实习单位或实践地点）实习（或工作），（详述具体工作内容）锻炼了我的××能力。

　　我一直都很向往××（岗位）工作。

　　附件是我的简历，期待您的回复！

　　此致

敬礼

　　附件：简历

××（姓名）

××年××月××日

四、探讨分享

 案例

华盛顿公园的邮差

　　第一次遇见弗雷德，是在我买下新居——一栋老房子之后不久。房屋建成于1928年，我称之为"旧新房"，地点在丹佛的华盛顿公园，一个绿树成荫的小区。生平第一次，我有了属于自己的房子。迁入新居几天后，有人敲门来访，我打开房门一看，外面站着一位邮递员。

　　"上午好，桑布恩先生！"他说起话来有种兴高采烈的劲头："我的名字是弗雷德，是这里的邮递员。我顺道来看看，向您表示欢迎，介绍一下我自己，同时也希望能对您有所了解，比如您所从事的行业。"弗雷德中等身材，蓄着一撮小胡子，相貌很普通。但尽管外貌没有任何出奇之处，他的真诚和热情却溢于言表。

　　这真让人惊讶。我收了一辈子的邮件，还从来没见过邮递员做这样的自我介绍，但这确实使我心中一暖。

　　我对他说："我是个职业演说家，这算不上真正的工作。"

　　"如果您是位职业演说家，那肯定要经常出差旅行了？"弗雷德问我。

　　"是的，确实如此。我一年总要有 160 到 200 天出门在外。"

　　弗雷德点点头继续说道："既然如此，如果您能给我一份您的日程表，您不在家的时候我可以把您的信件暂时代为保管，打包放好，等您在家的时候再送过来。"

　　这简直太让人吃惊了！不过我对弗雷德说，没必要这么麻烦："把信放进房前的信筒里就好了，我回家的时候再取也一样的。"

　　他解释说："桑布恩先生，窃贼经常会窥探住户的邮箱，如果发现是满的，就表明主人不在家，那您就可能要身受其害了。"

　　弗雷德比我还关心我的邮件！不过毕竟，在这方面，他才是专家。

　　他继续道："我看不如这样，只要邮箱的盖子还能盖上，我就把信放到里面，别人不会看出您不在家。塞不进邮箱的邮件，我搁在房门和屏栅门之间，从外面看不见。如果那里也放满了，我就把其他的信留着，等您回来。"

　　此时我不禁暗自琢磨：这人真的是美国邮政的雇员吗？或许这个小区提供特别的邮政服务？不管怎样，弗雷德的建议听起来真是完美无缺，我没有理由不同意。

（选自《邮差弗雷德——从平凡到杰出》）

讨 论

是什么原因使得邮差弗雷德这个相貌普通的人获得职业演说家的青睐？

情境二　简历里有什么

一、情境设定

　　2019 年 4 月 12 日，浙江省人才市场携手 11 个地市，组织百余家事业单位、高等院校、科研院所以及省内知名国有企业、高新技术企业、股份制企业、外资企业、民营企业，赴成都举办 2019 年浙江—成都人才招聘大会，共同打造一场人才的盛宴。企业范围涵盖：电子、电器、机械、计算机、网络、通信、模具、医药、化工、环保等行业。

假设以上多家企事业单位都招办公室文员，请问你的简历怎么写？你投往各单位的简历一样吗？

二、 任务实施

不同单位有不同的行业性质，虽然岗位名称可能一样，都叫办公室文员，但是具体的要求会有所差别。因此，针对不同单位，简历的写法就应该做相应的调整。

1. 寻找诉求点

求职应该具有的正确态度只有一个：我所提供的价值满足应聘岗位的要求。求职者必须把求职当成"一买一卖"的"交易"。工作，就是单位给你薪水，而你给他要的服务。你投简历，表明已经认可单位所愿意出的薪水，否则就不要投。那么，写简历时所有的内容其实就是围绕一个主题：你为什么值这个薪水。这个主题就是简历的诉求重点。

2. 筛选价值点

简历是广告，这是我们始终要强调的。从广告的角度来说，你应该尽可能多地宣传你的优点，而尽可能少地暴露你的缺点。但这不意味着你可以把缺点美化成优点，那是虚假广告。宣传你的优点，找出自身价值，找出自身价值与岗位的匹配，然后再投简历。

好好筛选自己的能力，提炼出"拿得出手"的价值点。然后去对应哪些岗位需要这些价值点。如果能够匹配，说明这个岗位是给你预备的，再去投简历，而不能眉毛胡子一把抓地乱投。把简历当广告，字数一点一点地删减，这个删减的过程实际就是你提炼价值点的过程。

3. 简练的表达

简历就是广告。你看过一个广告播放 1 个小时的吗？你看过一个广告说了半个小时你还不知道他想告诉你什么吗？广告播出有成本，招聘方看简历也有时间成本。如果你能很简洁地告诉他你的价值在哪里，你就帮他节省了成本，那么你的面试就有希望了。

所以，写简历只有一个秘方，那就是：用 100 字描述清楚一个价值点。换位思考一下，如果你是招聘官，什么样的简历最吸引你呢？最简单易行的方法就是：用简洁、精短的语言告诉招聘方，你的个人能力和素质与你所应聘的职位是怎样建立匹配的。

三、 知识链接

1. 简历的基本结构

一份标准的简历主要由四个部分组成：基本情况、教育背景、工作经历和其他情况（如个人特长爱好、其他技能、著作论文及自我评价）等。

2. 简历的写作要求

（1）要简短 写一两页就足够了。原因在于：一位忙人根本无暇顾及你那份超过两页纸的简历，而且言简意赅也显示了一个人的表达能力。

（2）消灭语言和常识错误 如果一份简历中出现装订错误、语法错误、标点符号错误，或常识错误，那是不太可能获得面试资格的。因为，一个单位不会用一个粗心的人，虽然人不免会犯错。所以，在递出简历之前，找一个擅长校对的人，请他帮你仔细检查一遍。

（3）让你的简历看上去很舒服 简历的总体形象将会影响雇主对你的看法。因此，所写的简历一定要布局合理，整个页面干净利索而且看上去很专业，能够充分利用整张纸的空间。

（4）强调成就，使用有分量的词 在简历中，千万不要简单地列举你所担任过的职务，而是强调你都干了些什么。一定要重点强调你能干某项工作的特别技能以及你所取得的成就和证书。

3. 简历写作注意事项

（1）简历写什么

1）简历要传递终极三问：我是谁？我干过什么？为什么你该和我聊一聊？

2）先搭框架再填细节。一级经历：实习经历、校内实践经历；二级经历：有哪几件重要事件；三级经历：每件事件里你是什么角色，做了哪些事情。

3）时间线很重要。

（2）做过的事怎么写

1）列举事实而不是你的评价。

2）没故事的大事不如踏踏实实的小事。

3）经历要和岗位相关。

（3）一些重要的事

1）可以不说，但不可以说谎。

2）少比多好，挑重要的写。简历 1 页最好。

3）断档要有合理解释。

（4）一些纠结的问题

1）排版清爽干净就好。

2）照片好看就放，不好看不放。

3）自我评价可有可无。

4）爱好可以写，但没那么重要。

↘ **通用简历模板**

张 三

Personal Resume

求职意向

从事职业：市场推广专员　　　　期望薪资：6k-7k

教育背景

学校名称：北京某大学　　　　就读时间：2015.09-2019.06
所学专业：市场营销　　　　学历学位：本科

证 书

普通话一级甲等　　　　　　　　大学英语四/六级
全国计算机二级考试　　　　　　熟练运用office办公软件

实习经历

公司名称：北京××信息科技有限公司　　　职位名称：推广经理助理
在职时间：2019.1-2019.6
工作描述：工作经验的时间采取倒叙形式，最近经历写在前面；工作经验的描述与目标岗位的招聘要求尽量匹配，用词精准；工作成果尽量以数据来呈现，突出个人成果以及做出的贡献；描述尽量具体简洁，如：
1. 负责执行产品线上推广和数据整理分析，目标实现新用户增长并分析推广策略结果；通过与×个第三方广告渠道沟通需求并跟进上线，参与××次推广活动策划，日常维护××家渠道，分析和制作每日的数据报告，实习期所在团队取得××%用户数量涨幅，新增××新用户。
2. 参与推广公司孵化的××新产品，包括前期需求搜集与后期验收、宣讲培训工作。前期通过组织用户与竞品调研，输出××份反馈结论和竞品市场分析报告，有×项已立项并通过产品部的评审。通过参与此项目，共协调××个部门，推进××人参与其中，显著提高沟通能力。

校园经历

项目名称：××协会主席／学生会××部长　　项目时间：2018.09-2019.01
职位描述：编写指南：①内容清晰，结果明确。②与目标申请岗位相结合，升华内容。③可参考STAR法则来写。Situation:背景与简介；Task:目标任务；Action:亮点挑战与解决办法；Result:成果与收益。
1. 帮助某人才招聘企业在校内开展实习生招聘、人才引进项目。
2. 作为××协会主席，先后联系××家人才招聘企业，筹备立项并撰写计划书，获得某公司认可支持，先后组织××名协会成员与其他协会团队，帮助该公司完成在××家院校的"××人才计划"，并向全球顶尖的××公司推送实习生××名，并获得校企共同奖励。
3. 本次经历极大锻炼了本人做事的耐心与韧性，以及带领团队的协作能力，在运营前期找了××家企业均被拒绝，仍坚持执行，最终获得零突破。经过与企业××次的评审与演练，筹备线上线下宣传活动，并进行咨询人员培训与管理制度编写等工作。最终保证了整个项目顺利完成。

个人信息

篇幅不要太长，控制在300字以内，突出自身符合目标岗位要求的重点以及学校经历的亮点，多体现实习实践经验。避免过多使用形容词，而是通过数据及实例对自身价值进行深化，如：211院校营销专业学科背景，获得××次奖学金，创立××协会。组织×场××会议，系统学习了营销的定性与定量研究方法，具有×次市场相关的实习经验，累计实践工作经验×月，管理基本推广，需求搜集和数据分析等技术，执行力强，可有效评估××需求并组织用户研究，结合决策进行项目资源协调、落地实施、灵活调整和复盘总结工作。

年　　龄：22

实习经验：6个月

现住城市：北京市朝阳区

手机号：135×××9999

邮　箱：×××@×××.com

案例

刘春玲

××大学×楼××号（邮编×××××）   chunling@×××.com   +86-138×××××××

求职意向	会计类

教育背景

××大学经济学院国际经济与贸易专业本科   2016.9—2020.7
GPA：4.5/5   班级排名：15/100   北京
- 全部课程为英文讲授。
- 在牛津大学经济政策研究所中国部×××指导下，写作毕业论文《外国直接投资对中国金融改革的影响分析》。

工作经历

参与××大学中国国情研究中心2018年北京社会经济发展年度调查   2018.12—2019.1
项目助理   北京
- 协助资深专家设计问卷，采集样本量高达5000个，是同类调查样本量的2倍。
- 参与完成研究报告，并成为北京市政府制订来年经济政策的主要依据。
- 带领本组成员开展6个城区12个居民小区的问卷调查工作，走访了120位居民，被评为表现突出小组。
- 懂得了如何与人协作高效地完成任务，培养了人际沟通、交往的能力。

肯德基餐厅北京××分店   兼职收银员   2018.10—2018.12
- 主要负责现金收支项目的管理与账目申报工作。   北京
- 负责接待前来就餐的外国客人。
- 学习到现金流管理的相关知识，基本熟悉餐厅的运作和业务流程。
- 培养了与人交流及英语口语表达的能力。

获奖情况

"学习成绩优秀"奖学金	（奖励前5%的学生）	2次	2016年—2019年
"爱心"奖学金	（奖励前1%的学生）	1次	2017年—2018年
全国优秀班集体（奖励前0.1%的班级，在班级中任生活委员）		1次	2018年
校运动会女子400米接力项目第三名	（20支参赛队伍）	1次	2017年
班级乒乓球比赛第二名	（40名参赛选手）	2次	2016年

技能

<u>专业技能</u>：熟练运用计量分析工具Eviews进行数据整理、模型构建及前景预测。
            熟悉财务软件SPSS的使用，如数据的编辑和分析处理。
            正在准备参加2020年9月的CPA考试。
<u>IT技能</u>：熟练操作MS Office Software，如Word、Excel、PowerPoint等办公软件。
<u>英语技能</u>：CET-4，CET-6。
            能与人流利地进行英语对话，具有良好的英语阅读和写作能力。

个人爱好

读书，旅游，乒乓球

讨 论

请分析这份简历的优点和不足之处。

实训拓展

一、 日常关注

到网上搜索一封求职信或一份简历，提炼出这封求职信或简历的优点和缺点，在课堂上和同学们分享。

二、 分步拓展

1. 以下是一些求职信中出现的语句，你觉得这样写妥当吗？如不妥，请修改。

1）本人谨以最诚挚的心情，应聘贵公司的工程师一职，因为贵公司一贯尊重人才，所以盼望得到贵公司的考虑和录用。

2）本人于6月5日要放假回家，敬请人事经理务必于6月1日前复信为盼。

3）贵公司的××总经理要我直接写信给你。

4）再也没有谁像我一样适合这份工作了。

5）在薪水方面，我觉得至少不应该少于每月五千元。

2. 指出下面这封求职信在措辞和语气方面的不足，并试着修改。

××公司：

我的运气真好啊！就在我即将毕业之际，贵公司正式开业投产了，首先我向贵公司表示热烈的祝贺！

我是全国闻名的××工业学校的应届毕业生。在校四年来，我德智体全面发展，各学科成绩一贯优异，专业基础知识扎实，动手能力强，除长期担任小组长外，还有多种爱好和特长：能讲善辩，能歌善舞，能写善画，各项球类都有一定的水平。大家夸我是"全才"，当然我不能因此而骄傲，但是，实事求是地说，我还真有两下子：说、拉、弹、唱、打球、照相，样样精通。至于水平嘛，都称得上OK！

到贵公司服务是我梦寐以求的事，我真希望美梦成真！企盼这一天的早日到来！

我有能力胜任各方面的工作。不知贵公司能否答应，恳请立即回复为要，以免误事。

顺致最崇高的敬意！

×××
××年××月××日

三、 综合实训

制作一份简历。

任务二　举办一次会议

微课9

/任务要求/

1）知道会议通知内容是什么，要让人知晓什么。

2）能准确区分会议记录和会议纪要。

3）能提炼会议精神，撰写会议纪要。

情境一　发一个会议通知

一、情境设定

假设你是阿里巴巴集团的一名秘书人员，公司要你起草一份关于召开网商大会的通知。你应该怎么写？

二、任务实施

会议通知看起来似乎只包括会议召开的时间、地点等要素，比较简单，但事实上，它在写作上还是有不少讲究的。

1. 谁来参加会议

首先要考虑的是，会议通知要让哪些人"知"？也就是确定会议通知送达的对象。这是首先要解决的问题。会议通知的对象可能就是参会人员本人，但也可能是参会人员所在的单位或主管。那种认为会议通知的对象就是参会人员的认识至少是不全面的。

2. 会议通知什么

其次，会议通知都要让这些人"知"些什么？这是会议通知的核心要素。会议通知是知晓性文书，它的重点在于一个"知"字，那么"知"些什么就是我们重点考虑的内容。不只是会议名称、会议召开的时间地点、会议主要内容、参会人员，还需告知需带文件、准备材料等。

3. 还要提醒什么

除了这些，还要考虑一些细节问题。

不在本地的会议，需要安排食宿，要告诉参会人员规格和费用；为方便参会人员到达会议召开的地点，可以提供交通线路；由于时间和地域的差异，气候条件的不同，需要温馨提示参会人员衣着等事项。这些都可以放在会议通知中加以补充说明。这些细节充分反映了发文单位的人性化考虑，反映出发文机关的文化素养。

三、 知识链接

会议通知的格式主要包括标题、正文及落款三部分。

标题有完全式和省略式两种。完全式包括发文机关、事由、文种，如《××（单位或部门）关于召开××会议的通知》；省略式，直书《会议通知》。

正文包括通知的对象，会议内容、参会人员，会议召开的时间、地点和会期，以及报到的时间、地点，会议费用和会议要求等。

落款包括发文单位和时间。

四、 探讨分享

案例

**教育部办公厅关于召开教育部直属高校工作咨询委员会
第二十八次全体会议的通知**

教高厅函〔2019〕4号

各省、自治区、直辖市教育厅（教委），新疆生产建设兵团教育局，有关部门（单位）教育司（局），部属各高等学校、部省合建各高等学校：

为深入贯彻习近平新时代中国特色社会主义思想和党的十九大精神，全面落实全国教育大会精神，定于2019年1月17日在京召开教育部直属高校工作咨询委员会第二十八次全体会议。现将有关事项通知如下：

一、会议主题

本次会议定位为高等教育年度工作会议，围绕"全面贯彻落实全国教育大会精神，加快建设高等教育强国"主题，作出工作部署。

二、会议时间及地点

时间：2019年1月17日（星期四），会期1天（1月16日下午2:00开始报到）。

地点：国家教育行政学院。

地址：北京市大兴区清源北路×号，电话：×××××××××；报到地点：专家公寓一楼大堂。

三、参加人员

1. 教育部党组全体成员；

2. 教育部直属高校党政正职领导；

3. 各省、自治区、直辖市教育厅（教委），新疆生产建设兵团教育局主要负责人；

4. 部省合建高校、其他部委所属有关高校、部分省部共建高校、地方有关高校主要负责人各1人（名单详见附件1）；

5. 教育部有关司局和直属单位主要负责人；

6. 有关部委相关部门负责同志。

四、其他事项

1. 请各参会单位于 2019 年 1 月 12 日（星期六）中午 12 点前将会议回执（见附件 2）以电子邮件方式反馈我部高教司。

2. 会议不安排接送站（如乘坐公共交通工具，可转至地铁 4 号线，清源路站下车，西行 800 米）。

3. 参会人员原则上不得请假，不带随员。

联系人：教育部高等教育司 ×××　×××

联系电话：×××××××

电子邮箱：×××@moe.edu.cn

附件：

1. 列席高校名单（略）

2. 会议回执

教育部办公厅

2019 年 1 月 9 日

会议回执

单位：

姓名	民族	职务	手机

注：请将此回执按会议通知要求于 2019 年 1 月 12 日（周六）中午 12 点前反馈教育部高教司（电子邮箱：×××@moe.edu.cn）。

情境二　做一份会议记录

一、情境设定

今天一上班，你就听到公司的章经理和吴高工在为昨天的部门工作会议上有没有说过某句话而争论不休。

章经理对吴高工说："你肯定说过！"

吴高工否认说："我肯定没说过！"

他们看到你来了，异口同声地问你：有没有说过？

你怎么回答？

二、 任务实施

俗话说：口说无凭，立字为证。有没有说过，只要看一下会议记录就可以了。会议记录是对会议的实录。因此，有没有会议记录，事关重大。

开会是为了解决实际问题而进行的一项重要工作。如果会议没有记录，工作就没有比对，进展就无法掌控和监督，那么工作的效率就会低下，甚至目标还会模糊。因此，一定要重视做好会议记录。

1. 准备工作

记录人员在开会前要提前到达会场，并落实好用来作会议记录的席位，要注意尽可能靠近主持人、发言人或扩音设备，以便准确清晰地聆听他们的讲话内容。从某种程度上讲，记录人员比一般与会人员更为重要，安排记录席位时要充分考虑其工作的便利性。

2. 基本要求

1）准确写明会议名称（要写全称），开会时间、地点，会议性质。

2）详细记下会议主持人、出席会议应到和实到人数，缺席、迟到或早退人数及其姓名、职务，记录者姓名。如果是群众性大会，只要记参加的对象和总人数，以及出席会议的较重要的领导成员即可。如果是某些重要的会议，出席对象来自不同单位，应设置签名簿，请出席者签署姓名、单位、职务等。

3）真实记录会议上的发言和有关动态。会议发言的内容是记录的重点。其他会议动态，如发言中的插话、笑声、掌声，会议的临时中断以及其他重要的会场情况等，也应予以记录。

记录发言可分摘要与全文两种。多数会议只要记录发言要点，即把发言者讲了哪几个问题，每一个问题的基本观点与主要事实、结论，对别人发言的态度等，作摘要式的记录，不必"有闻必录"。某些特别重要的会议或特别重要人物的发言，需要记下全部内容。有录音设备的，可先录音，会后再整理出全文；如果没有录音条件，应由速记人员担任记录人员；如果没有速记人员，可以多配几个写字或打字快的人担任记录人员，以便会后互相校对补充。

4）记录会议的结果，如会议的决定、决议或表决等情况。会议记录要求忠于事实，不能夹杂记录者的任何个人情感，更不允许有意增删发言内容。会议记录一般不宜公开发表，如需发表，应征得发言者的审阅同意。

会 议 记 录 No:

会议名称				
时 间		地 址		
主持单位		主持人	记录人	
参加者				
缺席人员及原因				
会 议 内 容				

图 17 会议记录本样式

3. 记录重点

会议记录应该突出的重点有:

1) 会议中心议题以及围绕中心议题展开的有关活动。

2) 会议讨论、争论的焦点及其各方的主要见解。

3) 权威人士或代表人物的言论。

4) 会议开始时的定调性言论和结束前的总结性言论。

5) 会议已议决的或议而未决的事项。

6) 对会议产生较大影响的其他言论或活动。

4. 注意事项

(1) 真实准确 要如实地记录别人的发言,不论是详细记录,还是概要记录,都必须忠实原意,不得添加记录者的观点、主张,不得断章取义,尤其是会议决定之类的东西,更不能有丝毫出入。真实准确的要求具体包括:不添加,不遗漏,依实而记;清楚,首先是书写要清楚,其次,记录要有条理、突出重点。

(2) 要点不漏 记录的详细与简略,要根据情况决定。一般说,决议、建议、问题和发言人的观点、论据材料等要记得具体、详细。一般情况的说明,可抓住要点,略记大概意思。

(3) 始终如一 始终如一是记录者应有的态度。这是指记录人从会议开始到会议结束都要认真负责地记到底。

（4）注意格式 格式并不复杂，一般有会议名称；会议基本情况，包括：时间、地点、出席人数、主持人、缺席人、记录人；会议内容，这是会议记录的主要部分，包括发言、报告、传达人、建议、决议等。

凡是发言都要把发言人的名字写在前。一定要先发言记录于前，后发言记录于后。记录发言时要掌握发言的质量，重点内容要详细，重复的内容可略记，但如果是决议、建议、问题或发言人的新观点，则要记录得具体详细。

5. 写作技巧

写作技巧有四条：一快、二要、三省、四代。

（1）快 即记得快。字要写得小一些、轻一点，多写连笔字。要顺着肘、手的自然去势，斜一点写。

（2）要 即择要而记。就记录一次会议来说，要围绕会议议题、会议主持人和主要领导发言的中心思想，与会者的不同意见或有争议的问题、结论性意见、决定或决议等做记录。就记录一个人的发言来说，要记其发言要点、主要论据和结论，论证过程可以不记。就记一句话来说，要记这句话的中心词，修饰语一般可以不记。要注意上下句子的连贯性、可讯性，一篇好的记录应当独立成篇。

（3）省 即在记录中正确使用省略法。如使用简称、简化词语和统称。省略词语和句子中的附加成分，比如"但是"只记"但"，省略较长的成语、俗语、熟悉的词组，句子的后半部分，画一曲线代替，省略引文，记下起止句或起止词即可，会后查补。

（4）代 即用较为简便的写法代替复杂的写法。一可用姓代替全名，二可用笔画少易写的同音字代替笔画多难写的字；三可用一些数字和国际上通用的符号代替文字；四可用汉语拼音代替生词难字；五可用外语符号代替某些词汇，等等。但在整理和印发会议记录时，均应按规范要求办理。

三、 知识链接

1. 会议记录的特点

（1）综合性 会议记录是在对会议中各种材料、与会人员的发言以及会议简报等进行综合分析和概括提炼基础上形成的，它具有整理和提要的基本特点。

（2）指导性 这一特性包含两层含义：一是会议本身的权威性；二是会议记录集中反映了会议的主要精神和决定事项。因而记录一经下发，将对有关单位和人员产生约束力，起着类似于指示、决定或决议等指挥性公文的作用。会议记录还可以作为与会人员向单位领导汇报、向群众传达的文字依据。

（3）备考性 一些会议记录并不是为了贯彻执行，而主要是向上汇报或向下通报情况，必要时可作查阅之用。

2. 会议记录的分类

按照会议性质来分，会议记录大致有办公会议记录、专题会议记录、联席（协调）会议记录、座谈会议记录等。

办公会议记录是记述机关或企业、事业单位等对重要的、综合性工作进行讨论、研究、议决等事项的一种会议记录。办公会议记录一般有例行型办公会议记录，即记述例行办公会议情况及其议决事项的会议记录，以及现场办公会议记录，即为解决某重大问题而召集有关方面和有关单位在现场研究、议决或协商的办公会议记录。

专题会议记录是专门记述座谈会讨论、研究的情况与成果的一种会议记录。其主要特点是将主题的集中性与观点意见的分呈性相结合，既要归纳比较集中、统一的认识，又要将各种不同观点和倾向性意见都归纳表达出来。

四、　探讨分享

无纸化办公

随着人们环保意识的增强，以及各行业对办公模式需求的不断升级，现代化、信息化建设步伐的加快，无纸化办公已经由概念逐渐应用到多个行业领域中。

无纸化办公，简单来说就是不用纸张，用互联网进行办公。无纸化办公是一种需要硬件、软件与通信网络协力才能达到的办公体验。

这种新型的办公模式使得纸质文件大量减少，印刷、用纸等办公费用也相应缩减，在避免纸张的浪费的同时又保护了环境。无纸化办公的概念早在多年前就已经出现，但直到近几年随着智能手机、平板电脑以及众多云计算、协同工作软件的出现，才开始真正推动这一概念走向现实。

那么，无纸化办公是怎样实施的呢？

首先，无纸化办公需要通过硬件设备将文件扫描后上传到服务器，通过系统的编码实现统一管理，可以根据不同部门不同业务进行分类，保证档案的唯一性。

同时，内部之间有网络架构，可以与各个部门进行联系，实现一个部门有需要，就可以即时查看别的部门的文件。

最后，如果要实现文件签批，要采用具有国密的设备，以及具有电子签章的设备，就可以保证具有法律效应以及安全性，保证客户以及企事业单位的权益。

实现无纸化办公有什么优势呢？

第一，可以提高工作效率。目前使用了无纸化办公的企事业单位，基本上都可以做到资源信息共享、高效协同办公，让复杂的工作只需要手指轻轻一点就能完成。这种模式大大提高了员工工作效率，减轻了员工的工作负担。

第二，体现绿色办公。利用无纸化办公可以使得纸质文件大量减少，不仅节约了办公成本，还体现了国家倡导的绿色环保政策。

第三，减少繁琐的流程。互联网将办公网络化，减少了文件在传送过程中的繁琐环节，节省了传送纸质文件耗费的各种费用、人力和时间成本。

讨　论

为什么科技这么发达了，智能手机、5G网络等都有了，但无纸化办公还是没有全面实现？

情境三 整理出一份会议纪要

一、情境设定

会议结束后，经理叫你整理一份会议纪要。会议纪要？难道有会议记录还不够吗？为什么还要会议纪要呢？会议记录和会议纪要有什么不一样吗？

二、任务实施

1. 做好撰写前准备工作

做好会前与会后的准备工作是十分重要的，因为它在一定程度上会影响你对会议精神的理解和纪要撰写的质量。具体而言，会前要深入了解会议召开的目的，尽可能地把会议材料详细地阅读一遍，以全面把握要研究事项的前因后果，尤其要弄清会议讨论决定的主要问题，这样在听会过程中就能做到心中有数，深入理解会议精神，又快又准地做好会议记录。

会后要及时对会议记录进行整理，对有关数据及专门术语进行认真核对，特别是对会议主持人所做的提示性和总结性发言要对照会议材料认真梳理，以理清会议议定事项之间的内在逻辑关系，为正式动笔撰写纪要做好充分准备。

2. 科学把握撰写节奏

快速地写出纪要，不仅是提高工作效率的要求、高效快捷作风的体现，也是纪要时效性的必然要求；反之，如果不及时撰写，就可能对其中一些内容记忆模糊乃至遗忘。因此，作为纪要撰写人员，必须树立一种能快则快的意识，以一种时不我待的精神快速拟文、快速送审。

俗话说："心急吃不了热豆腐。"在整体求快的同时，也要讲究写作的节奏。这是因为写作纪要是一项硬功夫，追求准确、便于执行是关键，切不可一味求快而不得要领、马虎应付。因此，对纪要中的每一个句子、每一个词语甚至每一个标点符号都要认真推敲，确保表述不产生偏差和歧义。

3. 准确反映会议内容

撰写纪要不像写讲话稿那样可以随意发挥，关键是要把会议议定的事项准确清楚地表述出来。补写纪要也不同于做会议记录强调原原本本，而是要求在会议记录的基础上准确体现会议精神。因此，会议纪要的写作要做到虚实结合。

（1）实　会议纪要对会议实质性内容的表述要明确、有条理，不含歧义，不拐弯抹角，不模棱两可。特别是对与会各方应承担的义务、责任和享有的权利，涉及资金的列支渠道、比例、时限等，要写得清清楚楚、明明白白，以便于执行、检查和落实。

（2）虚　表述会议精神，要体现出一定的理论色彩。特别是撰写贯彻上级指示精神、研究执行措施的会议的纪要，不应仅列出一、二、三、四几个干巴巴的议定事项，而要通过"会议认为""会议强调""会议指出"等形式，把会议精神从理论的高度加以阐述，把理说透、把理说明，以体现会议应有的说理特征。只有这样，才能达到统一思想的目的，才有利于下级理解并执行会议精神。

4. 切实发挥参谋作用

纪要的首要功能是"记"，主要任务是把会议议定的内容记清记准，不出差错。但如果就此认为会议纪要就是领导怎么说就怎么写，那就大错特错了。纪要撰写人员不能仅仅停留在简单的记录层次上，而是要充分发挥主观能动性，积极为领导出主意、提建议，才能体现参谋助手作用。对会议确定的事项，要在忠实于会议精神的前提下进行必要的大脑过滤，做到认真思考、主动服务，想领导之所想、谋领导之所谋；尤其是要练好补、校、谋三项功夫，努力使参谋参在点子上、谋在关键处。

所谓补，就是要善于把会议上领导没有说完整的话、没有表述完整的意思补充完整，使没有参加会议的人也能看懂会议纪要的内容，有一种身临其境的感觉；所谓校，就是对领导明显的口误或不符合规范的说法，要按照规范要求大胆校正；所谓谋，就是对会议议定的一些可能有错误、不符合政策或执行起来可能产生不利后果的事项，积极慎重地提出参谋建议，供领导在审发纪要时参考、定夺。

当然，要做好上述三项工作，需要不断加强学习，提升自己的素质；另一方面也要十分注意摆正位置，做到到位而不越位，对于超越职权范围的事情不擅作主张，尤其要注意的是未经请示不能随意更改领导的原意。

三、 知识链接

1. 会议记录和会议纪要的区别

（1）性质不同　会议记录是讨论发言的实录，属于事务文书。会议纪要只记要点，是法定行政公文。

（2）功能不同　会议记录一般不公开，无须传达或传阅，只作为资料存档；会议纪要通常要在一定范围内传达或传阅，要求贯彻执行。

（3）载体样式不同　会议纪要作为一种法定公文，其载体为文件，享有《党政机关公文处理工作条例》所赋予的法定效力。会议记录的载体是会议记录簿。

（4）称谓用语不同　会议纪要通常采用第三人称的写法，以介绍和叙述情况为主。在会议记录中，发言者怎么说的就怎么记，会议怎么定的就怎么写，贵在"原汤原汁"不走样。

（5）适用对象不同　作为公文的会议纪要，具有传达告知功能，因而有明确的读者对象和适用范围。作为历史资料的会议记录，不允许公开发布，只是有条件地供需要查阅者查阅、使用。

（6）分类方法不同　会议纪要种类很多。按其内容，可分为决议性纪要、意见性纪要、情况性纪要、消息性纪要等；按会议的性质，可分为常委会议纪要、办公会议纪要、例会纪要、工作会议纪要、讨论会纪要等。而会议记录通常只是按照会议名称来分类，往往以会议召开的时间顺序编号入档。对会议纪要的分类，有助于撰写者把握文体特点，突出内容重点，找准写作角度；对会议记录的分类则主要是档案管理的需要。

2. 会议纪要的写作格式

会议纪要通常由标题、正文、主送、抄送单位构成。

（1）标题　标题有两种情况：

1）会议名称加纪要或者会议的机关加内容加纪要，如《全国农村工作会议纪要》《省经信委关于企业扭亏会议纪要》。

2）用主副式标题，如《抓住机遇，扩大开放—— 沿长江五市对外开放研讨会纪要》。

（2）正文　会议纪要正文一般由两部分组成。

1）会议概况。主要包括会议时间、地点、名称、主持人，与会人员，基本议程。

2）会议的精神和议定事项。常务会、办公会、日常工作例会的纪要，一般包括会议内容、议定事项，有的还可概述议定事项的意义。工作会议、专业会议和座谈会的纪要，往往还要写出经验，做法，今后工作的意见、措施和要求。

3. 会议纪要的写作要求

1）要正确地集中会议的意见。没有取得一致意见的，一般不写入纪要。但对少数人意见中的合理部分，也要注意吸收。

2）例会和办公会议、常务会议的纪要，重点将会议所研究的问题和决定事项逐条归纳，做到条理清楚，简明扼要。

3）会议纪要用"会议"作主语，即"会议认为""会议确定""会议指出""会议强调""会议听取了""会议讨论了"等。

4）会议纪要写成后，可由会议主办单位直接印发，也可由上级领导机关批转。有的会议纪要还可由会议主办单位加按语印发。

四、 探讨分享

案 例

教育部网络安全和信息化领导小组第四次会议会议纪要

2018 年 2 月 5 日（星期一）下午，陈宝生主持召开教育部网络安全和信息化领导小组（以下简称网信领导小组）第四次会议（成员扩大会）。杜占元和网信领导小组成员单位相关负责同志出席会议，社科司、学生司、语用司、语信司、国际司、教科文、新闻办、教科院、国家汉办、开放大学、电视台、装备中心、报刊社、考试中心、人教社相关负责同志列席会议。

会议听取了科技司（网信领导小组办公室）关于教育信息化和网络安全 2017 年

工作进展、2018年工作要点起草情况的汇报，并就《2017年教育信息化和网络安全工作总结》和《2018年教育信息化和网络安全工作要点》进行了审议。

会议指出，要充分认识教育信息化和网络安全工作取得的巨大成就。"十二五"以来，特别是党的十八大以来，在部党组的领导下，教育信息化和网络安全工作成效显著，实现了"五大进展"（"三通两平台"建设与应用取得重大进展，教师信息技术应用能力明显提升，信息化技术水平得到显著提高，信息化对教育改革的推动作用大幅提升，我国教育信息化国际影响力不断增强）和"三大突破"（教育信息化应用模式取得重大突破，全社会参与的推进机制取得重大突破，在探索中国特色教育信息化路子上取得重大突破）。教育信息化同教育现代化的历史进程同步，有力支撑了教育改革和发展。我国教育能够办出特色、形成国际影响、提供人才支撑，教育信息化功不可没。近两年，网络安全工作在任务不断增加、要求不断提高的形势下，实现了从负重起步到昂首阔步的飞跃。这是全战线共同努力、全社会大力支持、全体同志团结奋斗的结果。中央领导近期连续批示，给予了充分肯定和高度评价。

会议强调，教育信息化和网络安全工作仍存在短板，存在不平衡、不充分的问题。教育信息化没有现成的路可走，一直在摸索中前进，前方的路还很长。下一步，要在新的起点上推进教育信息化和网络安全进入新时代、开创新境界，担负起我们肩负的历史使命，实现教育信息化2.0。通过实施教育信息化2.0，力争实现"三全两高一大"（教学应用覆盖全体教师、学习应用覆盖全体适龄学生、数字校园建设覆盖全体学校，着力提高教育信息化应用水平、着力提高广大师生信息素养，建设"互联网+教育"大平台）的发展目标，推动实现从教育专用资源向教育大资源、从提升师生信息技术应用能力向提升师生信息素养、从融合应用向创新发展的"三个转变"，从而构建互联网+条件下的人才培养新模式，发展基于互联网的教育服务新模式，探索信息时代教育治理新模式。2018年，要尽快启动实施八大行动（智慧教育创新引领行动、数字教育资源共享行动、网络学习空间普及行动、学生信息素养培育行动、百区千校万课示范行动、教育治理能力提升行动、宽带卫星联校试点行动、网络扶智工程攻坚行动），迈出教育信息化2.0坚实的第一步，写好教育信息化"奋进之笔"。

会议要求，各单位要提高思想认识，从加快教育现代化、建设教育强国的高度，加强教育信息化工作。信息化工作的质量和水平决定了实体工作的质量和水平。各单位主要领导要把信息化工作放入工作全局统筹考虑，要将信息技术从影响教育改革发展的外生变量转化为引发教育深层次系统性变革的内生变量。2018年，教育信息化和网络安全的核心工作就是启动实施教育信息化2.0，这是新举措、新思路、新提升，需要大家认真理解、积极探索、大力推动。2018年教育信息化和网络安全工作的行动口号就是"让教育信息化2.0变为现实"。各单位要按照《2018年教育信息化和网络安全工作要点》的部署，履行职责分工，分解细化任务，加强协调配合，尽职尽责做好工作，确保任务落地实施。做好今年的工作，要切实做到理念转变到位、任务落实到位、支撑保障到位，力争通过"奋进之笔"，形成"得意之作"。

会议原则审议通过了《2018年教育信息化和网络安全工作要点》，并责成科技司进一步修改完善后尽快印发。

讨 论

分析探讨会议纪要的写法。

实训拓展

一、日常关注

1. 观察学校发布的一则会议通知，看看是否明确交代了通知事项。
2. 到网上搜索会议记录和会议纪要各一份，看看有没有将这两种文体混淆的情况。

二、分步拓展

指出并修改下列这则会议通知的不足之处。

县教育局关于召开会议的通知

各学校：

为总结经验，加快我县教育改革的步伐，县教育局决定在本月下旬召开教育工作会议，现将有关事项通知如下：

1. 参加会议人员为各校主要负责人。
2. 参加会议人员应认真准备有关教学改革情况及今后的打算的材料，以便在会上汇报或交流。
3. 会议结束后，将布置下学期的工作安排，请及时传达。
4. 参加会议人员应自带生活用品，上交伙食费。
5. 请于25日5时到县教育局报到。

以上通知，希遵照执行。

××教育局
2022.3

三、综合实训

1. ××省经济贸易委员会决定召开全省经济工作会议，出席对象为各市经贸委主任。请代该省经贸委拟写一份会议通知。会议召开时间、地点、主要议题等内容可虚拟。
2. 认真参加班级或者学校组织的会议，做一份规范的会议记录。
3. 查看政府网站，浏览各类会议纪要，归纳会议纪要通常的写作手法。

任务三　公司推出新产品

微课 10

任务要求

1）能区别请示和报告这两种容易混淆的文体。
2）明了广告文案的基本格式与写作要求。

情境一　请示还是报告

一、情境设定

为了扩大公司的经营范围，优化调整产品结构，培育更多的经济增长点，推进企业的快速发展，增强市场竞争力，经充分的市场调研和科学论证后，公司计划于今年推出新产品。

新产品推出之前，要先报请集团公司批准。领导安排你写一则公文，递交上级有关部门。你准备选用什么文体？

二、任务实施

推出新产品，公司要先上报给集团领导，应该使用"报告"吧？你心里这么想。可是当你写好了报告，送给领导审阅时，领导却责问道：怎么使用"报告"？你有权力自己做决定吗？那还要领导干什么？

你被领导训得一头雾水，回来琢磨：难道是要先请示，再报告？是不是请示是未做而请指示，报告是做了而告知？

1. 请示与报告的区别

在公文处理时，经常能够看到请示与报告不分、或者类似"请示报告"杂糅的现象，其实请示与报告是两种性质完全不同的文种。

《党政机关公文处理工作条例》明确规定：请示，适用于向上级机关请求指示、批准；报告，适用于向上级机关汇报工作、反映情况，回复上级机关的询问。二者不能混为一谈。

请示与报告都属于上行文，都具有反映情况、提出建议的功用，但也有其明显的不同。

（1）行文目的不同　请示的目的是向上级机关请求对某项工作、问题作出指示，对某项政策界限给予明确，对某事予以审核批准时使用的一种请求性公文，侧重于提出问题和请求指示、批准。报告的目的是让上级机关了解下情，掌握情况，便于及时指导，侧重于汇报工作，陈述意见或者建议。

（2）行文时间不同　请示必须事前行文；报告可以在事前、事后或者事情发展过程中行文。

（3）内容要求不同　请示的内容要求一文一事；报告的内容可一文一事也可一文数事。

（4）报送要求不同　请示一般只写一个主送机关；受双重领导的单位报其上级机关的请示，应根据请示的内容注明主报机关和抄报机关，主报机关负责答复请示事项。报告可以报送一个或多个上级机关。

（5）处理结果不同　请示属于"办件"，是指上级机关应对请示类公文及时予以批复。所以请示的结束用语必须明确表明需要上级机关回复，一般用"妥否，请批复"或"特此请示，请予批准"等词语。

报告属于"阅件"，一般不给本单位答复。因此，报告的结尾多用"特此报告"等形式，一般不写需要上级必须予以答复的词语。

2. 请示与报告的相似点

请示与报告虽然文种不同，但两者之间仍有某些相同之处。

（1）行文方向一致　两者都是上行文，都是下级机关向上级机关呈送的报请性公文。因此，请示、报告的主送单位都是上级机关。

（2）表达方式相似　请示、报告都是用具体的事实和确凿的数据行文，不得言过其实、弄虚作假，混淆上级机关视听。但是要求对有关事实叙述得清楚明白，并非记流水账式地罗列材料，而是对有关事实进行系统的归纳和概括。

（3）用语要求相同　请示、报告都是处理问题、指导工作的依据，使用语言时都要求准确清晰，一目了然。

3. 请示事项要明确

请示的标题通常由发文机关、事由和文种组成，也可以省略发文机关，由文种和事由组成，但是事由的写作必须要明确清晰，以提高工作效率。

每份请示只能有一个主送机关。除了上级领导直接交办的事项外，不得直接呈送领导者个人。

正文缘由是请示事项能否成立的前提，也是上级机关批复的根据。需要写明请示的原因、目的，包括"请示什么""为什么请示"两部分。要善于用事实说话，也要有很强的说服力。

请示事项应该说明请求上级批准什么、指示什么或帮助什么。如果是请示批拨物资、资金，应写明需要的金额、品名、规格及数量等；如果是请求对某一项工作的指示或处理某项问题的批准，应提出自己的意见或处理办法；如果有两种以上的方案或意见，应表明自己的倾向性意见。

请示事项的表述需要注意语气得体。有的请示中会出现类似"经研究我公司决定……"这样的句式，显得生硬，既然已经决定，还需要请示吗？如果没有权力决定，你又决定了，那不是越权吗？其他如"大家一致认为……"这样的句式，也不恰当，可以改为"拟……"或者"认为……"等句式。

三、知识链接

报告的结构与通常的公文结构一致。报告的标题和通知一样，一般由发文机关、事由和文种组成，但有时也可以省略发文机关，由事由、文种组成，如《关于招商工作有关政策的报告》。标题要明显反映报告专题事由，突出其专一性。

正文缘由，概括说明全文主旨，开门见山，对一定时间内各方面工作的总体情况（如依据、目的等），对整个工作的估计、评价等作概述，以点明主旨。常用"现将情况报告如下"等过渡句。

主体，内容要丰富充实。作为正文的核心，将工作的主要情况、主要做法，取得的经验、效果等，分段加以表述，要以数据和材料说话，内容力求既翔实又概括。报告的主体部分篇幅一般较长，可采用条文式结构，条理要有逻辑性。最后可写工作上存在的问题，提出下一步工作的具体意见。

结语，可写"请审阅"或"特此报告"等作为结束语。

四、探讨分享

案例一

岳西县国土资源局关于岳西县2018年度供地计划的请示

县人民政府：

为保障全县经济社会可持续发展和各类产业用地需求，特别是民生工程、重点工程、招商引资及基础设施建设等用地的需求，我局根据岳西县土地利用总体规划、城市规划，结合我县土地市场状况、保障房计划（安置区）、重点工程建设计划，特别是近五年来批而未供土地使用等情况，重点突出民生用地、大健康及旅游发展产业，制订了2018年土地供应计划。

妥否，请批示。

附：岳西县2018年度国有建设用地供应计划表（略）

岳西县国土资源局（公章）

2018年3月6日

案例二

《2019年国务院政府工作报告》是国务院总理李克强在中华人民共和国第十三届全国人民代表大会第二次会议上所做的报告。

以下是节选。

政府工作报告
——2019年3月5日在第十三届全国人民代表大会第二次会议上
国务院总理 李克强

各位代表：

现在，我代表国务院，向大会报告政府工作，请予审议，并请全国政协委员提出意见。

一、2018年工作回顾

过去一年是全面贯彻党的十九大精神开局之年，是本届政府依法履职第一年。我国发展面临多年少有的国内外复杂严峻形势，经济出现新的下行压力。在以习近平同志为核心的党中央坚强领导下，全国各族人民以习近平新时代中国特色社会主义思想为指导，砥砺奋进，攻坚克难，完成全年经济社会发展主要目标任务，决胜全面建成小康社会又取得新的重大进展。

——经济运行保持在合理区间。国内生产总值增长6.6%，总量突破90万亿元。经济增速与用电、货运等实物量指标相匹配。居民消费价格上涨2.1%。国际收支基本平衡。城镇新增就业1361万人、调查失业率稳定在5%左右的较低水平。近14亿人口的发展中大国，实现了比较充分就业。

…………

——人民生活持续改善。居民人均可支配收入实际增长6.5%。提高个人所得税起征点，设立6项专项附加扣除。加大基本养老、基本医疗等保障力度，资助各类学校家庭困难学生近1亿人次。棚户区住房改造620多万套，农村危房改造190万户。城乡居民生活水平又有新提高。

我们隆重庆祝改革开放40周年，深刻总结改革开放的伟大成就和宝贵经验，郑重宣示在新时代将改革开放进行到底的坚定决心，激励全国各族人民接续奋斗，再创新的历史伟业。

回顾过去一年，成绩来之不易。我们面对的是深刻变化的外部环境。经济全球化遭遇波折，多边主义受到冲击，国际金融市场震荡，特别是中美经贸摩擦给一些企业生产经营、市场预期带来不利影响。我们面对的是经济转型阵痛凸显的严峻挑战。新老矛盾交织，周期性、结构性问题叠加，经济运行稳中有变、变中有忧。我们面对的是两难多难问题增多的复杂局面。实现稳增长、防风险等多重目标，完成经济社会发展等多项任务，处理好当前与长远等多种关系，政策抉择和工作推进的难度明显加大。经过全国上下共同努力，我国经济发展在高基数上总体平稳、稳中有进，社会大局保持稳定。这再次表明，在中国共产党领导下，中国人民有战胜任何艰难险阻的勇气、智慧和力量，中国的发展没有过不去的坎。

一年来，我们深入贯彻以习近平同志为核心的党中央决策部署，坚持稳中求进工作总基调，统筹稳增长、促改革、调结构、惠民生、防风险，稳妥应对中美经贸摩擦，着力稳就业、稳金融、稳外贸、稳外资、稳投资、稳预期，主要做了以下工作。

一是创新和完善宏观调控，经济保持平稳运行。（略）

二是扎实打好三大攻坚战，重点任务取得积极进展。（略）

三是深化供给侧结构性改革，实体经济活力不断释放。（略）

四是深入实施创新驱动发展战略，创新能力和效率进一步提升。（略）

五是加大改革开放力度，发展动力继续增强。（略）

六是统筹城乡区域发展，良性互动格局加快形成。（略）

七是坚持在发展中保障和改善民生，改革发展成果更多更公平惠及人民群众。（略）

八是推进法治政府建设和治理创新，保持社会和谐稳定。（略）

过去一年，中国特色大国外交取得新成就。成功举办博鳌亚洲论坛年会、上合组织青岛峰会、中非合作论坛北京峰会等重大主场外交活动。习近平主席等国家领导人出访多国，出席亚太经合组织领导人非正式会议、二十国集团领导人峰会、金砖国家领导人会晤、亚欧首脑会议、东亚合作领导人系列会议等重大活动。同主要大国关系总体稳定，同周边国家关系全面发展，同发展中国家团结合作纽带更加牢固。推动构建新型国际关系，推动构建人类命运共同体。坚定维护国家主权、安全、发展利益。经济外交、人文交流成果丰硕。中国致力于促进世界和平与发展，作出了世人共睹的重要贡献。

各位代表！

过去一年取得的成绩，是习近平同志为核心的党中央坚强领导的结果，是习近平新时代中国特色社会主义思想科学指引的结果，是全党全军全国各族人民团结奋斗的结果。我代表国务院，向全国各族人民，向各民主党派、各人民团体和各界人士，表示诚挚感谢！向香港特别行政区同胞、澳门特别行政区同胞、台湾同胞和海外侨胞，表示诚挚感谢！向关心和支持中国现代化建设的各国政府、国际组织和各国朋友，表示诚挚感谢！

思危方能居安。在充分肯定成绩的同时，要清醒看到我国发展面临的问题和挑战。世界经济增速放缓，保护主义、单边主义加剧，国际大宗商品价格大幅波动，不稳定不确定因素明显增加，外部输入性风险上升。国内经济下行压力加大，消费增速减慢，有效投资增长乏力。实体经济困难较多，民营和小微企业融资难融资贵问题尚未有效缓解，营商环境与市场主体期待还有较大差距。自主创新能力不强，关键核心技术短板问题凸显。一些地方财政收支矛盾较大。金融等领域风险隐患依然不少。深度贫困地区脱贫攻坚困难较多。生态保护和污染防治任务仍然繁重。在教育、医疗、养老、住房、食品药品安全、收入分配等方面，群众还有不少不满意的地方。去年还发生了多起公共安全事件和重大生产安全事故，教训极其深刻。政府工作存在不足，一些改革发展举措落实不到位，形式主义、官僚主义仍然突出，督查检查考核过多过频、重留痕轻实绩，加重基层负担。少数干部懒政怠政。一些领域腐败问题仍然多发。我们一定要直面问题和挑战，勇于担当，恪尽职守，竭尽全力做好工作，决不辜负人民期待！

二、2019 年经济社会发展总体要求和政策取向

今年是新中国成立70周年，是全面建成小康社会、实现第一个百年奋斗目标的关键之年。做好政府工作，要在以习近平同志为核心的党中央坚强领导下，以习近平新时代中国特色社会主义思想为指导，全面贯彻党的十九大和十九届二中、三中全会精神，统筹推进"五位一体"总体布局，协调推进"四个全面"战略布局，坚持稳中求进工作总基调，坚持新发展理念，坚持推动高质量发展，坚持以供给侧结构性改革为主线，坚持深化市场化改革、扩大高水平开放，加快建设现代化经济体系，继续打好三大攻坚战，着力激发微观主体活力，创新和完善宏观调控，统筹推进稳增长、促改革、调结构、惠民生、防风险、保稳定工作，保持经济运行在合理区间，进一步稳就业、稳金融、稳外贸、稳外资、稳投资、稳预期，提振市场信心，增强人民群众获得感、幸福感、安全感，保持经济持续健康发展和社会大局稳定，为全面建成小康社会收官打下决定性基础，以优异成绩庆祝中华人民共和国成立70周年。

综合分析国内外形势，今年我国发展面临的环境更复杂更严峻，可以预料和难以预料的风险挑战更多更大，要做好打硬仗的充分准备。困难不容低估，信心不可动摇，干劲不能松懈。我国发展仍处于重要战略机遇期，拥有足够的韧性、巨大的潜力和不断迸发的创新活力，人民群众追求美好生活的愿望十分强烈。我们有战胜各种困难挑战的坚定意志和能力，经济长期向好趋势没有也不会改变。

今年经济社会发展的主要预期目标是：国内生产总值增长6%~6.5%；城镇新增就业1100万人以上，城镇调查失业率5.5%左右，城镇登记失业率4.5%以内；居民消费价格涨幅3%左右；国际收支基本平衡，进出口稳中提质；宏观杠杆率基本稳定，金融财政风险有效防控；农村贫困人口减少1000万以上，居民收入增长与经济增长基本同步；生态环境进一步改善，单位国内生产总值能耗下降3%左右，主要污染物排放量继续下降。上述主要预期目标，体现了推动高质量发展要求，符合我国发展实际，与全面建成小康社会目标相衔接，是积极稳妥的。实现这些目标，需要付出艰苦努力。

…………

三、2019 年政府工作任务

今年经济社会发展任务重、挑战多、要求高。我们要突出重点、把握关键，扎实做好各项工作。

（一）继续创新和完善宏观调控，确保经济运行在合理区间。（略）

（二）激发市场主体活力，着力优化营商环境。（略）

（三）坚持创新引领发展，培育壮大新动能。（略）

（四）促进形成强大国内市场，持续释放内需潜力。（略）

（五）对标全面建成小康社会任务，扎实推进脱贫攻坚和乡村振兴。（略）

（六）促进区域协调发展，提高新型城镇化质量。（略）

（七）加强污染防治和生态建设，大力推动绿色发展。（略）

（八）深化重点领域改革，加快完善市场机制。（略）

（九）推动全方位对外开放，培育国际经济合作和竞争新优势。（略）

（十）加快发展社会事业，更好保障和改善民生。（略）

…………

各位代表！

我们要继续全面准确贯彻"一国两制""港人治港""澳人治澳"、高度自治的方针，严格依照宪法和基本法办事。全力支持香港、澳门特别行政区政府和行政长官依法施政。支持港澳抓住共建"一带一路"和粤港澳大湾区建设的重大机遇，更好发挥自身优势，全面深化与内地互利合作。我们坚信，香港、澳门一定能与祖国内地同发展共进步、一定能保持长期繁荣稳定。

我们要坚持对台工作大政方针。全面贯彻落实习近平总书记在《告台湾同胞书》发表40周年纪念会上的重要讲话精神，坚持一个中国原则和"九二共识"，推动两岸关系和平发展、推进祖国和平统一进程。坚决反对和遏制"台独"分裂图谋和行径，坚决维护国家主权和领土完整。深化两岸融合发展，持续扩大两岸经济文化交流合作。两岸同胞同根相系、同命相连，应携手共创共享全体中国人的美好未来。

各位代表！

当今世界面临百年未有之大变局。我们将坚定不移走和平发展道路、奉行互利共赢的开放战略，坚定维护多边主义和以联合国为核心的国际体系。积极参与全球治理体系的改革完善，坚定维护开放型世界经济，推动构建人类命运共同体。加强与主要大国沟通对话与协调合作，深化同周边国家关系，拓展与发展中国家互利合作。积极为妥善应对全球性挑战和解决地区热点问题提供更多中国建设性方案。中国愿与各国携手合作、同舟共济，为促进世界持久和平与共同发展作出新的贡献。

各位代表！

奋斗创造历史，实干成就未来。我们要更加紧密地团结在以习近平同志为核心的党中央周围，高举中国特色社会主义伟大旗帜，以习近平新时代中国特色社会主义思想为指导，迎难而上，开拓进取，以经济社会发展的优异成绩迎接中华人民共和国成立70周年，为决胜全面建成小康社会、夺取新时代中国特色社会主义伟大胜利，为把我国建设成为富强民主文明和谐美丽的社会主义现代化强国、实现中华民族伟大复兴的中国梦不懈奋斗！

讨　论

1）学习请示的写法，拟向所在学院写一份有关学习、生活方面的请示。

2）体会报告的写法，试着写一份读书报告。

情境二 新产品要做广告了

一、情境设定

新产品要上市了。怎样为新产品做广告呢?

二、任务实施

"广告的效果 50% ~ 75% 来自于广告文案。"这是美国最权威的调查机构经过科学测试得出的结论。在这个信息爆炸的时代,要想使自己的广告不断顺应市场经济的浪潮,并能标新立异、独占鳌头,其中事关重要的就是要认真研究广告文案的突出特点和写作的方式方法。

那么,什么是广告文案?是不是广告设计的脚本呢?广告文案要怎么写?

1. 了解广告文案

广告文案是指已经完成的广告作品的全部的语言文字部分。"语言"是有声语言,包括人物对白、画外音;文字是平面媒体中的文字部分、电子媒体文案中的脚本及字幕。

2. 文案写作准备

1)分析产品与市场调研的资料,然后用尽量简短的文字将产品描述下来。这些文字要包括产品的特点、功能、目标消费群和精神享受四个方面的内容。

2)思考:我应该向消费者承诺什么?这一点很重要,若没有承诺就没有人会买你的产品,承诺越具体越好。不要做出连你自己都不能相信的承诺,你的承诺靠什么保证要考虑清楚。

3)有一个核心的创意。这个核心创意一是单纯;二是可延伸成系列广告的能力很强;三是有原创性,可以打动那些对产品漠不关心的消费者。

3. 明确文案结构

完整的广告文案通常包括广告标题、广告正文、广告随文等几部分,它是广告内容的文字化表现。在广告设计中,文案与图案图形同等重要,图形具有前期的冲击力,广告文案具有较深的影响力。

(1)拟一个好的标题 标题是广告文案的主题,往往也是广告内容的诉求重点。它的作用在于吸引人们对广告的注目,留下印象,引起人们对广告的兴趣。只有当受众对标语产生兴趣时,才会阅读正文。

广告标题的写作要体现广告主题,表现消费者利益,诱发受众好奇,并且有简洁明快的形式。广告标题的设计形式有情报式,问答式、祈使式、新闻式、口号式、暗示式、警醒式等。广告标题撰写时语言要简明扼要、易懂易记、传递清楚、新颖、有个性,句子中的文字数量一般掌握在 12 个字以内为宜。

（2）正文要有冲击力 广告正文是针对产品及服务，以客观的事实、具体的说明来增加消费者的了解与认识，以理服人。广告正文撰写时，内容要实事求是，通俗易懂。不论采用何种题材式样，都要抓住主要的信息来叙述，言简意赅。

现代广告教父大卫·奥格威指出广告正文写作的原则有：

1）要直截了当地用准确的语言来写作。

2）不要用最高级的形容词、一般化字眼和陈词滥调，要讲事实且把事实讲得引人入胜。

3）要经常运用用户经验来谈广告信息。

4）向读者提供有用的咨询或者服务，而不仅仅单纯地介绍产品本身。

5）尽量避免文学派的广告。

6）避免唱高调。

7）用消费者的通俗语言写作文案。

8）不要贪图写作获奖广告文案。

9）衡量优秀广告文案人员的标准是看他们使多少新产品在市场上腾飞，而不是用文字娱乐读者。

（3）广告附文 广告附文具有补充广告正文的遗漏、直接地促进销售行为的实施、加强受众的固定性记忆和认知铺垫的特殊功能。

广告附文需要对正文不便提及的问题做一些辅助性的补充，如产品在哪里销售、消费奖励是什么内容、销售的时间等。这些问题以及对这些问题的补充交代，直接地为消费者实施消费做实际的指导。因此，这个指导必须具有可操作性。此外，附文的写作尤其需要信息准确，表现上也尽量有创意。

4. 设计鲜明而上口的广告口号

广告口号又称为广告语、广告标语，是为了加强受众对企业、产品或者服务的印象而在广告中反复使用的一种简明扼要的口号性语句。它可以出现在文案的任何部位，但因为鲜明而上口的特点，经常与广告标题出现互转的现象。

广告口号常见的形式有联想式、比喻式、许诺式、推理式、赞扬式、命令式。广告口号的撰写要注意独创有趣，易读上口，鼓动性强，适应媒体。

三、 知识链接

1. 广告的本质

广告的本质有两个：一个是从广告的传播学方面来讲，广告是广告业主达到受众群体的一个传播手段和技巧；另一个指广告本身的作用，是对商品的促销。总体说来，广告是面向大众的一种传播。

所以，成功的广告是让大众都接受的一种广告文化，而不是所谓的脱离实际的高雅艺术。广告的效果，从某种程度上决定了它是不是一个成功的广告。脑白金的广告可说是成功的，因为它的礼品定位对工薪阶层是非常有效的，其销售业绩很好地说明了这一点。

2. 广告创意

随着我国经济持续高速增长、市场竞争日益激烈、竞争不断升级，商战已开始进入"智"战时期，广告也从以前的所谓"媒体大战""投入大战"上升到广告创意的竞争。"创意"一词成为我国广告界最流行的常用词。

"创意"——"Creative"的英文原意是创造、创建、造成，"创意"从字面上也可理解为"创造意象之意"。从这一层面进行挖掘，广告创意就是介于广告策划与广告表现制作之间的艺术构思活动。即根据广告主题，经过精心思考和策划，运用艺术手段，把所掌握的材料进行创造性的组合，以塑造一个意象的过程。简而言之，即广告主题意念的意象化。

3. 广告创意的原则

（1）独创性原则　所谓独创性原则，是指广告创意不能因循守旧、墨守成规，而要勇于且善于标新立异、独辟蹊径。独创性的广告创意具有最大强度的心理突破效果。与众不同的新奇感是引人注目的，且其鲜明的魅力会触发人们浓烈的兴趣，能够在受众脑海中留下深刻的印象，令其长久地被记忆。这一系列心理过程符合广告传达的心理阶梯的目标。

（2）实效性原则　广告创意能否达到营销的目的，基本上取决于广告信息的传达效率，也就是受众的理解。在进行广告创意时，要善于将各种信息符号元素进行最佳组合，使它易于被受众正确理解，而广告创意中的意象组合和传达应该与广告主题、广告的长期战略目标相吻合。

4. 封面、封底等特殊制式的广告文案

封面、封二、封三、目录对页和封底等杂志版面，都属于指定版面。

（1）封面和封底的杂志广告　因为位置显著，瞩目度高，因而对广告的版面设计和文案写作有特殊要求。

封面的广告应以精美的画面吸引受众，画面信息应与杂志的专业性有一定的内在联系，并具有审美价值，使人在情感愉悦中接受信息。文案只能以品牌或广告名称，以及简洁凝练的广告语形式出现。

封底与封面同样重要，也应以图形为主、文案为辅。文案的语言不仅要考虑到杂志的特殊受众，而且要考虑杂志受众之外的其他受众，因此要适当淡化专业性，更接近于大众。

（2）封二、封三和目录对页的杂志广告　受众瞩目度仅次于封面和封底，也是很重要的版面形式。广告多以图文并茂的形式加以表现，文案的作用更为重要。使用于平面广告的各种文体、表现形式和表现手段，都可以针对特定目标受众运用于文案写作。

四、探讨分享

○ 案例一

别克君越：新君子之道

【主题篇】

这个时代，

每个人都在大声说话，

每个人都在争分夺秒。

我们用最快的速度站上高度。

但是也在瞬间失去态度。

当喇叭声遮盖了引擎声，

我们早已忘记，

谦谦之道才是君子之道。

你问我这个时代需要什么，

在别人喧嚣的时候安静，

在众人安静的时候发声。

不喧哗，自有声。

别克君越，新君子之道。

讨　论

别克君越的这篇广告文案打动你了吗？请说说你读了之后的感受。

○ 案例二

Nike：Just Do it

我，不要一刻钟的名声

我要一种生活

我不愿成为摄像镜头中引人注目的焦点

我要一种事业

我不想抓住我能拥有的

我想有选择地挑选最好的

我不想出售一个公司

我想创建一个

我不想和一个模特去约会

好吧，我确实想和一个模特去约会

控告我吗

但是我的剩余目标是长期的

那是一天天做出决定的结果
我要保持稳定
我持续不断地重新解释诺言
沿着这条路一定会有
瞬间的辉煌
总之，我就是我
但这一刻，还有更伟大的
杰出的记录
厅里的装饰
我的名字放在三明治上
一个家庭就是一个队
我将不再遗憾地回顾
我会始终信奉理想
我希望被记住，而不是去回忆
并且我希望与众不同
只要行动起来

讨 论

你觉得一个文案要引人注意、给人留下深刻印象，从而使消费者认同品牌并进一步激发他对产品的购买欲望，需要做到哪些？

实训拓展

一、日常关注

1. 请浏览企事业单位的网站，看看各类请示的写作是否规范。不合规范的，请截屏下来，在班级里分享。

2. 观看电视或网络上的某则广告，请将它的口号或创意记下来，在课堂上和同学分享。

二、分步拓展

下列这则公文有多处错误或不足之处（不涉及眉首和版式），请列举并修改。

关于×××实业有限公司改换名称的报告

市政府、市工商局：

随着公司业务发展的需要，经公司总经理办公会研究决定，将××实业有限公司改为

××有限公司。以上报告妥否？请批准！

××实业有限公司

2019 年 3 月 5 日

抄报：市劳动局、市税务局

三、 综合实训

根据下列文字材料的内容，为青岛啤酒拟写一份报纸广告的文案。

青岛啤酒是历史悠久的名牌产品。1963 年和 1979 年曾经被评为全国名酒。1980 年又获金质奖章。1989 年获出口产品金质奖。青岛啤酒含有充足的二氧化碳，注入杯内，即见细腻洁白的泡沫泛起，细小如珠的气泡一串串不断从杯底上升，泡沫浓厚，挂杯持久，入口苦味适中，清爽甘冽，具有独特风味，是啤酒中的佳品。青岛啤酒的主要原料崂山矿泉水，是非常适宜于酿造啤酒的软水，它含杂质极少，经过过滤加工，对啤酒味道的柔和起了决定性的作用，这是青岛啤酒厂独有的原料。其次，酿制青岛啤酒所用的大麦是从大麦产区调拨来的优质大麦，把这种大麦加工成麦芽，酿出的啤酒富有光泽，并有浓厚的麦芽香。此外，青岛啤酒所用各种酒花等原料多属优质，生产出的啤酒晶莹澄澈，有爽口微苦味和酒花香，并能延长啤酒的保存期。

任务四 做一次市场调研

微课 11

/任务要求/

1) 能进行初步的调查问卷的设计。
2) 能撰写比较完备的调查报告。

情境一 做一份调查问卷

一、 情境设定

新产品投放市场后，公司进行了一系列的宣传，包括在报纸杂志、电视、互联网投放大量的广告。公司领导想知道消费者对产品有哪些意见，满意不满意，有哪些地方需要改进。

你该怎么做，才能获得这些信息？

二、 任务实施

问卷设计是由一系列相关的工作过程所构成的。为使问卷具有科学性、规范性和可行性，一般可以参照以下程序进行。

1. 确定调查目的

在问卷的设计过程中，首要的任务是确立评估的目的，即设计问卷是基于何种需求，如市场环境分析、产品研究、了解消费者情况、内部员工满意度等。目标应当尽可能精确、清楚，如果这一步做得好，下面的步骤会更顺利、更有效。

2. 问卷资料的收集整理

根据调查主题的范围，将所需问卷资料一一列出，分析哪些是主要资料，哪些是次要资料，哪些是调查的必备资料，哪些是可要可不要的资料，并分析哪些资料需要通过问卷来取得，需要向谁调查等，对必要资料加以收集。同时要分析调查对象的各种特征，即分析了解各被调查对象的社会阶层、行为规范、社会环境等社会特征，文化程度、知识水平、理解能力等文化特征，需求动机、行为等心理特征，以此作为拟定问卷的基础。

在此阶段，应充分征求有关人员的意见，以了解问卷中可能出现的问题，力求使问卷符合实际，能够充分满足各方面分析研究的需要。可以说，这一阶段是整个问卷设计的基础，是问卷调查能否成功的前提条件。

3. 初步设计问卷

这一阶段需要根据收集到的资料，按照设计原则设计问卷初稿。主要是确定问卷结构，拟定并编排问题。在初步设计中，首先要标明每项资料需要采用何种方式提问，并尽量详尽地列出各种问题，然后对问题进行检查、筛选、编排，设计每个项目。对提出的每个问题，都要充分考虑是否有必要，能否得到答案。同时，要考虑问卷是否需要编码，或需要向被调查者说明调查目的、要求、基本注意事项等。这些都是设计调查问卷时十分重要的工作，必须精心研究，反复推敲。

一份完整的调研问卷通常由问卷的名称、被调查者的基本情况、调查问卷的主体内容、作业证明的记载、问卷说明等内容构成。

（1）问卷的名称　问卷的名称概括地说明调研主题，使被访者对所要回答的问题有一个大致的了解。问卷的名称要简明扼要，但又必须点明调研对象或调研主题。

例如，"学生宿舍卫生间热水供应现状的调研"，而不要简单采用"热水问题调查问卷"这样的名称。这样无法使被访者了解明确的主题内容，妨碍接下去回答问题的思路。

（2）被调查者的基本情况　这是指被调查者的一些主要特征，如个人的姓名、性别、年龄、民族、职业等。这些是分类分析的基本控制变量。在实际调研中要根据具体情况选定询问的内容，并非多多益善。如果在统计问卷信息时不需要统计被调查者的特征，就不需要询问。这类问题一般适宜放在问卷的开头或末尾。

（3）调查问卷的主体内容　调查问卷的主体内容是一份调查问卷最主要的内容，它包括：人们的行为，包括对被调查者本人的行为或通过被调查者了解他人的行为；人们的行为后果；人们的态度、意见、感觉、偏好等。

1）问卷编排。问卷不能任意编排，问卷每一部分的位置安排都具有一定的逻辑性。合理排序一方面便于被调查者顺利地回答问题；另一方面也便于调查者在调查结束后对资料的整理和分析。排序可以考虑以下几方面：一是问题的性质和类别；二是问题的难易程度；三是问题的时间顺序；四是被调查者的心理承受能力。

2）提问形式。问卷设计中的措辞必须准确清晰，充分考虑到应答者回答问题的能力和意愿；应避免诱导性的用语。问卷的提问形式主要有两种：

①开放式问题。开放式问题是一种应答者可以自由地用自己的语言来回答和解释有关想法的问题类型。也就是说，调查人员没有对应答者的选择进行任何限制。

②封闭式问题。封闭式问题是一种需要应答者从一系列应答项作出选择的问题，是现代问卷调查中常用的问题形式。封闭式问题的具体方式有填空式、选择式、排序式、量表式等。

（4）作业证明的记载　调查问卷左上角需要有问卷编码，便于问卷的数据录入和问卷查核。在问卷的最后，要求附上调查人员的姓名、调查日期、调查的起止日期等，以利于对问卷质量进行监察控制。这就是所谓的作业证明。

（5）问卷说明　对于需要被调查者自己填写的问卷，应在问卷中说明告知如何填写问卷。例如：

说明：

问卷答案没有对错之分，只需根据自己的实际情况填写即可。

问卷的所有内容需个人独立填写，如有疑问，敬请垂询您身边的工作人员。

您的答案对于我们改进工作非常重要，希望您能真实填写。

4. 试答和修改

一般来说，所有设计出来的问卷都存在着一些问题，因此，需要将初步设计出来的问卷在小范围内进行试验性调查，以便弄清问卷在初稿中存在的问题。在问卷评估过程中，需要了解所提问题是否是调查目标所需的信息，哪些问题多余或遗漏；问题的顺序是否符合逻辑；问卷的长度是否影响答题意愿；问卷的内容是否影响到被调查者的隐私或虚荣；有无语句不通、字体排版等问题。

如果发现问题，应做必要的修改，使问卷更加完善。试调查与正式调查的目的是不一样的，它并非要获得完整的问卷，而是要求回答者对问卷各方面提出意见，以便于修改。

5. 付印装订

精确的打印指导、空间、数字、预先编码必须安排好，监督并校对。有时问卷可能进行特殊的折叠和装订。

三、 知识链接

1. 调查问卷的功能

一份完整的调查问卷具有以下几项功能：

1）能正确反映调查目的，问题具体，重点突出；能使被调查者乐意合作，协助达到调查目的。

2）能正确记录和反映被调查者回答的事实，提供正确的情报。

3）统一的问卷还便于资料的统计和整理。

2. 调查问卷设计的原则

调查问卷设计时应注意如下原则：

（1）针对性　问卷上所列问题应该都是针对调查目的的，是必要的，可要可不要的问题不要列入。

（2）通俗性　调查要得到被调查者的密切合作，就必须充分考虑被调查者的身份背景。不要提出对方不感兴趣的问题；尽量不多使用专业术语，也不能将两个问题合并为一个，以至于得不到明确的答案。使人感到困惑的问题会让你得到"我不知道"的答案。

在询问问题时不要拐弯抹角。如果想知道顾客为什么选择你的店铺买东西，就不要问："你为什么不去张三的店铺购买？"你这时得到的答案是他们为什么不喜欢张三的店铺，但你想了解的是他们为什么喜欢你的店铺。根据顾客对张三店铺的看法来了解顾客为什么喜欢你的店铺可能会导致错误的推测。

利用问卷做面对面访问时，要注意给回答问题的人足够的时间但又不至于打扰别人太长时间。一般应控制在20分钟内回答完毕。

（3）客观性　问题的词义要清楚，有利于使被调查者作出真实的选择，否则容易误解，影响调查结果。因此答案切忌模棱两可，使对方难以选择。避免用引导性问题或带有暗示性的问题，诱导人们按某种方式回答问题。

调查员要保持中立，不影响被调查者答题，对任何答案也不要作出负面反应。如果别人回答，从未听说过你的产品，那说明他们一定没听说过。这正是你为什么要做调查的原因。

四、 探讨分享

○ 案例

北京市大学生消费情况调查问卷

以下资料我们只做调查，保证绝不泄漏您的任何信息，望您能认真地填写以下问题：

学　校：_____　专　业：_____　年　级：_____

性　别：_____　户　口：农村□　城市□　原　籍：_____

1. 您的日常开支来源的<u>具体金额</u>：

　　父　母：_____元/月□　元/年□

　　贷　款：_____元/月□　元/年□

　　打　工：_____元/月□　元/年□

　　奖学金：_____元/月□　元/年□

　　其　他：_____元/月□　元/年□

2. 您的支出情况：

　　学习方面（具体金额）：

　　学　费：_____元/年

　　辅导班及考试费（含学习资料）：_____元/年

　　其　他：_____元/年

　　生活方面（具体金额）：

　　餐饮费用：_____元/月

　　通信（手机费及电话费）：_____元/月

　　住宿费用：_____元/年

　　交通（出行、乘车等）：_____元/年

　　服装、日用品及化妆品：_____元/年

　　电子消费类产品（手机、计算机等数码产品）总计_____元

　　其他（如KTV、旅游等休闲娱乐活动）：_____元/年

　　其他方面消费：_____元/年

　　结余（可以为负数）：_____元/年

3. 在对于下列产品的消费上，您选择的是国产商品还是进口商品？

	国产商品	进口商品
计算机	☐	☐
手机	☐	☐
MP3	☐	☐
随身听	☐	☐
CD 机	☐	☐
化妆品	☐	☐
日用品	☐	☐

4. 如果您选择进口商品，主要原因是：

    A. 品牌效应   B. 质量稳定，值得信赖   C. 两者都有   D. 其他

5. 如果国产的商品与进口商品的质量相当，您是否会优先选择购买国产商品？

    A. 会   B. 不会

6. 您对自己现在的消费状况满意吗？

    A. 很满意   B. 不满意   C. 没考虑过，无所谓

7. 您心目中理想的消费状态和结构是：

    A. 够花就行   B. 有较细的消费计划

    C. 每月都有盈余可供自己支配   D. 其他

8. 您认为周围同学的消费水平对您的影响程度如何？

    A. 有很大程度的影响

    B. 有较小影响，具体的购买行为还是取决于自己

    C. 没有影响

9. 您的学校是否对您进行过有关消费观念方面的指导？

    A. 经常   B. 偶尔   C. 从未有过

讨 论

1）请分析这篇调查问卷各部分问题的类型与编排。

2）讨论这篇调查问卷的调研目的与问卷内容之间的契合度。

情境二　写一份调查报告

一、情境设定

完成了问卷调查，你收回了多份调查问卷。面对这么多资料，你该怎么处理？从这些回答中，你会得出一个什么结论？

二、 任务实施

不同类型的调查报告，具体内容有所不同。但基本写法是相通的。

1. 确定主题

主题是调查报告的灵魂，对调查报告写作的成败具有决定性的意义。因此，确定主题要注意：报告的主题应与调查主题一致；要根据调查和分析的结果，重新确定主题；主题宜小，且宜集中；与标题协调一致，避免文不对题。

2. 取舍材料

对经过统计分析与理论分析所得到的系统的完整的调查资料，在组织调查报告时仍需精心选择，不可能也不必全部都写上去，要注意取舍。如何选择材料呢？要在现有材料中，比较、鉴别、精选材料，选择最好的材料来支持作者的意见，使每个材料都能以一当十。选材中要注意：

（1）选取与主题有关的材料 去掉无关的、关系不大的、次要的、非本质的材料，使主题集中、鲜明、突出。

（2）注意材料点与面的结合 材料不仅要支持报告中某个观点，而且要相互支持，形成面上的"大气"。

3. 布局和拟定提纲

这是调查报告构思中的一个关键环节。布局就是指调查报告的表现形式，它反映在提纲上就是文章的骨架。拟定提纲的过程实际上就是把调查材料进一步分类、构架的过程。构架的原则是：围绕主题，层层进逼，环环相扣。提纲或骨架的特点是它的内在的逻辑性，要求必须纲目分明、层次分明。

调查报告的提纲有两种，一种是观点式提纲，即将调查者在调查研究中形成的观点按逻辑关系一一罗列写出来。另一种是条目式提纲，即按层次意义表达上的章、节、目，逐一地一条条写成提纲。也可以将这两种提纲形式结合起来制作提纲。

4. 起草和修改

这是调查报告写作的行文阶段。要根据已经确定的主题、选好的材料和写作提纲，有条不紊地行文。在写作过程中，要从实际需要出发选用语言，灵活地划分段落。在行文时要注意：

1）结构合理，包括标题、序言、正文、结尾和落款等部分。

2）报告文字规范，具有审美性与可读性，如"制定优惠政策，引进急需人才；运用竞争机制，盘活现有人才"（文章段落的条目观点）。

3）通读易懂。注意对数字、图表、专业名词术语的使用，做到深入浅出。语言要具有表现力，准确、鲜明、生动、朴实。

报告起草好以后，要认真修改。主要是对报告的主题、材料、结构、语言文字和标点符号进行检查，加以增、删、改、调，从内容和形式上，不断完善。在完成这些工作之后，才能定稿向上报送或发表。

5. 调查报告的结构

一般来说，调查报告的内容大体有标题、序言、概况介绍、资料统计、理性分析、总结和结论或对策、建议，以及所附的材料等。由此形成的调查报告结构，就包括标题、序言、正文、结尾和落款。

（1）标题 调查报告的标题有单标题和双标题两类。

所谓单标题，就是一个标题。其中又有公文式标题和文章式标题两种。公文标题由"事由＋文种"构成，如《关于邯郸钢铁总厂管理经验的调查报告》。文章式标题有的是说明调查的内容，如《市蔬菜的品种结构问题》；有的是标明作者通过调查所得到的观点，如《调整教育政策，增加教育投入》。

所谓双标题，就是两行标题，即一个正题、一个副题。正题往往结实调查的内容或观点，副题说明调查的范围与文种，如《为了造福子孙后代—— ××县封山育林调查报告》。

（2）序言 序言又称引言、前言，主要是简洁明了地介绍有关调查的情况，或是提出全文的引子，为正文写作做好铺垫。常见的序言有：

1）简介式序言。对调查的课题、对象、时间、地点、方式、经过等做简明的介绍。

2）概括式序言。对调查报告的内容（包括课题、对象、调查内容、调查结果和分析的结论等）做概括的说明。

3）交代式序言。即对课题产生的由来做简明的介绍和说明。

（3）正文 正文是调查报告的主体。它对调查得来的事实和有关材料进行叙述，对所作出的分析、综合进行议论，对调查研究的结果和结论进行说明。正文的结构有不同的框架。

按照内容表达的层次组成的框架有："情况—成果—问题—建议"式结构，多用于反映基本情况的调查报告；"成果—具体做法—经验"式结构，多用于介绍经验的调查报告；"问题—原因—意见或建议"式结构，多用于揭露问题的调查报告；"事件过程—事件性质结论—处理意见"式结构，多用于澄清事件是非的调查报告。

（4）结尾 结尾的内容大多是调查者对问题的看法和建议，这是分析问题和解决问题的必然结果。

（5）落款 调查报告的落款要写明调查者单位名称和个人姓名，以及完稿时间。如果标题下面已注明调查者，则落款时可省略。

三、 知识链接

调查报告的主要类型有以下四类。

1. 介绍典型经验的调查报告

某一地区、某一单位、某一企业，在贯彻落实党和国家的各项方针政策的过程中，或在日常的思想政治、经济建设、科学教育等方面取得了突出的成绩，为了把他们的具体做法和成功奥秘反映出来，可以对他们进行专题的调查，然后写出调查报告，这种类型就是介绍经验的调查报告。

介绍经验的调查报告跟工作通讯中那些以反映工作成绩为主的类型有些类似。两者的区别在于调查报告重在调查，特别注重对调查过程和调查所得数据的叙述和列举。

2. 揭露问题的调查报告

跟上种类型相反，这是针对某一存在问题展开调查，以揭示这一问题的种种现象和深层原因为主要目的的调查报告。它的主要功能是揭露和批判，探究问题产生的原因，分析问题的症结所在，提供解决问题的思路和方法。

3. 反映新生事物的调查报告

这是针对社会现实中某种新近产生或新近有了长足发展的事物而写的调查报告。

在现实社会中，新生事物总是不断涌现的。反映新生事物的调查报告的文体功能，就是全面报道某一新生事物的背景、情况和特点，分析它的性质和意义，指出它的发展规律和前景。

4. 社会情况的调查报告

这是针对一些社会情况所写的调查报告。这里所说的社会情况，主要是指社会风气、百姓意愿、婚恋、赡养、衣食住行等群众生活各方面的基本情况。

这类调查报告虽不直接反映政治、经济等重大问题，但百姓生活也是跟政治、经济密切相关的。另外，这也是群众最为关心的一些问题。因此，各种新闻媒体都十分重视这一领域的报道，《中国青年报》《文汇报》等都曾开辟过公众调查专版。类似《北京人出游记——北京居民京、津、沪地区旅游消费调查》《中国夫妻过得怎样》等，都属于这种类型的调查报告。

四、 探讨分享

 案例

第三届"挑战杯"首都大学生学术科技作品竞赛参赛作品
北京大学生消费情况调查研究

摘　要：在国民经济快速发展的新时期，社会消费水平快速增长。本次调查是以大学生这样一个特殊的社会群体为对象，着重考察其日常消费情况。调查发现目前大学生消费情况呈现出这样两个主要特征：一是人民生活水平的提高带动了大学生消费水平的提高，表现为数量和结构两方面的变化；二是大学生群体内部的消费情况存在明显差异。

关键字：大学生　消费情况　消费结构　消费倾向

　　基于中华全国学生联合会及相关监测机构共同完成的调查报告显示：中国大学生平均年消费超过万元。我们展开了此次调查。

　　调查目的：了解大学生消费现状及消费心理，分析差异及其产生的原因。

　　调查对象：北京市在校大学生及历年毕业的大学生。

　　调查项目：消费结构及消费倾向。

　　调查范围：北京市35所高校，其中包括北京大学、清华大学、中国人民大学、北京理工大学、北京交通大学、北京科技大学、北京邮电大学、北京化工大学、北京工业大学、对外经贸大学、中国石油大学、中国政法大学、中国地质大学、中国农业大学、首都师范大学等高校。

　　调查时间：2005年3月上旬至2005年4月上旬。

　　调查形式：调查统计表和调查问卷相结合。

　　调查方法：采访法（包括发放电子邮件、面谈、电话访问）。

　　抽样方法：配额抽样（非随机抽样）。

　　样本概况：共发放问卷2090份，收回有效问卷1557份。其中男生734份，女生823份；文科730份，理科827份；比例基本接近1:1。城市1207份，农村350份，比例基本接近1:4。

　　据我们调查，现今北京市大学生的学费和住宿费差异很小，因此我们将这次调查分析的重点放在大学生的日常消费情况以及电子类产品的消费情况方面。

　　在此次调查活动中，我们采用调查统计表与调查问卷相结合的形式，以配额抽样（非随机抽样）的方法来获取在北京就读的来自全国各地的大学生的日常消费信息。采取这样的方式，可以加强我们对样本结构和总体结构在量和质两方面的控制，能够保证样本具有较高的代表性。然后，我们将所收集的信息运用统计的方法重点分析和研究大学生的日常开支情况，探究大学生日常开支的来源渠道以及消费结构和消费倾向，并分析比较不同区域、不同性别、不同专业的大学生的消费差异，另外我们还将大学生对于电子产品的消费现状做了调查和分析，最后提出我们的建议。

　　此次调查活动集中在北京，因此大学生的消费情况会受到北京整体消费环境的影响。此外，由于采样的数据有限，调查时间相对较短且较集中，以及在调查过程中部分同学认为调查的项目涉及个人隐私而不配合我们的工作等因素都会对我们的调查分析结果产生一定的影响。基于以上原因，调查分析结果会有一定缺陷，在此特别加以说明。

　　调查工作流程如图18所示。

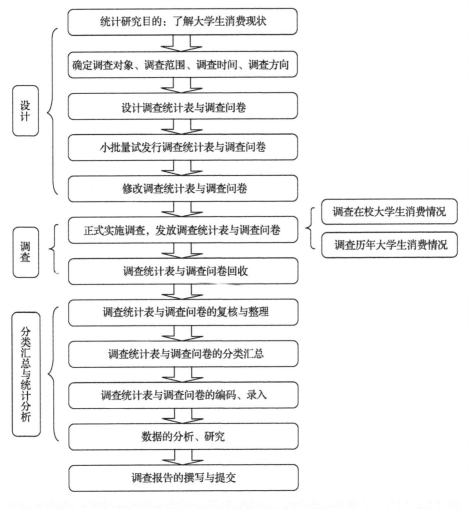

图 18　工作流程图

一、大学生消费情况研究概述

　　教育是一种准公共产品。受益人包括受教育者个人、国家和社会。通过投资和收益相结合的原则，可以看出受教育个人负担一定的成本是很合理的，同样社会也应该承担一部分成本，这样更符合当代教育的本质和客观特征。

　　自从 20 世纪 80 年代末高校开始收费以来，大学生日常开支逐年增长，而且远远高于同期国民收入的增长水平。过去，大学生的消费主要是日常生活开支，这些费用相对于全国人均收入水平来说，还处于较低的水平，而现在大学生的消费结构和数量都发生了很大的变化。就消费结构方面而言：得益于生活水平的提高和社会产品的丰富，当今大学生的消费结构已经不仅仅局限于日常生活开支，还包括一些电子产品的消费，如手机、计算机、MP3、数码相机等。就数量方面而论：包括学费、住宿费、餐饮费用的增长以及其他一些生活成本的提高。究其原因，生活水平提高以及物价上涨是一个方面，但伴随物价水平的上涨而同步增长的其他相关方面的支出却与学费的快速增长不成比例，这一点在近几年中已经引起了社会有关学者的思考。

大学生的消费作为社会消费中的一个特殊部分，尽管对当前社会总体的消费水平不会有太大影响，但鉴于大学生的消费对今后社会的消费有很大的导向作用，我们的调查分析更多关注的是大学生群体的消费差异和趋势。在数据的调查与分析中我们发现：①大学生消费的增长速度较快；②不同区域、不同性别、不同专业的大学生的消费情况均存在差异；③大学生在电子产品消费方面也存在较大差异。

二、大学生消费情况的具体分析

统计调查表中有这样几个主要内容，大学生的资金来源渠道和消费支出情况，其中资金来源渠道包括父母资助、奖学金、贷款、打工和其他方面；在支出的调查中，有如下几个内容，学费、住宿费、餐饮费用、通信费用、交通费用、辅导班及考试费用、电子产品消费、日用品开支等。这部分调查内容我们主要采用调查统计表的形式，目的是为了获得更为真实的统计数据，以便后期统计分析的准确和科学。调查中我们将平衡的统计表做了隐含处理，以防止填报单位对数据进行主观平衡处理，也便于我们甄别调查数据的有效性。我们还在调查问卷中设计了基本情况表，为我们的分类汇总分析奠定了基础。这些基本上列示了现在大学生的收入来源和消费方向，可以全面系统地考察大学生的收支状况。另外，我们对消费倾向等属于心理意识、倾向判断的问题设计了选择答案的问卷形式，其中涉及了大学生在具体的消费选择中对于进口产品和国产产品的偏好及其原因。

虽然家庭收入水平是影响大学生消费水平和消费结构的主要因素，但区域、专业、性别以及所处环境的不同也不同程度地影响着大学生的消费观念和消费结构，下面我们将所得结论做具体分析。

（一）大学生消费水平增长情况

1. 各时期大学生的学费负担情况比较

我们调查了不同时期大学生的学费负担情况，并进行了汇总，如图19所示。很明显，学费增长速度非常快，大大超过了居民家庭人均纯收入尤其是农村居民家庭人均纯收入，这说明培养大学生给家庭带来的经济负担逐渐加重。各时期大学生学费与城镇居民人均收入比例如图20所示。各时期大学生学费与农村居民人均收入比例如图21所示。

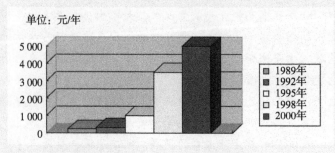

图19　各时期大学生平均学费情况表

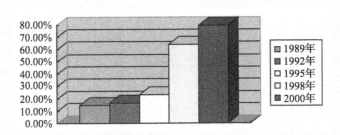

图 20　各时期大学生学费与城镇居民人均收入的比例

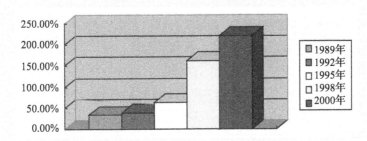

图 21　各时期大学生学费与农村居民人均收入的比例

2. 各时期大学生年平均消费水平与全国年平均消费水平的比较

由于早期大学生的消费主要为日常开支，为了统一口径我们调查的各时期大学生的消费费用均为剔除学费和住宿费用以后的年平均消费金额。

由图 22 可见：1985～1995 年这 10 年大学生消费水平的增长速度明显快于其他时期；由图 23 可知：大学生的消费水平一直都高于全国平均消费水平，其中 1990～1995 年期间甚至达到了全国人均消费水平的 2 倍。主要的原因是：这 10 年中，国内生产总值的增长速度一直较高，同时家庭可支配收入在这一时期也有显著提高。人民生活水平的大幅度提高带动了大学生消费水平的快速增长；另外，由于前期消费水平的基数不同，虽然消费水平的增长速度近几年趋于平缓，消费水平各年增长的绝对数仍呈现增长趋势。

单位：元/月

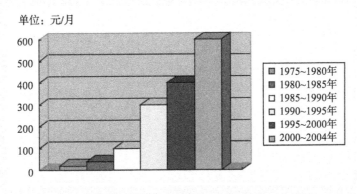

图 22　不同时期大学生消费水平

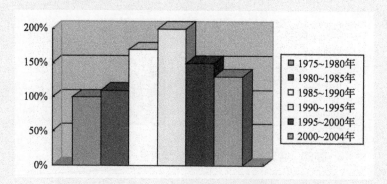

图23　大学生每年平均消费占全国平均消费水平的比例

（二）现阶段大学生总体消费情况

通过对调查问卷的统计和分析，可以看出在消费资金来源方面的特点是：大学生的日常开支绝大多数来自于父母资助，占总金额的82.01%，来自贷款、打工等方面的则较少，如图24所示。究其原因，主要是由现在的社会体制和特征造成的。社会没有提供足够的机会和资源给大学生以帮助他们完成学业。因此，大学生更多的资金来源是父母。大学生对于家庭的依赖性较强，这样会给家庭带来了较大的经济压力。而且，来自父母资助的资金其变异系数仅为0.6653，说明这部分资金在样本个体间不存在明显差异。

在消费支出方面，我们可以发现，学费以及餐饮费用占总消费支出金额的很大比重，其中学费占35.36%，餐饮费用占22.56%，且其变异系数分别仅为0.3808、0.4878，说明这部分支出在样本个体间的差异极小。

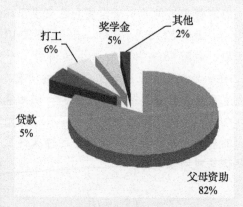

图24　大学生消费资金来源比例图

（三）大学生消费情况差异分析

1. 城乡消费差异研究

从来自城市和农村的大学生的消费来源总额可以看出，来自城市大学生的年消费来源的总额比来自农村大学生的年消费来源总额多1724.72元/年。就此，我们可以推知：来自城市大学生的生活水平高于来自农村的大学生。在消费来源的结构上显示：来自农村大学生的消费来源在贷款、打工、奖学金方面要比来自城市的大学生高1070.586元/年。其中，来自农村大学生的贷款来源占消费来源总额的14.94%；而来自城市的大学生仅占2.85%。另外，在来自城市大学生的消费来源中，家庭和其他方面的来源要比来自农村的学生高2795.307元/年。其中，来自城市大学生的家庭和其他方面来源占资金来源总额的87.71%，而来自农村大学生的此项比重仅为65.86%，相差21.85%。这反映了，来自城市大学生对家庭的依赖性更强；来自农村的学生有更强的自主性，生活能力更强，对家庭的依赖性比较小。城市大学生及农村大学生消费资金来源比例分别如图25、图26所示。

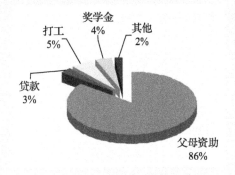

图25　城市大学生消费资金来源比例图　　　　图26　农村大学生消费资金来源比例图

2. 地区消费差异（以下略）

3. 男女大学生的消费倾向和消费结构的比较

从消费来源的渠道上，可以看出女生来自家庭的消费金额所占比例高于男生。在绝对数方面，男生来自父母的消费金额的平均水平与女生相比要低440.38元/年。从比例上分析，男生来自父母的部分占总体来源的79.50%，女生为84.24%，高于男生5%。而来自其他渠道的金额，男生则高于女生，其中，男生为247.15元/年，女生为140.77元/年，高出女生106.38元/年。此外，大学生的消费金额在贷款、打工、奖学金等其他来源方面，男生的平均水平均高于女生，合计高出3.47%，这进一步说明男生的资金来源渠道广于女生，如图27所示。

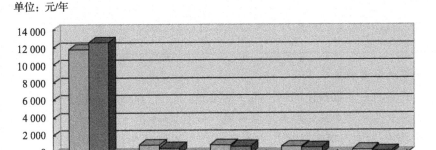

图27　男女大学生在年均消费额来源渠道方面的对比图

在支出方面，从图28中可以看出男女生在各个方面都存在明显差异。

在调查中发现，大学生在我们所涉及的领域中都有相应的消费行为。在对比中看出，男生在餐饮方面和学习方面的消费高于女生，其中餐饮方面比例高出6.92%，学习方面比例高出1.2%；而女生在服装、日用品、交通、通信等方面的消费高于男生，特别是服装及日用品方面的支出，比男生高出4.45%。这些差异基本上都是由男女生理特征和先天行为差异造成的，都是我们可以接受的。

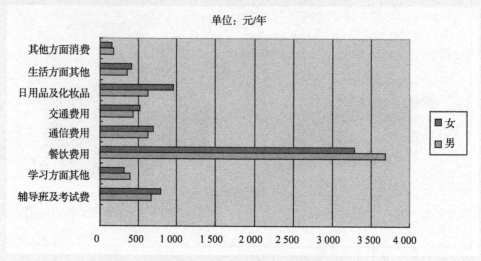

单位：元/年

图28 男女大学生消费项目的对比图

4. 不同专业大学生消费结构的比较（以下略）

（四）电子产品消费情况分析（以下略）

（五）对消费倾向等属于心理意识、倾向判断问题的分析

1. 从对大学生消费意向的调查中看出，电子消费类产品的购买主要倾向于进口产品，而国产产品仅在日用品方面占有优势。部分产品消费意向比例见表1。

表1 部分产品消费意向比例

	计算机（%）	手机（%）	MP3（%）	随身听（%）	CD机（%）
国产产品	44.28	27.47	49.88	30.99	27.30
进口产品	55.72	72.53	50.12	60.01	80.07

在这一现象的原因调查中发现，在对于国产和进口商品的选择上，46.50%的人认为选择进口商品的主要原因是进口产品"质量稳定，值得信赖"，43.93%的人认为进口产品的品牌效应和质量稳定都是主要原因，如图29所示。

同时，82.40%的人表明如果国产产品与进口产品的质量相当，自己会优先购买国产产品。

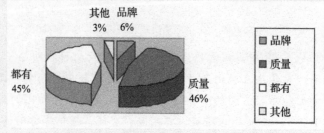

图29 选择进口产品的原因分布图

2. 调查表明，31.21%的人不满意自己的消费现状；41.17%的人表示自己从未考虑过自己的消费状况是否合理。这说明大学生在消费方面还需要一定的指导，但与此同时，我们的调查却显示65.96%的大学生认为自己的学校从未对其进行过消费方面的指导。此外，仅有22.80%的人认为周围同学的消费水平对自己没有影响，如图30所示。就此，我们推知：在缺乏学校有效指导的情况下，大学生消费状况很大程度上取决于周围同学的消费水平，这极有可能导致攀比和自卑心理的产生，影响大学生身心的健康发展。因此，关于消费方面的教育空缺现象应该引起各学校的高度重视。

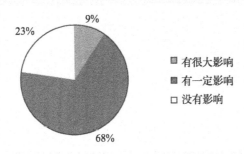

图30　消费水平受影响程度比例分布图

三、讨论和建议

在此次的调查过程和后期的统计分析中，我们对前期的调查活动和后期的讨论研究做了一些总结，并对调查结果提出自己的建议。

（一）在进行问卷调查的过程中，我们发现很多接受调查的大学生尤其是理科生对自己的消费状况并不清楚，甚至很混乱。这说明：一是目前大学生的财商意识有待提高；二是文科学生接触社会的机会多于理科学生，对消费方面问题的思考更深入。从我们调查的情况可以看出，各学校对大学生所进行的消费方面的教育很少甚至没有，因此我们认为学校很有必要经常对大学生进行消费理财方面的教育，提高大学生的财商意识，从而更好地提高大学生适应社会的能力，为今后的就业及生活打下坚实的基础。

（二）从大学生对电子产品的选择上，我们发现大学生所选择的进口电子产品明显多于国产产品，调查得知其选择进口产品的原因主要是大学生普遍认为进口产品质量好，信誉高（品牌）。因此，通过这次调查可以看出，国产的电子消费产品的质量和信誉确实存在一定的问题，今后应积极发展民族工业，提高国产产品的质量，同时更要提升国货的知名度和信誉，在消费市场上形成良好的品牌效应，使国货真正经得起考验，走向世界，赢得世界的认可，彻底改变世界对中国产品"地摊货"的印象；另一方面应同时加强对大学生的爱国主义教育，支持民族工业，在大学生心中树立强烈的民族意识和国家意识，对今后国家的稳定和繁荣有积极的推动意义。

（三）在对城市和农村的调查中可以看出，来自城市和农村的大学生的消费水平有很大的差异，这主要是由于城乡二元经济以及工农产品价格之间"剪刀差"的存在，使得城乡居民的收入一直存在较大差异。尽管政府已经把农民增收问题作为政府工作的重中之重，但2005年"两会"期间温家宝总理的政府工作报告中显示，2004年农村家庭人均纯收入为2936元，而同期城镇居民家庭人均纯收入为9422元，二者仍存在很大差距。因此，国家应该进一步落实农村工作，加快解决"三农"问题的步伐，缩小城乡收入差异，努力创建和谐社会。

讨 论

1）请分析这篇调查报告的类型。

2）体会调查报告材料的应用与分析的方法。

3）你认为这篇调查报告有哪些值得学习的？

实训拓展

一、 日常关注

1. 观察有关人员在寝室或者街头进行的调查活动。若被要求填写问卷，可借机分析其问卷的设计情况，借鉴他人的成功经验。

2. 从网上下载一篇调查报告，试分析其调研目的，看看该调研报告是否有价值。

二、 分步拓展

利用问卷星网站，分组讨论后确定一个调查题目，然后设计10个左右的问题，制作一份调查问卷。

三、 综合实训

自组团队，开展一次小型社会调查，并撰写调查报告。

任务五 举行一次活动

微课 12

/ 任务要求 /

1）能写作规范的活动方案。
2）能进行简单的新闻通稿的写作。
3）可以进行简报的编写。
4）能写结构规范、重点突出的总结。

情境一 拟订活动方案

一、 情境设定

鉴于 2019 年公司产品销售量突出，临近年终，公司为答谢广大新老客户对公司的肯定和厚爱，计划针对终端客户，在城市广场以有奖问答、买就送等形式进行一次针对新产品的大型促销活动，掀起新产品购销的浪潮。

你作为这次活动的主要策划人员，应该制定一份怎样的活动方案？

二、 任务实施

《礼记·中庸》中有这样一句话："凡事预则立，不预则废。"意思是说，要想成就任何一件事，必须要有明确的目标、认真的准备和周密的安排。没有准备的盲目行动，只能是忙忙碌碌，却一事无成。预，就是准备；立，则是成功。有了精心的准备，事情就成功了一半。随着竞争的加剧，针对消费者的促销活动在营销环节中的地位已越来越重要。据统计，国内企业的促销活动费用与广告费用之比达到 6:4。

举行一次活动，需要考虑方方面面的问题。因此，活动前一定要进行活动方案的周密策划。正如一份缜密的作战方案在很大程度上决定着战争的胜负一样，一份系统全面的活动方案是促销活动成功的保障。

怎样制定一份完整的详细的活动方案（计划）呢？

1. 策划书名称

尽可能写出具体的策划名称，如"××年××月××大学/公司××活动策划书"，置于页面中央，当然可以写出正标题后将此作为副标题写在下面。

2. 活动背景

首先，应根据策划书的特点在以下项目中选取内容做重点阐述。具体项目有：基本情况简介、主要执行对象、状况、组织部门、活动开展原因、社会影响，以及相关的目的动机。其次，应说明活动的环境特征，主要考虑环境的内在优势、弱点、机会及威胁等因素，对其做全面的分析（SWOT 分析），将内容重点放在环境分析的各项因素上，对过去和现在的情况进行详细的描述，并通过对情况的预测制订计划。如环境不明，则应该通过调查研究等方式进行分析加以补充。

3. 活动目的、意义和目标

应用简洁明了的语言进行表述。在陈述目的要点时，该活动的核心构成或策划的独到之处及由此产生的意义（经济效益、社会利益、媒体效应等）都应该明确写出。活动目标要具体化，并需要满足重要性、可行性、时效性等要求。

4. 资源需要

列出所需的人力资源和物力资源，包括使用的地方，如教室或使用活动中心等都要详细列出。可以列为已有资源和需要资源两部分。

5. 活动开展

作为策划书的正文部分，表现方式要简洁明了，使人容易理解，但表述方面要力求详尽，写出每一点能设想到的内容，不要有遗漏。在此部分，不仅仅局限于用文字表述，也可适当加入统计图表等。对策划的各工作项目，应按照时间的先后顺序排列，绘制实施时间表有助于方案核查。人员的组织配置、活动对象、相应权责及时间地点应在这部分加以说明，执行的应变程序也应该在这部分加以考虑。

6. 可参考的内容

这里提供一些可参考的内容，包括会场布置、接待室、嘉宾座次、赞助方式、合同协议、媒体支持、校园宣传、广告制作、主持、领导讲话、司仪、会场服务、电子背景、灯光、音响、摄像、信息联络、技术支持、秩序维持、衣着、指挥中心、现场气氛调节、接送车辆、活动后负责清理的人员、合影、餐饮招待、后续联络等。请根据实情自行调节。

7. 经费预算

根据实际情况在对活动的各项费用进行具体、周密的计算后，要用清晰明了的形式列出。

8. 活动中应注意的问题及细节

内外环境的变化不可避免地会给方案的执行带来一些不确定性因素。因此，当环境变化时损失的概率是多少，造成的损失有多大，有哪些应急措施等也应在策划中加以说明。

9. 活动负责人及主要参与者

注明组织者、参与者姓名、嘉宾、单位（如果是小组策划，应注明小组名称、负责人）。

三、 知识链接

随着消费品市场的发展，各厂商的营销手法日益成熟，各种促销手段也被广泛使用。但在实际的运用过程中，不少厂商发现促销并未能达到预期目的，甚至收效甚微。究其原因，除活动形式缺乏新意外，促销方案的设计缺乏完整性、考虑不周也是影响促销效果的一个最重要的因素。

让我们首先分析在消费者促销活动中哪些因素将影响活动的效果。一个促销活动的主体包括消费者、竞争者和合作者三种，三种主体对于促销活动的反应和采取的行动决定了一个促销活动的效果。下面就消费者、竞争者、合作者对于促销活动的反应进行分析，从而可以清楚地了解哪些因素影响了促销效果。

1. 预期消费者的反应

（1）选择合适的时间　促销活动的进行是否在合适的销售时段，以及促销活动的持续时间有多长，是需要重点考虑的因素。促销期太短，大部分消费者还没有得知活动信息，活动就已经结束；促销期太长，消费者对于活动积极性下降，边际效益递减。一般快速消费品的促销时间以半个月到一个月为宜。

（2）选择合适的地点　活动场地选择和各个活动地点的分布决定是否恰当，是否将活动安排在人流密集处，也是很重要的因素。例如，某化妆品在某城市进行户外活动时，选择的场地舞台对面就是自行车停放处，消费者根本无法停留，活动的效果可想而知。还有一种常见情况就是出于对租金的考虑选择了人流量小的地点，这其实也是对促销资源的一种浪费。

（3）选择明确的目标对象　促销活动必须有明确的目标对象，这样才能够有效集中资源，使活动投入产出比最大化，不分对象盲目促销是绝对错误的。

（4）具有充分的消费者吸引力　一个活动的成败，对消费者是否有吸引力无疑是最关键的。对于一个具体的活动来说，促销力度、赠品或样品的选择和消费者参与的便利性是吸引消费者的决定性因素。促销力度一定要适度，太大会对今后的销售产生不利影响，太小则缺乏吸引力；而赠品的选择必须有新意，还要符合品牌特性；规则设计应该尽量便于消费者参与，过于复杂，消费者感觉不便则会直接导致参与积极性降低，影响活动效果。

（5）提高消费者对促销活动的知晓度　一个好的促销活动应该使消费者能够更好地了解活动本身，目前促销活动组织中一个常见的错误是将大部分促销资源投入到对消费者的奖励上，却忽视了对于活动本身的宣传，导致活动力度虽然很大，但知晓活动正在进行的消费者却不多。例如，某品牌啤酒在进行买赠活动，但是在卖场内外没有相应的 DM 邮报、活动海报和堆头，包装上没有说明，没有场内导购，更没有任何媒介宣传，仅仅是货架上的一张货架贴，难于引起消费者的注意，活动效果也就非常有限了。

另一种常见错误是在宣传中对于活动规则解释不清甚至产生误导，使消费者有被愚弄的感觉，对活动持有不信任态度，后果可想而知。

（6）提供非价格性的消费者利益点　大部分消费者促销活动最终沦为单纯的价格促销的原因就在于，在促销设计及宣传中只是单纯地向消费者强调了价格因素，缺乏对于产品利益和品牌利益的宣传，从而将消费者的品牌取向误导至价格上，严重地影响了品牌形象。促销现场传达的信息应该是"合算的"，而不应该是"便宜的"。

2. 针对竞争者的工作

（1）针对竞争者弱点设计　促销活动的主题设计最好能够针对竞争者的弱点，至少不能与竞争对手重合。当然在进行宣传时不能违反有关法律规定，甚至进行恶意诋毁。

（2）预先评估竞争者可能的反应　促销活动开展后竞争者必然会有某种形式的反应，提前做好准备才能防患于未然，保证活动的顺利进行。

3. 合作者

包括企业内外部的合作者，如企业内部各部门、代理机构、中间商、零售终端等，这些都是活动执行的主体，他们的行为决定着活动本身能否顺利进行。以下一些因素也就直接影响了活动的质量：

（1）制定清晰的活动目标　任何一个促销活动都应该有清晰的目标，常见的目标包括销量、试用率、覆盖率等，一个清晰的目标可以用来在活动进行中为执行者指出明确的方向，并用来判断进展情况，以便对于活动进程进行控制和修改。

（2）提供明确的活动指南　在活动开始之前，组织者应该制定明确的活动指南，如执行手册或者活动通知，告诉合作者活动流程、规则，告诉合作者该如何采取正确的行动，另外还有具体的时间安排、需要哪些配套措施以及如何获取相应的资源和支持、如何处理突发情况等，确保合作者充分了解活动的相关情况并给予积极配合。

在活动进行过程中，组织者还应该随时向合作者提供关于活动进展情况的备忘录，并根据出现的问题提出解决方法或进行修改，确保活动的顺利实施，避免造成混乱。

（3）准备完善的配套措施　很多促销活动在开展之前都没有做好充足的配套工作，如相关物料没有准备好、媒体计划无法配合、人员没有到位、铺货率没有达到要求、经销商或零售终端缺乏足够的产品库存等，这些情况都极大地影响了促销活动的顺利进行。

（4）提供合理的合作者利益　由于大量活动是通过中间商或者零售终端直接操作进行的，因此活动应该能给操作者带来一定的利益，如销量的增长、客流量的增加等，或者直接向其支付合理的费用，以鼓励合作者积极参与，达到双赢目标。需要特别注意的是不要随意向中间商和零售商的员工提供好处，一是不合法，二是可能引起中间商和零售商的强烈反感，不利于合作。

（5）具有良好的可操作性和可控制性　活动本身的规则设计应该便于操作，并且便于厂商对于活动进行控制，规则太复杂，操作难度大，合作者觉得麻烦，积极性不高，执行力就大打折扣，效果不佳；规则太简单，漏洞多，则难于控制，使促销资源大量浪费。

根据以上分析，可以制定一个评估表，用于对设计和修改阶段的消费者促销活动方案进行评估，寻找方案中的不足之处并加以修改，以提高促销方案的完整性，保证活动的执行效果。

四、探讨分享

 案例

高校开学季期间如何策划一场成功的校园活动营销方案？

步入 8 月，高校新生开学季正式倒计时，品牌们都想在高校开学季期间在校园市场中分到一块蛋糕。说到高校开学季营销，相信绝大多数品牌们首先想到的是按照校园活动营销的策略制订高校开学季营销方案。那么，在竞争如此激烈的高校开学季期间，该如何策划一场成功的校园活动营销方案？今天就来说说高校开学季期间的营销活动策划。

一、校园活动营销的初期策划工作

品牌在高校开学季期间活动营销的初期策划工作需要从洞察新生的需求、品牌活动营销的主题、具体的目标受众、产品的卖点、规则制订、选品、时间周期、成本预算及其对留存转化预期效果、活动的推广渠道等层面进行考量。

这其中，找到明确的活动营销的卖点是关键，也是决定活动营销方案最终预期效果的关键要素。活动营销期间的选品及其校园推广渠道，则遵从了运营四要素定律中的产品和渠道，做校园营销活动的目的是按照产品卖点，运用优势产品和优质的校园推广渠道，挖掘和提升高校新生群体的转化，最终获得拉新和二次转化的目的。

1. 新生的需求

洞察当下高校新生的需求是高校开学季期间进行活动营销方案策划的基础，要了解新生在现阶段的需求是什么？为什么会有这些需求？逐一列出并进行分析。

品牌的校园活动营销人员在这个阶段要做的工作是满足新生现有的需求，让他们感觉满意，从而使得品牌在新生群体之中产生良好的口碑效应，而这些新生群体最终也将自发成为品牌的"校园大使"，这是最完美的结果。可从以下几方面进行洞察。

（1）洞察大学生消费群体的心理需求，分析做什么样的事能触动他们？

（2）洞察大学生消费群体的物质需求，分析他们急切需要什么？

（3）洞察竞争对手在高校开学季期间的具体情况，了解在高校开学季期间他们的营销推广策略，据此洞察大学生消费群体的需求。

将大学生消费群体需求挖掘明白后，下一步的校园活动营销工作就好做了！

2. 活动营销的主题

品牌的活动营销主题一般是按照高校日程来进行制订的，比如，开学季期间的新生报到、军训等。

品牌在高校开学季期间的活动营销主题一般不要太长，要简明扼要、凸显关联性、文案新颖、具备一定的独特性。

品牌的活动营销主题还要配个小标题或者产品卖点，以烘托活动主题的鲜明性，让参加活动的大学生消费群体在很短的时间里明白活动的产品卖点。

3. 活动营销的目标对象

明确活动营销的目标对象指的是营销活动是专门针对新生群体还是老生群体所进行。针对这两个群体的营销卖点会有所不同，通常情况下专门针对新生消费群体的活动卖点要大些，成本预算相对也会高；专门针对老生消费群体的活动核心是维护好老生消费群体的活跃性，在卖点上的力要小，成本预算也要适当控制。

4. 活动营销的产品卖点

产品卖点是开学季活动营销的关键，直接决定活动营销的推广范围，是预期效果评估的关键要素。所以首先要制订低成本的校园推广，其次要提升产品卖点的吸引力。这两点必须建立在对校园营销推广中合理的预算范围之内。

（1）低成本的校园推广

品牌在高校开学季期间的活动营销要实现分享者和被分享者都会有权益好处的效果，那样才能够产生裂变效应，参与的人将会越来越多，并将分享者和被分享者间接转化成资深会员用户。

（2）产品卖点的吸引力

产品卖点的吸引力，是开学季活动营销转化的助推器，但无论通过哪种形式来表现，可控的成本预算原则不可缺少，要将成本预算的性价比最大化，但又不失去吸引力。

品牌在高校开学季期间每策划一场活动营销，都可以适当性地打造出一两个爆款产品，利用爆品做引流和拉新，再按照次爆品做好二次正确引导，打造出一个持续消费模式。

5. 活动营销的规则制订

1）针对开学季期间活动营销方案的某些细节加以说明和进行约束。

2）活动营销针对的大学生消费群体对象是新生群体还是老生群体，或者不区分？

3）符合什么样的标准才能得到奖品？

4）哪些产品是开学季营销活动范围之内的？

5）是不是需要制订消费的额度门槛？

6）是不是对奖品名额有限制？

7）是不是要对参加活动的大学生消费群体设置参与门槛？

8）需要说明营销活动的触点，如线下各类校园广告、校园活动的海报、移动端二维码等。

9）本次活动奖品是不是与其他活动重叠？

10）活动奖品领取时间的说明。

11）对活动有疑问的客服联系方式的说明。

6. 活动营销的选品

爆款产品的选择：选择1~2款，以低成本、受众广、接受度强、传播成本低、裂变快的标准进行选择。

次爆品的选择：数量按照品牌具体情况而定，以正确引导二次转化、少量利润空间、成本预算高低搭配组合的标准进行选择。

一般产品的选择：数量按照品牌具体情况而定，以利润空间大、大学生消费群体易于接受为标准。

7. 活动营销的时间周期

对于高校开学季期间的营销活动周期时长并没有一个固定的标准，以活动预期效果为准，时间的长短取决于开学季的时长和热度，因实际情况而异。

8. 成本预算及预期效果

校园营销活动的成本预算：产品成本预算、奖品成本预算、活动的分享和宣传成本预算、活动的策划和前期准备的成本预算等。

预期效果：完成多少的获客量、订单转化量、成交额、各环节的转化率等。

假如选品较多，无法逐一按每个产品进行预计，就只能按照全部产品的均价预计平均的成交数量和平均的成交成本预算。

9. 活动的推广渠道

是否需要采用各种校园推广渠道或者是校园广告的投放渠道对品牌在高校开学季期间的营销活动进行宣传，取决于活动规模的大小，也要看品牌自身的预算情况。

校园公众号、校园社群、校园微博等一定数量的线上推广渠道是目前性价比较高的校园推广渠道。

二、校园活动营销执行前的准备

1. 活动物料的准备

这包括开学季所需要用到的路演场地、宣传海报、宣传单页、二维码、公众号、品牌社群的搭建等。

2. 宣传物料的准备

这包括预热和正式的营销文案的推文、校园推广渠道等。

三、总结

在高校开学季期间所进行的校园活动营销是一件十分繁杂的事，需考虑的层面较为广泛，细节也非常多，广到各类事宜的高度协调，细到每篇推文、每条文案的正确性。

活动营销是校园营销推广的关键形式之一，它的作用不仅仅限于拉新、促活、转化这些目的，同时还能提升品牌在校园市场的知名度和影响力，帮助扩展大学生消费群体。

当品牌的开学季活动营销结束后同样也是需要做总结的，按照活动的实际效果分析不足的地方，并提出优化方案，以避免下次在进行校园营销活动时出现相同的问题。

讨 论

你是否参与过高校开学季期间的营销活动？说说你是怎样策划该活动的。或者你作为消费者，接受了某品牌的营销，说说你在这过程中的体会。

情境二　向媒体通报活动情况

一、情境设定

本次活动盛况空前，促销规模和力度都超过以往，因而也引起了媒体的极大关注。公司也想趁这个机会，做一次免费广告，决定召开一次新闻发布会，向媒体通报这次活动的情况，借机自我宣传。

那么，如何撰写新闻通稿呢？

二、任务实施

这是一个资信极为发达的时代。新闻比以往更加讲究时间和速度，也就是更加强调时效性。为了能尽快地写出新闻稿，新闻媒体大多要求被报道的单位提供比较成熟的素材。这个准备供新闻报道的稿子，就是新闻通稿。

1. 消息还是通讯

新闻通稿基本都是模仿平面媒体的稿件形式来写的，按照基本的形式来分，可以分为消息和通讯。

消息指报道事情的概貌而不讲述详细的经过和细节，以简明的文字迅速及时地报道最新事实的短篇新闻宣传文书，也是最常见、最经常采用的新闻体裁。通讯是运用叙述、描写、抒情、议论等多种手法，具体、生动、形象地反映新闻事件或典型人物的一种新闻报道形式。它是记叙文的一种，是报纸、广播电台、通讯社常用的文体。

通讯的篇幅比一般的消息长，更重视具体情节的刻画，可以算是新闻性内容与散文化笔调的结合体，是"充分展开了的消息"和"形象化的消息"，是消息的扩大和加深。消息和通讯的不同之处有以下几点。

（1）形式上：消息写作的形式性较强；通讯则比较灵活。

（2）内容上：消息通常只要求准确，概括地叙述一件事；通讯可以详尽地叙述新闻事件地全过程，写较多的人和事。

（3）表现手法上：消息采用概括叙述加举例的方法报道事件；通讯则在叙述的基础上灵活地运用描写、抒情、议论等手法，渲染气氛，刻画细节，增强报道效果。

（4）时效上：消息快；通讯较慢。

（5）篇幅上：消息短；通讯较长。

（6）外部形式上：消息有电头；通讯无电头。

2. 消息的写作

写作消息要设想并回答读者的问题，这些问题就构成了新闻五要素，即：When（何时）、Where（何地）、Who（何人）、What（何事）、Why（何故）。有的新闻学上补充了一个要素：How（如何）。在五个 W 和一个 H 中，最主要的是 What（何事）、Who（何人）。写作时要认真写好这几个方面的内容。

消息的结构比较固定、简单，大多数消息的结构都是"倒金字塔式"的，即：最重要的材料放在开头，次要材料放在后面。消息的结构具体表现为：标题、导语、主体、结尾，并在文中穿插背景。

（1）标题

标题是消息的眼睛，可以吸引读者；标题写得差，一篇好消息也会被埋没。可见标题有着向读者推荐的作用。

消息的标题必须简明、准确地概括消息内容，帮助读者理解报道的事实。消息标题有主题（正题）、引题（眉题）、副题（次题）三种。

主题：概括与说明主要事实和思想内容。

引题：揭示消息的思想意义或交代背景，说明原因，烘托气氛。

副题：提示报道的事实结果，或作内容提要。

（2）导语

导语是指一篇消息的第一自然段或第一句话。它是用简明生动的文字，写出消息中最主要、最新鲜的事实，鲜明地提示消息的主题思想。

导语写作中的思维过程，通常是以作者的自问自答开始的：

①什么事情是已经发生的事件中最重要的？

②什么人参加进去了？谁干的或谁讲的？

③是用直接性导语，还是用延缓性导语？

④有没有什么吸引人的词汇或生动形象的短语要写进导语中？

⑤主题是什么？什么样的动词能最有效地吸引读者？

（3）主体

这是消息的主干部分。它紧接导语之后，对导语作具体全面的阐述，具体展开事实或进一步突出中心，从而写出导语所概括的内容，表现全篇消息的主题思想。应按"时间顺序"或"逻辑顺序"写作，但仍然要先写主要的，再写次要的。

（4）背景

新闻背景，指事件的历史背景、周围环境及与其它方面的联系等。写新闻有时要交代背景，目的在于帮助读者深刻理解新闻的内容和价值，起到衬托、深化主题的作用，也就是回答五个"W"中的 Why（为什么）。

西方新闻学认为背景就是对新闻事件作出的解释。美国新闻学家赖斯特说得很清楚："我看不出新闻背景与解释有什么区别。""解释，在我看来，就是新闻报道的深入化。就是把单一的新闻事件放到一系列的事件中去写"，"就是提供新闻的背景知识，从而使读者能够对新闻事件作出客观的判断。"但是解释不是议论，解释本身就是事实，也就是说用事实去解释。所以新闻背景又称之为"事实背景"。

（5）结尾

新闻的结尾有小结式、启发式、号召式、分析式、展望式等。这些结尾写作与一般记叙文结尾的写作并无大的不同。

3. 通讯的写作技巧

第一，主题要明确。有明确的主题，取舍材料才有标准，起笔、过渡、高潮、结尾才有依据。

第二，材料要精当。按照主题思想的要求，去掂量材料、选取材料；把最能反映事物本质的、具有典型意义的和最有吸引力的材料写进去。

第三，写人离不开事，写事为了写人。写人物通讯固然要写人，但是写事件通讯、概貌通讯、工作通讯，也不能忘记写人。当然，写人离不开写事。离开事例、细节、情节去写人，势必写得空洞。

第四，角度要新颖。写作方法要灵活多样，除叙述外，可以描写、议论，也可以穿插人物对话、自叙和作者的体会、感受，既可以用第三人称的报道形式，也可以写成第一人称的访问记、印象记或书信体、日记体等。通讯所报道的新闻事实，可以从各个不同的角度去观察，去反映，诸如正面、反面、侧面、鸟瞰、平视、仰望、远眺、近看、俯首、细察等，角度不同，印象各异。若能精心选取最佳角度去写，往往能使稿件陡然增添新意，写得别具一格，引人入胜。

三、 知识链接

1. 消息的种类

（1）简讯　即用三言两语，简要地报道新发生或新发现的具有新闻价值的事实，包括一句话新闻、要闻、快讯。比如一些报纸上辟有"简明新闻""一句话新闻""标题新闻""各地零讯"等栏目，刊登的消息都属于这一类。对这些栏目报道的内容要求单一，一般不分段落。既没有导语，又不必交代背景，只要求简单明了地告诉读者某地某时发生了某件事。

（2）短消息　即用简洁的文字，把最新最重要而又有意义的事实报道出来。一般此类消息，由导语和主体两部分组成。有的短消息没有导语，一气写下去。但是，它比简讯、快讯都要写得具体、完整些。

（3）长消息　即用较多的笔墨，详细地报道新闻价值较高的重大的事实。这类消息的写作有导语，还要交代必要的背景，有的写出事件的全过程或工作经验的主要内容。一般说来，长消息主要报道重要的会议、重大的事件或成就及介绍先进经验等。因为这些报道的内容重要又丰富，如果只写简讯或短消息就不能满足广大读者的需要。当然，有些重要的会议或事件，也可以先发一个短消息，然后写长消息或通讯。

（4）特写消息　即对事情的发生或人物活动的现场，给予准确、清晰、生动的描写，力求再现活生生的事实，也称目击式消息或情景消息。这类消息用电影艺术的特写手法进行写作，可以单独报道某一重大事件或作为重要人物报道的一种补充。这类消息要写好的关键是，新闻采访与写作人员既要深入事件发生或人物活动的现场，又要善于观察。用眼睛摄取富有新闻价值的一景或一物，才能把特写消息写得有声有色。

（5）人物消息　以人物的活动或遭遇为内容的报道。如各行各业先进人物的示范工作或在各自工作岗位上取得了新成就等，都可以写成这类消息。有些人物消息，要突出反映人物的思想或精神风貌。人物消息的写作，要求文字较简短，选材切忌贪大求全，最好是抓住人物的特点或典型事来写。写好人物消息既要抓动作，写出人物的精神；又要抓表情，写出人物的心情；还要抓语言，写出人物的个性。

（6）述评消息　不仅报道事实，而且对事实进行评价。它也称为"新闻述评"或"记者述评"。这种消息不但告诉读者发生了什么事，还帮助读者通过分析、解释、评价来认识这件事的来龙去脉及其意义。其写作都以报道的事实为主，以评议事实为目的。从表达来说，往往是述多于评。从这一点来说，它又区别于评论。此类消息在叙述事实中进行评论，有的放矢，切中要害，才能起到画龙点睛的作用。

（7）图片新闻　即用新闻照片配上文字说明的一种消息报道形式。这种报道形式，主要是抓典型的事件，或表扬或批评，做到图文结合，使读者一看便知新发生或新发现了什么事实，又能产生如临其境之感。近年来，这种图片消息受到报纸的重视，也受到读者的欢迎。

（8）背景消息　即以过去的有关事实作为新闻背景而编发的报道，一般是为了配合重大事件或新闻人物的活动才发表的。

此外，还有成就消息，也叫经验消息：即以生产、经营、工作、学习等方面取得的成就、经验和做法为内容的报道。事件消息：即迅速及时报道国内外发生的具有新闻价值的事件，故又称为动态消息。会议消息：即以会议情况为内容的报道。

2. 通讯的种类

按内容分，通讯一般分为人物通讯、事件通讯、工作通讯、概貌通讯。

（1）人物通讯　所谓人物通讯，就是以报道各条战线上的先进人物为主的通讯。它着重揭示先进人物的精神境界，通过写人物的先进事迹，反映出人物的先进思想，使之成为社会的共同财富。同时，也报道转变中的人物和某些有争议的人物。"金无足赤，人无完人"，在写作时切不可把先进人物写成十全十美，写人叙事力求言真意切，恰如其分。

（2）事件通讯　所谓事件通讯，就是报道典型的、有普遍教育作用的新闻事件。写事当然离不开与事件有关的人，但它不像人物通讯那样着力刻划人，而是以事件为中心，在事件的总画面中，通过写事来写人。它既可以反映现实生活中发生的重大的、振奋人心的典型事件和突出事件；也可以从某一新闻事件截取一个或若干个片断，进行细致详尽的描述，揭示事件的深刻含义；还可以是若干事件的综述。

（3）工作通讯　所谓工作通讯，就是总结实际工作中的成绩、经验和教训，或者探讨有争议的亟待解决的问题的报道。它是报纸上经常运用指导工作的重要报形式。它的主要特点有四条：一是把介绍工作经验和分析问题作为主旨；二是凭借事实，深入分析；三是生动活泼，讲究文采；四是不拘一格，形式多样。随笔、散记、侧记、札记、记事均可。

（4）概貌通讯　主要是反映一个单位、地区的某种气象、面貌。概貌通讯又称风貌通讯，以反映社会生活、风土人情、自然风光和日新月异的建设成就为主的报道。

按形式分，通讯分为一般记事通讯、访问记（专访、人物专访）、小故事、集纳、巡礼、纪实、见闻、特写、速写、侧记、散记、采访札记。

四、探讨分享

 案例一

综合消息：热浪"烧烤"美国多个地区

新华社纽约7月19日电　从美国西南部的新墨西哥州到东北部的缅因州，从中西部的大湖地区到纵贯波士顿、纽约至首都华盛顿的东北走廊，热浪从7月19日起开始"烧烤"美国多个地区，未来两天气温还将升高，让众多美国民众体验到闷热的酷暑滋味。

19日，在美国东部的华盛顿、巴尔的摩、费城、纽约和波士顿，以及中西部的芝加哥和圣路易斯等主要城市，最高气温达到约38摄氏度。由于较高的相对湿度与高温天气叠加，体感温度显著超过实际气温，平均达到约43摄氏度。美国媒体援引美国家气象局数据说，预计到20日，美国可能有逾100个地区刷新当地的高温纪录。

在华盛顿，气象部门19日晨发布高温预警。纽约市自19日起进入高温状态，周末两天最高温度将超过36摄氏度，体感温度可能接近44摄氏度。从17日起，纽约市内约500个避暑中心正式开启，免费接待纳凉民众。原定21日举行的年度纽约铁人三项赛被取消。波士顿市已于18日进入高温紧急状态，为市民开放多处避暑设施，并设立两处紧急收容所，24小时向无家可归者开放。

从19日开始，芝加哥进入"高温时刻"，气温接近38摄氏度。芝加哥市政官员建议人们减少户外活动，尽量待在阴凉处。交通部门则建议火车减速，要求增加对铁轨的检修频次。伊利诺伊州高速公路收费处派出高温天气巡视员，以帮助因高温中暑或遇到困难的司机。

加利福尼亚州北部的高温天气通常出现在9月份。但今年刚入夏，加州北部地区就出现罕见高温。高温天气导致加州北部频发山火。入夏以来，负责加州北部供电的太平洋天然气和电力公司为避免电力系统设施故障引发火灾，多次采取断电措施，部分居民生活受到影响。

加州南部地区上周末迎来今年夏季第一波高温热浪。洛杉矶县发布了高温预警，建议市民减少户外活动，尽量待在有空调的房间内，并注意老人、儿童及动物防暑。尽管这两天气温有所下降，但消防部门提醒，干燥、高温与强风结合的天气状况加大了火灾隐患，需要加强防范。

此次热浪尚未波及美国南部的得克萨斯州，但由于已经进入夏季，且受墨西哥湾暖流持续影响，在濒临墨西哥湾的休斯敦市，人们已经开始感受到炎热。

据美国气象部门预计，22日起美国中西部和东部地区的气温将有所下降，部分地区7月下旬的平均气温将接近甚至低于往年平均水平。

（参与记者：徐剑梅、长远、汪平、吴晓凌、刘立伟、谭晶晶）

案例二

在首个全境覆盖5G的国家体验华为技术

新华社记者　陈晨

在欧洲南部，地中海畔，有一个著名的"袖珍国"摩纳哥。2018年，这里的游艇展第一次用上了5G网络；2019年，它就成为全球首个全境覆盖5G的国家；2020年，5G还将在这里著名的汽车一级方程式大奖赛中大显身手。

为这一切提供助力的是中国技术。来自中国华为公司的5G设备，使得5G信号遍布摩纳哥约2平方公里的国土上空。新华社记者来到这里，体验了5G网络的快捷，感受到当地政府和民众对5G新经济的期待。

2018年9月初，摩纳哥电信公司与华为正式签署了5G合作协议。3周之后，在摩纳哥游艇展期间建立了第一个5G覆盖区域，连接5G网络的无人机对游艇展进行了全方位高清直播。

由于摩纳哥国土面积仅有约2平方公里，5G网络覆盖全国仅需数十个基站即可。2019年，这样一张网络就已建成并投入使用，摩纳哥电信在7月9日举行了5G商用仪式。该公司总经理马丁·佩罗内日前在接受记者采访时说，"摩纳哥是全球首个全境覆盖5G的国家"，"这具有象征性意义"。

这里的5G网络到底有多快？新华社记者"亲测"发现，摩纳哥电信提供的"5G超宽带网络"下载速度在400至600Mbps（兆比特每秒）之间，最高速度号称可达1496Mbps。相比之下，现在一些4G网络的峰值约为100Mbps。在这里用5G手机上网，平均下载速度可达4G的10倍。

这个5G网络由摩纳哥电信与华为合作部署，民众可以使用摩纳哥电信推荐的华为Mate20X或小米MIX3智能手机率先体验。

在摩纳哥电信营业厅里，记者遇到一位名叫亚历克斯的当地居民，他正向销售人员咨询5G手机和业务。亚历克斯说，自己想率先使用5G，是因为"5G具有快速和优质的特点，与未来的生活和工作息息相关"。他打算从摩纳哥电信推荐的华为和小米手机中选择一款。

谈到中国企业华为在摩纳哥5G建设中的作用时，佩罗内说："华为在5G方面的技术位于世界最先进之列，不仅为我们提供了优质的技术和服务，更表现出愿意同摩纳哥紧密合作的态度。"

从3G、4G时代开始，华为就与摩纳哥电信展开合作。在华为的技术支持下，摩纳哥已经实现了数个"全球第一"，包括推出全球首个千兆固网业务、部署全球首个千兆移动网络等。

2019年2月，华为和摩纳哥电信签署了5G合作谅解备忘录，旨在加速部署摩纳哥的智慧城市服务，助力摩纳哥打造"5G智慧国"。

鲁杰罗·斯基亚维是摩纳哥电信公司一名年轻工程师，他说："我所在的团队负责5G核心网络开发和维护工作，共有20多人。从2018年9月开始，我们集中精力同华为公司合作开发5G业务，时间紧、任务重，这是我们面临的最大挑战。和华为的合作伙伴共事令我印象深刻，我们的合作过程很愉快。"

摩纳哥首席数字官弗雷德里克·让塔日前表示："5G将为全球经济带来实际效益和就业岗位……如今摩纳哥率先迈进5G时代，相信它将创造出当下人们无法想象的新经济。"

在摩纳哥，5G网络确实已给民众生活带来实实在在的改变。摩纳哥电信正在用5G帮助公交部门建设智慧公交站，这有助于民众更好地掌握信息，提升出行质量。目前有一处公交站已经成功部署5G终端，未来还有32处公交站将陆续完成改造。

让塔介绍说，到2019年年底，摩纳哥消防人员也将拥有连上5G网络的无人机，无人机实时传回清晰度达到4K标准的图像，将大大助力救援工作。5G网络还将用于2020年在摩纳哥举行的汽车一级方程式大奖赛。摩纳哥还致力于结合5G技术开发无人驾驶汽车，预计2021年投入使用。

"摩纳哥是一个很忙的国家，5G会让摩纳哥变得更忙。"佩罗内说，摩纳哥推出5G业务这段时间以来，个人用户增长不算太快，主要原因是可供选择的5G终端仍比较少，不过随着各种新型5G手机陆续面世，估计两年后摩纳哥电信"几乎一半的客户将使用5G"。

（来源：新华网　2019年7月30日）

讨　论

1）比较例文一和例文二，看看消息和通讯的区别。

2）请浏览新华网，看看哪些新闻是消息，哪些是通讯。比较消息和通讯的异同。

情境三　向内部通报活动情况

一、情境设定

活动结束了，对外宣传也做了。回到公司后，单位领导叫你编写一期简报，在公司内部通报一下活动的情况。

简报和新闻通稿是否一样？应该怎么编写呢？

二、任务实施

虽然这次对外宣传活动取得了圆满成功，但是回过头来，在公司内部的简报上，我们得认认真真地回顾这次活动。这样做的目的，不是要邀功请赏或谴责谁工作不得力，而是为了今后的活动可以开展得更完善。这些回顾和反思，如果基于管理的需要进行概括和提炼就是总结；如果是对内进行通报就是简报。

1. 什么是简报

常见的简报有三种：一是会议简报，主要反映会议交流、进展情况；二是情况简报，反映人们关注的问题，供机关领导参考；三是工作简报，报告重大问题的处理情况以及工作动态、经验或问题等。

把简报同一般的报纸、刊物相对照，可以得出这样的看法：简报并非单纯是下级向上级汇报工作的简要书面报告，不能把它看成是一种独立文体，也不是一种刊物，而是一种专业性较强的简短的内部小报。

简报不是一种文章的体裁。因为一份简报，可能只刊登一篇文章，也可能刊登几篇文章。这些文章，可能是报告、专题经验总结、讲话、消息等。故此，把简报说成一种独立的文体，或只说是报告，是不妥当的。

简报不是一种刊物。因为有些简报可以装订在一起，像一般"刊物"一样，但更多的是只有一两张纸、几个版面，像一份报纸。更重要的是简报具有一般报纸的新闻特点，特别是要求有很强的时效性。而刊物的时效性则远不及报纸。故此，简报不是"刊"，而是"报"。

2. 简报怎么编

（1）内容要有专题性　公开的报纸，一般是综合性的，内容广泛，各方面的新闻都有，这样它才能满足各阶层读者的需要。简报就有所不同，如《人口普查简报》《水利工程简报》《招生简报》等，专题性十分明显。分别由主办单位组织专人撰写，传递该项工作的各种信息，包括情况、经验、问题和对策等，一般性的东西少说，无关的东西不说。可以使内部员工了解某项工作的进展情况，增强责任感；而各级领导收到这样的简报，可以及时掌握情况，有了问题也能及时处置。

因此，编写简报首先就要选择与本次促销活动相关的所有信息，进行编写。

（2）文章要简短　虽然所有报纸篇幅都有限，文章都较简短，但比较起来，公开的报纸，至少有4版，有4万多字；简报则不同。简，是它区别于其他报刊的最显著的特点。一期简报有的甚至只刊登一篇文章，几段信息，或一期几篇文章，总共一两千字，长的也不过三五千字，读者可以用很短的时间把它读完，适应于现代快节奏工作的需要。

所以，用在简报上的文章，篇幅要简短，语言必须简明精练。

（3）限于内部交流　一般报纸面向全社会，内容是公开的，读者越多越好。简报则不同，它一般在编报机关管辖范围内各单位之间交流，不宜甚至不能公开传播，特别是涉外机关和专政机关主办的简报更是如此。有的简报，往往是专给某一级领导人看的，有一定的保密要求，不能任意扩大阅读范围。

所以，简报并不是拿来对外宣传用的，目的不一样，阅读对象不一样，编写的内容和形式，甚至人称的选择使用，和新闻通稿自然也有很大的差异。

三、 知识链接

在简报编写过程中，应遵循以下要求：

（1）**抓准问题** 简报应该围绕本单位的实际，反映那些最重要、最典型、最新鲜、最为群众关心、最需要引起注意的问题。可以围绕领导决策，在某项决策或者活动前后，积极收集有关的材料进行筛选研究，迅速反馈信息。

有了主题后，还要学会从大局着眼，小处着手。收集情况时，要学会"解剖麻雀"，抓住有代表性的小问题，做推广放大的思考，挖掘和开拓更广泛深刻的含义。尤其是要抓新情况、新经验、新问题、新苗头，供领导参阅。

（2）**材料准确** 简报作为加强领导和推动工作的重要工具，内容必须绝对真实、准确。不允许对那些心理活动、环境、气氛等无形的事实搞"合理想象"。必须深入调查研究，不浮光掠影，更不可听风就是雨，要做到简报所选用的任何材料，包括人名、地点、时间、情节、数字、引语、因果关系等，都完全准确无误，没有丝毫的虚构、夸张、缩小和差错。特别在估计成绩和宣传先进时，更要严格把握分寸，有一说一，有二说二，实事求是，恰如其分，留有余地。

（3）**表述简明** 简报的写作必须注意做到简短、明快，用尽可能少的文字说清楚必须说明的问题。

一是注意主题集中。一份简报只抓住一个问题，使简报的主题凝聚，问题说得透彻。如果简报所涉及的内容较多，可以把想说的问题进行归纳、提炼，抓住最能反映事物性质的东西做主题，重点来写，其他则一概摒弃；也可以将可写的几个问题，各写一期简报分期介绍，一期一个重点，每篇一个侧面，千万不可使几个观点纠缠在一篇简报上。

二是注意精选材料。围绕主题精心挑选典型事例。撰写简报之前，必须对材料进行分析研究，精心选择。凡是能够表现主题的材料，都要注意加以精选，不可轻易放过；凡是与主题无关的材料，即使十分生动，也必须忍痛割爱、坚决舍弃。选择材料还要注意选择典型材料，能反映事物的本质。做到不堆砌、不罗列、不雷同。要通过材料的剪裁突出主题、缩短篇幅，使简报的主题充分而明确地表现出来，使简报的内容更加简洁。

（4）**反应迅速** 简报是单位领导对一些问题作出决策的参考依据之一，也是单位推动工作的一个重要手段，这就决定了简报的编者必须讲求时效。要求简报的作者反应敏锐，对问题反应得快，对材料分析得快，写作构思快，动笔成稿快。同时，还要求简报的编辑、签发、打印、发稿速度快，共同把握发稿时机。

（5）**内容实在** 简报和新闻报道一样，是靠用现实生活中活生生的生活事实来宣传党的路线、方针、政策。用事实说话，是简报的主要特征之一，也是编写简报应该注意的一个重要问题。

四、探讨分享

案例

关工委"五老"担当育人使命 助力高校党建与思想政治工作扎实开展

高校思想政治工作简报〔2019〕第9期 总第154期

教育系统关心下一代工作委员会（以下简称"关工委"）认真贯彻落实全国高校思想政治工作会议精神和全国教育大会精神，牢牢把握立德树人根本任务，围绕中心、服务大局、创新驱动、主动作为，引导各高校关工委"五老"（老教师、老战士、老专家、老模范、老干部）积极融入高校"大思政"，扎实推动高校育人工作取得实效。

亲述改革开放之路，带领学生"读懂中国"。结合庆祝改革开放40周年，以"改革在身边，开放在眼前"为主题，在北京大学、清华大学等20所部属高校试点开展"读懂中国"活动。各高校关工委组织大学生与亲身经历重大事件的本地、本校"五老"结对，通过面对面交流，深入挖掘整理"五老"事迹，以微视频和征文的形式记录、展示、传播"五老"的经历、感悟，使学生受到生动鲜活的党史国史校史教育。学生以参加访谈、撰写征文、拍摄微视频等形式领略老同志们的家国情怀，感受改革开放以来祖国的巨变。活动受到了学生、学校和社会的欢迎，20所学校数万名大学生、700多位老同志参与，41个优秀作品在中国教育电视台进行专题展播。

分享治学报国感悟，着力推进"院士回母校"。邀请两院院士或杰出老校友回母校，与在校大学生面对面分享自己治学做人的经历和感悟，引导大学生树立正确的人生观、世界观和价值观。活动以专题访谈的形式展开，改进传统报告会"你讲我听"的模式，拉近了主讲人与观众的距离，充分调动了广大学生的参与热情，现场气氛热烈、高潮迭起。各地各高校围绕活动主题，不断丰富深化活动内涵，进一步扩大活动覆盖面，持续推动活动常态化，使活动成为加强青年大学生理想信念教育的响亮品牌，已在40所院校举办了174场访谈活动。

加强理论宣传阐释，深度参与"青马工程"。教育系统关工委充分发挥老同志理想信念坚定、理论功底深厚的优势，积极参与高校"青马工程"，助力高校开展学生思想政治教育。以纪念马克思诞辰200周年为契机，各高校关工委深化"青马工程"内涵，广大"五老"引领青年学生读原著、学原文、悟原理，并把马克思主义理论与社会热点难点问题相结合、与重大纪念日节点相结合、与社会实践相结合，探索大学生学习马克思主义理论的新路径、新方法：大连理工大学关工委开展互动式理论学习与研讨；上海财经大学关工委组织马克思经典著作读书班；合肥工业大学关工委组织青马班学员走进金寨革命老区学习习近平总书记关于红色教育的重要指示；厦门大学关工委组织"马研班"学员参观革命史馆、校史馆拓宽知识视野；长春中医药大学关工委结合中医药人才培养目标形成特色的培养模式等等。

助力高校学生党建，扎实选配"特邀党建组织员"。多年以来，各高校关工委认真遴选推荐政治素质高、敬业精神强的离退休党员干部受聘担任党校教员、辅导员、党建巡视员等（以下统称特邀党建组织员）参与学生的入党教育工作，在加强高校学生党支部建设和提高党员发展质量等方面发挥了重要作用。进入新时代，面对党建工作新形势和新任务，各地因地制宜，探索出了新模式、新经验：北京教育系统关工委与市教委共同拟定《北京高校特邀党建组织员队伍建设实施方案》；上海交通大学关工委与院系特邀党建组织员队伍、学校老教授协会密切配合、形成合力；中南大学党委在特邀党建组织员的工作职责、选聘工作、组织管理、工作补贴等进行了规范；东华大学关工委建立了"老教授'易班'工作坊""咨询微视频""课程微视频"等老少互动平台。

讨　论

简述简报的格式，比较案例中的简报文稿和新闻通稿之间的区别与联系。

情境四　本次活动的总结

一、　情境设定

活动结束了，需要对本次活动进行总结，指出成功的经验，找出失败的教训，以便下次活动时改进。如果领导把这个任务交给你，你该如何去完成？

二、　任务实施

人们常常对已做过的工作进行回顾、分析，并提到理论的高度，肯定已取得的成绩，指出应汲取的教训，以便今后做得更好些。将这些内容用书面文字表述出来便是总结了。总结是一种常用而重要的文体，它的作用正如毛泽东所指出的"人类总得不断总结经验，有所发现，有所发明，有所创造，有所前进"。从大的方面说，总结能为国家制订各项路线、方针、政策提供重要依据；从个人或集体来说，总结也是不断提高思想、业务水平的一项重要举措。

1. 充分占有材料

充分地占有材料，是写好一篇总结的前提。广泛地收集各种事实材料，是分析研究、提炼观点的基础，也是把总结内容写得扎实、丰富的必要条件。

所谓充分，是指收集的材料要全面、完备，有准确数据和事例，视野也就不能仅仅限于总结的那个阶段，还必须向"纵"和"横"两个方向开拓。这样才能避免写总结时仅仅凭借自己脑子里的记忆，或者出现很多的"大概""记得""也许""接近于"等措辞。

要通过不同的形式，听取各方面的意见，了解有关情况。或者把总结的想法、意图提出来，同各方面的人员商量。一定要避免领导出观点、到群众中找事实的写法。

2. 深入分析材料

总结的根本要求就是要揭示出规律性的东西，对今后的工作起到指导作用和借鉴作用。所谓规律性的东西，就是体现事物本质的东西，是事物内在的联系，是贯穿事物发展全过程并自始至终起作用的、反映事物发展必然性的东西。因此，写总结就必须深入分析材料，找出哪些地方做得成功，哪些地方有问题，成功和出现问题的原因是什么。分析材料的过程实质上是由具体到抽象、由感性认识到理性认识的深化和发展的过程。

在分析和整理材料的过程中，对以往的工作要有客观的评价，一定要实事求是，成绩不夸大，缺点不缩小，更不能弄虚作假。既要看到工作中的优点，又要看到缺点；要看到成绩的一面，也要看到错误和不足的一面。在坚持一分为二的同时，防止以偏概全。

此外，每一阶段的工作都有重点，总结也要有主次、详略之分。因此对工作的总结也要突出重点，写出新意，切忌写成"流水账"或"新瓶装旧酒"。

3. 理顺行文结构

（1）标题　一般由单位名称、时限、内容、文种名称构成，如《中国农业银行××省分行××××年工作总结》。也有的总结用"小结""回顾"说明文种。

标题也可以概括主要内容或基本观点，不出现总结字样，但对总结内容有提示作用，如某企业的专题总结《技术改造是振兴企业之路》。若不能表达出完整的意思时，在正标题下可以再拟副标题，如《知名教授上讲台　教书育人放异彩——　××大学德育工作总结》。

（2）前言　前言的写法多种多样，有的概述变化情况及主要成绩；有的介绍某个阶段的工作或任务的背景、基本情况；有的概述总结的目的、方法等，为主体自然地展开做必要的铺垫。

（3）主体　是总结的核心部分。这部分一般应叙述总结事件的过程、做法、成绩、经验、教训，并且要作理论的概括，总结出规律性的东西。这是决定总结优劣的关键性部分。

这些内容可按纵式或横式结构形式撰写。所谓纵式结构，即以认识事物的习惯来安排顺序，先对总结的内容作概括性交代，表明基本观点；接着叙述事情经过，同时配合议论，进行初步分析；最后总结出几点体会、经验和存在问题。这种结构单纯、易学。所谓横式结构即不按事件的发展顺序而按材料的逻辑关系将其分成若干项目，标序加题，一类一项地写下去。每类问题又按先介绍基本情况，再叙述事情经过，再归纳出经验、问题的顺序写下来。这种方式较复杂，通常对涉及面广、内容复杂的事情采用。

（4）结尾　或提出今后努力方向，或指出存在的问题，或表明自己的态度。

4. 追求朴实文风

总结的写作不求华美艳丽，但求一语中的，切忌含糊沉闷。不能用溢美之词，夸张、粉饰事实，也不能过多地用"一般情况下""一定的""大体上""比较""大概""基本上""较为"等笼统的词语。引用数据和资料时，也不能是"据说""根据判断"等，应准确地说明材料的可靠程度和资料的出处。

三、 知识链接

1. 总结、报告和调查报告

（1）总结和公文报告的区别

1）公文报告代表发文机关的意见，直接具有行政效力；总结未经过有关机关或会议批准，不用公文形式发表，不具有行政效力。

2）公文报告以陈述事实为主，较少议论；总结则夹叙夹议。

（2）总结和调查报告的区别

1）目的不同。调查报告有较强的时效性，是为了回答现实生活中迫切需要回答的问题而写；总结是常规性的工作，一项工作告一段落或者进行一段时间后，就要把情况汇报一下，便于领导了解情况，向外宣传推广好的经验。

2）时机不同。调查报告可以在工作完成之后写，也可以在工作进行之中截取某个断面加以剖析；总结总是在工作完成以后或者告一段落时写。

3）依据不同。调查报告要求客观、真实地反映调查对象存在的问题和情况；总结要以自己原先制定的工作计划或某项工作的政策、方针为评价是非得失的依据。

4）角度不同。调查报告是当事人的观察分析，要用第三人称；总结是当事人对自己工作的观察分析，要用第一人称，领导机关或以个人署名总结下属单位的材料，有时用第三人称。

2. 综合性（全面性）总结和专题性（单项性）总结

（1）综合性总结　综合性总结是对某一时期各项工作的全面回顾和检查，进而总结经验与教训。这类总结一般具有定期性的特点。内容比较全面，涉及的问题也较多。但是也要分清主次，既要全面，又要突出重点，点面结合，概括反映工作的本质和规律，而不能面面俱到，主次不分。

（2）专题性总结　专题性总结是对某项工作或某方面问题进行专项的总结，尤其以总结某项工作的主要成绩、推广成功经验为多见。内容集中、单纯，可以写得具体、深刻，针对性强。要求有一定的思想深度，概括出规律性的东西。

专题性总结在形式上比较灵活自然，可长可短，有详有略。

四、 探讨分享

 案例

电子科技大学第 21 届全国推广普通话宣传周活动总结

2018 年 9 月 8 日至 16 日是第 21 届全国推广普通话宣传周。根据《教育部等九部门关于开展第 21 届全国推广普通话的通知》精神，我校围绕"说好普通话，迈进新时代"这一主题，结合学校实际情况，大力宣传，广泛动员，积极拓展活动方式，搭建活动平台，扎实开展了一系列丰富多彩的推普活动，使全校师生共同参与到推普活动中来，取得了良好的效果。

一、强化组织保障，确保活动推进有序

为确保我校推普周活动有序开展，党委教师工作部、人力资源部和校团委联合安排部署，成立活动组委会负责活动的具体策划及开展。结合学校具体情况，制定了《电子科技大学2018年推广普通话宣传周活动实施方案》，明确了推普周活动的主题、时间、内容及具体要求。

二、强化宣传，积极营造良好的推普氛围

为扩大推普周活动的知晓度，学校充分利用各种媒介广泛宣传。一是悬挂宣传海报，制作宣传桁架，发放宣传单。在校园内醒目处悬挂"说好普通话，迈向新时代"宣传海报，制作"说好普通话，迈向新时代"桁架摆放在食堂及学生宿舍区，发放各类宣传单，引起广大师生的重视。二是发挥广播媒体宣传优势。利用科大之声广播站开设"面向新时代，推广普通话"节目播放，让推普活动响彻整个校园。三是通过团支部广泛宣传。将推普周活动部署到每个班级，确保学生人人知晓，广泛参与。四是广泛运用新媒体进行宣传。充分利用网站、微信公众号等新媒体，广泛宣传推普周相关知识及活动安排，扩大活动影响力。

三、丰富载体，扎实开展推普周宣传活动

为确保推普周宣传活动的有效开展，学校丰富各类活动载体，以推送广播节目，开展问卷调查、语音竞赛、有奖竞猜等方式，将宣传活动搞得有声有色。

一是利用"科大之声"广播站开展节目推送。以"面向新时代，扩广普通话"为主题，围绕普通话的历史、普通话和方言的和谐共处、如何学习普通话、当今新时代为什么需要普通话四个方面制作专题节目，从9月11日起，分时段在广播站播放，确保"先声夺人"。同时，及时推介一些学习普通话的网站APP。

二是利用问卷星广泛开展调查问卷。从9月10日至13日，围绕"学好普通话，方便你我他"开展问卷调查，共收回调查问卷118份。校广播站及时整理问卷情况，撰写实事专题广播稿进行播放。

三是开展普通话知识竞赛。9月10日至15日，通过各种宣传途径推广，开展"推广普通话，责任你我他"普通话知识线上答题竞赛，共有154人参与了答题活动。9月16日，举办了现场有奖问答决赛活动，线上答题排名前10的选手进入了决赛。通过抢答环节和必答环节的比拼，最终角逐出前3名。

四是开展"我爱普通话"语音有奖竞赛活动。9月10日至17日，在QQ空间、微信公众号、微博上发布"我爱普通话"语音有奖竞赛活动，98名选手通过读绕口令、朗诵诗歌等形式积极参与。为进一步扩大活动的吸引力，9月17日至21日，活动组委会将98名选手的音频作品推送到"成电青年"微信公众号进行投票活动，共有6000余名师生参与投票活动，最终票选出前20名。通过相关活动的开展，同学们在享受活动的过程中体会到普通的魅力，从而让普通话更加深入心，在丰富了校园文化的同时也建立起良好的校园语言环境。

电子科技大学

2018年9月27日

讨 论

1) 你认为这篇总结的观点与材料结合得如何?

2) 你认为这篇总结对你的写作有什么启示?

实训拓展

一、 日常关注

1. 节假日前, 请留意一项媒体发布的促销活动, 届时亲临现场, 考察促销活动的方案制定与活动控制情况。

2. 日常浏览新闻时, 关注不同阶段、不同作者撰写的同题新闻, 在比较中领会新闻的写作要求。

二、 分步拓展

请分析新闻背景在新闻写作中起什么作用。

美股熔断

(新华社北京3月19日电) 由于新冠肺炎疫情蔓延给市场带来的恐慌没有得到有效缓解, 美国股市近期剧烈震荡, 短短两周内纽约股市经历了四次熔断。

美国股市熔断机制的基准指数为标普500指数, 三层熔断机制的阈值分别为7%、13%、20%。当指数较前一天收盘点位下跌7%、13%时, 全美证券市场交易将暂停15分钟, 当指数较前一天收盘点位下跌20%时, 当天交易停止。

3月9日, 纽约股市开盘出现暴跌, 随后跌幅达到7%上限, 触发熔断机制, 恢复交易后跌幅一度有所收窄, 收盘时道琼斯工业平均指数、标准普尔500种股票指数、纳斯达克综合指数跌幅均超过7%。

3月12日, 纽约股市三大股指在开盘出现暴跌, 跌幅超过7%。暴跌行情导致美股再次触发熔断机制, 暂停交易15分钟。收盘时, 三大股指跌幅均超过9%。

3月16日, 由于新冠疫情持续扩散引发市场广泛担忧, 纽约股市开盘暴跌, 标准普尔500种股票指数跌超7%, 触发本月第三次熔断, 重启交易后跌幅扩大, 收盘时三大股指均暴跌超过11%。

3月18日, 新冠肺炎疫情给金融市场带来的恐慌没有得到有效缓解, 纽约股市三大股指大幅低开, 道琼斯工业平均指数和标准普尔500种股票指数午间跌幅超7%, 第四次触发熔断机制。

收盘时, 道琼斯工业平均指数下跌6.3%;标准普尔500种股票指数下跌5.18%;纳斯达克综合指数下跌4.7%。

　　自 1988 年设立熔断机制以来，美股共经历了五次熔断，除了本月的四次熔断外，还有一次发生在 1997 年。

三、 综合实训

　　1. 新学期开始了，校园里很多社团开始纳新，如果你是社团的负责人，你如何策划纳新活动？请写一份活动方案。

　　2. 如果你主持的这次纳新活动并没有取得预想的效果，而其他一些看起来不那么吸引人的社团，最终却把一些有兴趣的同学吸引过去了。你认为其中的原因是什么？你的活动策划方案有哪些需要进一步改进的地方？

　　3. 任何人在生活、工作、学习方面，总有取得成功的时候，只是有的人的成功次数多些，有的人成功的次数少一些；有的人的成功在学习上，有的人的成功在其他方面。请你回顾自己的生活，以你自认为是成功的一个侧面或一件事为题，写一篇总结。

任务六　表彰工作成绩

微课 13

/任务要求/

1) 能写符合规范的决定和通报。

2) 初步学会学术论文的选题,掌握它的结构和写作要求。

情境一　决定还是通报

一、 情境设定

一年到头了,年终也该给自己一个奖赏。回顾这一年,从写求职信、简历应聘进公司到给公司筹备会议、搞市场调研、策划活动,工作做了不少,表现良好。公司领导决定在年终的总结大会上表彰一批员工,分派你写一份文书,你该怎么写?

二、 任务实施

表彰员工,涉及决定与通报这两种公文,在实际使用过程中,容易混淆,因此有必要对这两种公文进行细致的区分。

1. 决定与通报的适用范围

《党政机关公文处理工作条例》关于这两种公文的适用范围是这样表述的:决定"适用于对重要事项作出决策和部署、奖惩有关单位和人员、变更或者撤销下级机关不适当的决定事项。"通报"适用于表彰先进、批评错误、传达重要精神和告知重要情况。"

2. 通报与决定的区别

(1) 出发点与侧重点不同　奖惩性决定重在处置,它的着眼点在于奖惩有关单位或个人,它代表了领导层的权威意志。奖功罚过是其首要目的,教育或警示他人是其次要目的。通报的目的则是使受文单位了解某一重要情况或典型事件,从而受到教育或警示。表扬性通报,对被表扬的单位主要是理解上级的精神,更上一层楼;而对后进单位主要是学习受表扬单位的经验,起步前进;对一般单位主要是学先进、找差距、定措施。批评性通报,对一般单位主要是对照自己,防患于未然;对有类似问题或尚有隐患存在的单位则鸣钟警戒，以根除侥幸心理。总而言之，奖惩性决定重在处置，奖功罚过；表扬批评性通报重在教育比照，或先进示范，或以儆效尤。

（2）标题写法不同　表彰性决定的标题格式通常如下："关于授予××称号的决定"或"关于给予××表彰的决定"，如《国务院关于授予赵春娥、罗健夫、蒋筑英全国劳动模范称号的决定》。处分性决定的标题格式通常如下："关于对××的处理决定"，如《关于对"六·二八"重大责任者××的处理决定》。决定的标题中常常含有处置性动词，诸如授予、处理、给予等动词。再来看看表扬批评性通报标题的实例，如《××自治区人民政府关于柳州市壶东大桥特大交通事故的通报》《××市卫生局关于医生汪××滥用麻醉品造成医疗事故的通报》。可以看出，表扬批评性通报的标题中一般不使用处置性动词。

（3）正文的组成不同　奖惩性决定一般先简要叙述先进事迹或错误事实，然后写明组织的处理决定。表扬性通报与批评性通报的写法略有不同。前者的正文部分一般包括以下内容：概述先进事迹，表明通报发出单位对通报事项的态度；指出先进单位或个人的主要做法经验，或叙述事情发生的经过并分析事件的意义；提出要求和希望，号召大家学习。后者的正文部分一般包括以下内容：叙述错误事实的经过；表明通报发出单位对事件的态度及处理意见；分析错误或事故产生的原因与危害性；提出要求，警示其他单位或个人。奖惩性决定重在处置，表扬批评性通报重在宣传与教育，正文的构成自然不同。

三、 知识链接

1. 决定的种类

按照具体用途和内容的不同，可将决定分为以下四类。

（1）法规性决定　用于发布权力机关制定、修订或试行的法律文件以及由政府部门制定的行政法规，如《××市人民政府关于修改 < 市商品交易市场管理规定 > 的决定》。

（2）指挥性决定　用于对某个问题、某种事项、某种行动进行决策性的指挥部署，如《××市政府关于加快全市工业发展的决定》。

（3）奖惩性决定　用于表彰或处分有关的单位或个人，如《关于表彰 2019 年度先进集体和先进个人的决定》。

（4）变更性决定　用于变更机构人事安排或撤销下级机关不适当的决定事项，如《国务院关于撤销××同志××省省长职务的决定》。

2. 决定的结构

（1）标题　决定的标题由发文机关（或通过决定的会议名称）、事由、文种三部分组成。如果是会议通过的决定，还应在标题的下方居中以括号注明批准、通过该决定的会议名称和通过的日期。

（2）主送机关　决定的主送机关为应该知照的单位或群体。普发性的决定没有主送机关。

（3）正文　一般由决定依据、决定事项和执行要求三部分组成。决定依据要写明发布决定的背景、根据、目的或意义。行文要求简短明确。决定事项的写法，因决定种类的不同而有所不同。用于指挥工作的决定，这部分要写明工作任务、措施、方案、要求等，内容复杂时要用小标题或条款显示出层次来；用于批准事项的决定，这部分要表达出批准意见，如有必要，还可以对批准此事项的根据和意义予以阐述；用于表彰或惩戒的决定，这部分要写明表彰决定和项目，或处分决定和处罚方法。无论是哪一类的决定，决定事项都要写得准确具体，可行性强。

（4）落款　标明发文机关和成文日期。

3. 通报的分类

（1）表彰通报　是表彰先进集体和个人，树立典型，总结成功经验，号召大家学习的通报。

（2）批评通报　是批评、处分错误，通报事故或反面典型，要求被通报者和大家吸取教训的通报。这类通报，通过摆事实，找根源，阐明处理决定，使人从中吸取教训，以免重蹈覆辙。这类通报应用面广，数量大，惩戒性突出。

（3）情况通报　是传达情况、沟通信息，指导当前工作的通报。这类通报具有沟通和知照的双重作用。

4. 通报的结构

（1）标题　由制发机关、被表彰或被批评的对象和文种构成。通常有两种构成形式：一种是由发文机关名称、事由和文种组成，如《国务院办公厅关于对少数地方和单位违反国家规定集资问题的通报》；另外一种是由事由和文种构成，如《关于给不顾个人安危勇于救人的王××同志记功表彰的通报》。此外，有少数通报的标题是在文种前冠以机关单位名称，如《中共××市纪律检查委员会通报》；也有的通报标题只有文种名称。

（2）主送机关　有的特指某一范围内，可以不标注主送机关。

（3）正文　表彰（批评）通报正文结构有三部分：第一部分，说明表彰或批评的原因，即写清先进事迹或错误事实的经过情况，要求用叙述的手法真实客观地反映事实；第二部分，对所叙述的事实进行准确的分析，中肯的评价，做到不夸大、不缩小，使人们能从好的人和事物中得到鼓舞，从错误中吸取教训；第三部分，一般是对表彰的先进或批评的错误作出嘉奖或惩处。最后还要根据通报的情况，针对现实的需要，发出号召或提出要求。情况通报正文结构一般有两个部分：一是被通报的情况，二是希望和要求。

四、探讨分享

案例一

江苏省政府关于授予第六届"江苏慈善奖"的决定

（苏政发〔2022〕83号）

各市、县（市、区）人民政府，省各委办厅局，省各直属单位：

近年来，全省上下坚持以习近平新时代中国特色社会主义思想为指导，深入贯彻实施《中华人民共和国慈善法》，不断完善慈善政策制度，弘扬慈善文化，加强规范管理，推动全省慈善氛围更加浓厚，慈善力量持续壮大，在助力脱贫致富奔小康、乡村振兴、抗击疫情灾情中发挥了积极作用，涌现出一大批热心参与公益慈善事业的组织和个人。为表彰先进、激励公众广泛参与，省政府决定授予119个捐赠企业、爱心个人、慈善组织、慈善项目第六届"江苏慈善奖"称号，其中"最具爱心慈善捐赠企业或单位"30家、"最具爱心慈善捐赠个人"9名、"最具爱心慈善行为楷模"20名、"最具影响力慈善项目"30个、"最具影响力慈善组织"20个、"优秀慈善工作者"10名。

希望受到表彰的单位和个人珍惜荣誉、再接再厉，继续发挥好榜样作用，积极传播真善美、传递正能量，带动更多人投身公益慈善事业。全省上下要深入学习贯彻习近平总书记关于促进慈善事业发展的重要指示精神，认真落实《中华人民共和国慈善法》和《江苏省慈善条例》，大力宣传先进典型的慈行善举，传播慈善理念，弘扬慈善文化，在全社会推动形成扶危济困、团结互助的良好风尚，促进全省慈善事业高质量发展，为切实扛起"争当表率、争做示范、走在前列"光荣使命、奋力谱写"强富美高"新江苏现代化建设新篇章作出新的更大贡献。

附件：第六届"江苏慈善奖"获奖名单（略）

江苏省人民政府

2022年9月3日

案例二

广东省人民政府关于表彰第七届
广东省政府质量奖获奖组织和个人的通报

粤府函〔2022〕229号

各地级以上市人民政府，省政府各部门、各直属机构：

为深入贯彻落实习近平新时代中国特色社会主义思想，全面贯彻党的十九大和十九届历次全会精神，落实新发展理念，构建新发展格局，推动高质量发展，全方位推进质量强省建设，根据《广东省政府质量奖管理办法》规定，省政府决定授予TCL科技集团股份有限公司等10家企业或组织"第七届广东省政府质量奖"，授予广州白云电器设备股份有限公司等36家企业或组织和黄文铮"第七届广东省政府质量奖提名奖"。

希望获奖企业或组织和个人珍惜荣誉，再接再厉，持续推动质量创新，扎实抓好质量管理，充分发挥质量标杆示范引领作用。广大企业或组织及质量工作者要认真学习借鉴获奖组织和个人的先进质量管理经验，弘扬"守信于品 重质于行"的广东质量精神，全面加强质量管理，持续推动经济高质量发展。各地、各部门要高度重视质量工作，进一步加强政策引导，激发质量创新活力，持续深入开展质量提升行动，推动质量变革、效率变革、动力变革，为广东在全面建设社会主义现代化国家新征程中走在全国前列、创造新的辉煌作出新的更大贡献。

附件：第七届广东省政府质量奖和提名奖获奖名单（略）

广东省人民政府

2022 年 8 月 23 日

讨　论

试比较上面两则决定和通报写法上有什么不同。

情境二　我要写一篇论文

一、情境设定

作为单位的先进个人，公司派你去参加一个学术讨论会。讨论会要求提交一篇会议交流论文。如何进行论文的选题，写作过程中需要注意什么，什么样的论文才算是规范的论文？

二、任务实施

1. 论文的选题

选题就是在对客观问题和资料的研究基础上，选择并确定学术研究的方向和目标。简单说，选题就是提出问题，确定需要并能够解决的、有价值的学术问题。

论文的选题是论文成败的关键。爱因斯坦在评价伽利略提出测试光速的问题时说："提出一个问题往往比解决一个问题更重要，因为解决一个问题也许仅仅是一个数字上的或实验上的技能而已，而提出新问题、新的可能性，从新的角度去看旧的问题，却需要有创造性和想象力，而且标志着科学的真正进步。"

（1）选什么题　论文成功与否、质量高低、价值大小，很大程度上取决于文章是否有新意。选择有新意的课题可以从以下几个方面进行：

1）从观点、题目到材料直至论证方法全是新的。这类选题价值最高，社会影响也大，但写作难度大。选择这一类题目，作者须对某些问题有相当深入的研究，且有扎实的理论功底和写作经验。

2）以新的材料论证旧的课题，从而提出新的或部分新的观点、新的看法。这样的论文，读后可以使人耳目一新。

3）以新的角度或新的研究方法重做已有的课题，从而得出全部或部分新观点。

4）对已有的观点、材料、研究方法提出质疑，虽然没有提出自己新的看法，但能够启发人们重新思考问题。

（2）怎样选题

1）从观察中来。社会生活就像一个变化无穷的"万花筒"，各个领域、各个方面的事物及其矛盾都在不断地运动、变化、发展着，旧的矛盾解决了，新的矛盾又产生。我们要善于观察，勤于思索，从大处着眼、小处入手，在事物发展中寻找适合自己撰写的课题。

2）从资料分析中来。歌德曾经说过，理论是灰色的，生活之树常青。过去已经形成的理论，包括教科书上的一些观点，随着实践的发展，研究的深入，还可以进行再认识。这就要求我们平时注意收集资料、积累资料、分析资料。对有关方面的问题要弄清楚别人写过什么东西，有些什么论点，有何争论及分歧的焦点是什么，目前国内外对这个问题研究的进展情况以及发展趋势如何等等。在深入研究已有成果的基础上，将收集到的材料作一番加工整理的工作，把别人认识的成果作为自己的起点，在前人和他人认识的基础上写出有自己见解的论文。

3）根据自己的能力选择。论文的写作不但要有个人的见解和主张，同时还需要具备一定的客观条件。因此在选题时，还应结合自己的特长、兴趣及所具备的客观条件来选题。具体地说，首先，要有充足的资料来源。其次，要有浓厚的研究兴趣。最后，要能结合并发挥自己的业务专长。

2. 资料的研究

资料是研究的基础。资料来源的基本途径有网络检索、图书馆资料、实地调查和实践体验。而最基本的方法是利用图书馆。资料收集完成之后要对所搜集到手的资料进行全面浏览，并对不同资料采用不同的阅读方法，如通读、选读、研读。

通读即对全文进行阅读，选读即对有用部分、有用内容进行阅读，研读即对与研究课题有关的内容进行全面、认真、细致、深入、反复的阅读。在研读过程中要积极思考，还要做好资料的记录。在研究资料的基础上，进一步提出自己的观点和见解，根据选题，确立基本论点和分论点。

3. 论文的体例

（1）题名　题名就是通常所说的论文题目，是以最恰当、最简明的语词反映论文中最重要的特定内容的逻辑组合。题名要求准确得体、简短精练、外延和内涵恰如其分并且醒目，应避免使用不常见的省略词，字数一般不宜超过 20 个。

（2）摘要　是论文的内容不加注释和评论的简短陈述，让读者不阅读全文，即可从中获得重要信息。中文摘要一般不会超过 300 字，外文摘要不超过 250 实词。

摘要的内容一般包括：本论文研究的目的和重要性；主要研究内容和研究方法；获得

的研究成果和基本结论，突出的新见解。摘要的重点是阐明研究结果和结论。

（3）关键词　是从论文中选取出以表示全文主题内容、信息款目的单词或术语，一般为3~8个词，尽量用《汉语主题词表》等词表提供的规范词。

（4）主体　主体部分的编写格式可由作者自定，但一般由引言（或绪论）开始，以结论或讨论结束。

1）引言。简要说明研究工作的目的、范围、相关领域的前人工作和知识空白、理论基础和分析、研究设想、研究方法和实验设计、预期结果和意义等。注意言简意赅，不要与摘要雷同，不要成为摘要的注释。

2）正文。这部分是论文的核心部分，即表达作者的研究成果，主要阐述自己的观点及其论据，占据了论文的主要篇幅。要以充分有力的材料阐述观点，要准确把握文章内容的层次、大小段落间的内在联系。

论文结构有推论式和分论式两种。所谓推论式又可称为递进式，是指论述问题层层深入、环环相扣的逻辑关系。所谓分论式又可称为并列式，是把属于基本论点的若干个下位论点平行排列，分别从不同角度对中心论点进行分析论证的结构方式。篇幅较长的论文常用推论式和分论式两者结合的方法。例如《关于我国个人所得税流失经济学分析》的结构：

一、我国个人所得税流失现状

二、我国个人所得税流失的原因分析

1. 居民个人收入隐性化非常严重

2. 现行个人所得税制模式的特点较易造成税收流失

3. 纳税人权利与义务不对称

4. 代扣代缴单位没有依法履行代扣代缴的职责

5. 征管手段落后

三、个人所得税流失的治理对策

1. 使个人收入显性化

2. 采用综合所得税课税为主、分类所得税课税为辅的混合所得税模式

3. 尊重、保护纳税人的权利，优化征收机构的服务

4. 抓好申报纳税，强化代扣代缴

5. 建立健全现代化征管手段

3）结论。是指全文最终的、总体的结论，而不是正文中各段小结的简单重复。结论的内容包括本文研究结果说明了什么问题；对前人有关的看法做了哪些修正、补充、发展、证实或否定；本文研究的不足之处或遗留未予解决的问题，以及对解决这些问题的可能的关键点和方向。要求措词严谨、逻辑严密、内容明确。

（5）致谢　是对论文写作有过帮助的人表示谢意，要求态度诚恳，文字简洁。

（6）参考文献　文中直接引用过的各种参考文献，均应开列。格式包括作者，题目和

出版事项（出版地、出版社、出版年、起始页码），连续出版物依次注明出版物名称、出版日期和期数，起止页码。

三、 知识链接

论文是学术论文的简称。学术论文是指用来进行科学研究和描述科学研究成果的文章。它需要有作者对课题的深入研究之后的创新，并很好地加以传达。它的特点有：

（1）独创性　学术论文不同于教科书，甚至不同于某些学术专著（知识的传播和普及常规性的知识讲解）。需要对研究对象经过周密调查、分析研究，从中发现别人过去没发现过或没分析过的问题；或在综合前人认知的基础上进行选题、方法、资料的创新。

（2）科学性　论文要从理论高度进行分析论证，不停留于对表象的罗列。要揭示事物发展的客观规律，不带个人偏见、不主观臆断。以最充分有力的论据作为立论依据，论证严谨而充分，富有逻辑效果。

（3）可读性　论文要构思完整，层次清楚，深入浅出；语言要规范生动，表达要清楚简练，文字通顺、概念准确、前后一致。文字与图表配合要恰当，插图与表格清晰。

四、 探讨分享

案例

改革创新高职通识教育课程

【摘要】论文指出改革创新高职通识教育课程是响应党"努力办好人民满意的教育"的号召、继承伟大的中华民族优秀的文明传统、吸收西方职教的优秀经验和合理成果为我所用。从分析西方职教发达典型代表如德国、美国、澳大利亚等国家以及中国港澳台地区、大陆本科和高职院校的改革和探索的实践经验中，提出改革创新高职通识教育课程的方向：人才培养目标、课程体系构建、必选修课课程结构、师资队伍建设四方面的创新；并在自然、人文、社科三大领域给出具体课程开发的建议。

【关键词】创新 高职 通识教育

一、改革创新高职通识课程的重要意义

1. 改革创新高职通识教育课程是响应党"努力办好人民满意的教育"号召。

党的十八大报告指出："努力办好人民满意的教育"。怎样的教育才是"人民满意的教育"？教育的本质是成人成才。人民将子女送入学校就是希望子女在学校的教育下成人成才。高职院校的人才培养目标是培养德、智、体全面发展的应用人才，而通识教育就是德、智、美的教育。因此，改革创新高职通识教育课程就是坚持和贯彻党的教育方针。

2. 改革创新高职通识教育课程是继承伟大的中华民族优秀的文明传统。

中国传统大学，即古代太学，是人的教育。《大学》一书开卷即曰："大学之道，在明明德，在亲民，在止于至善。"古代中国的大学之道，它的终极目标是求达到一个"至善"的境界。这是说教育是教人成为有德性的人。总之，中国传统大学的教育宗旨是讲做人的学问。这是一种"价值教育"。而中国现代大学发展至今，尤其是职业教育，渐渐忽视了人的教育，所谓"学好数理化，走遍天下都不怕"。因此，构筑现代职教体系，必须继承我们伟大的中华民族的优秀的文明传统，在现代意义下，重拾人的教育。

3. 改革创新高职通识教育课程是吸收西方职教的优秀经验和合理成果为我所用。

百年中国，自英帝用炮舰轰开中国大门之后，兴水师办洋务，"师夷长技以制夷"，职业教育遂被极大重视而繁盛发展。1917年，蔡元培就任北京大学校长发表就职演说，开宗明义强调"大学者，研究高深学问者也"。可以说，现代大学的大学之道已有了一个新的表达：大学之道，在明明理，在新知，在止于至真。这是一种才的教育，是一种知识教育。考察西洋，吸收西方现代职教的优秀经验和合理成果为我所用，为的是构建中国特色的现代职教体系，目标就是培养德才兼备的真正人才。

二、古今中外通识教育可资借鉴的优秀传统与经验教训

高职教育不仅要继承和发扬古今中外通识教育可资借鉴的优秀传统，更要有创造性的革新精神，扬弃中国传统技术教育不适应时代发展、西方欧美职教发达国家不适应本土教育和港澳台及国内本科院校不适应高职教育的部分，构建具有中国特色的现代高职通识教育。

（一）西方职教发达国家通识教育可资借鉴的优秀传统与经验教训

1. 德国"双元制"人才培养模式中的通识教育

德国高职教育的"双元制"世界闻名，在职业教育中已经取得主体地位。其"一元"在企业完成职业训练，"一元"在学校接受基本文化理念学习的方式受到世界各国的普遍赞誉。更重要的是，对学生而言，在这两个地方（双元）学生都可以受到良好的通识教育。[1]德国人在职业教育中通过工学结合课程的形式，将通识教育融入专业教育之中，以实现和加强对学生关键能力的培养。目前，中国的高职教育普遍模仿和学习德国双元制，采用工学结合的方式，培养学生的关键能力。但在实施过程中，却以专业的名义，有意无意地忽视通识教育。

2. 美国社区学院中的通识教育

社区学院是美国高等教育的重要组成部分和美国高职教育的主要表现形式，承担着类似我国高职教育的任务。在社区学院推行通识教育是美国高等职业教育的突出特色之一。2011年10月，美国经济研究局指出：伴随社会经济发展、技术进步和年龄增长，单纯接受职业教育的人对社会的适应能力呈逐渐下降趋势，而注重通识教育的人则显现出较强的适应能力和可持续性，如何保持通识教育与职业教育的平衡是许多国家面临的关键性问题之一。[2]这一现象进一步验证了美国社区学院在开展职业教育的同时推行通识教育这一做法的前瞻性和科学性。

3. 澳大利亚新学徒制中的通识教育

澳大利亚属于英联邦国家，英国政府于1993年制定现代学徒制度计划，1996年澳大利亚于引进新学徒制，1999年开始实施。他们认为通识教育的"通"不是通才的"通"，而是贯通的"通"，即不同学科的知识能够相互融通，遇到问题时能够从比较

开阔的、跨学科的视角进行思考。他们认为职业人才需具备沟通技能等六项"核心技能"，形成了他们开展通识教育的"必修课"和"基础课"。澳大利亚新学徒制在一个全国性的统一培训框架下开展，"以人为本"，与英国现代学徒制相比较，更注重对青年人自身潜力的挖掘，更强调个人更广阔的发展和学习能力的培养，旨在为个人终身学习奠定基础。

（二）中国本科高职院校通识教育可资借鉴的优秀传统与经验教训

1. 港澳台高校

在通识教育理念上，台湾高校更加强调中国传统文化教育，回归经典，追寻文化本源。港澳更关注全球化带来的文化融合，认为通识教育的"通"是让专业之间、文化之间、人际间有一个可以相通、理解的地方。在通识教育课程设置上，台湾高校强调"完人"教育，港澳高校强调将通识教育作为解决"由专门教育引发的现代教育问题"的最佳方案。总之，通识教育在港澳台高校的教育中被定位为平衡者与桥梁的角色。通识教育的课程内容大体涉及人文、社会、自然三大领域，强调人文、平衡、发展、多样化、系统化、特色化等理念。[3]

2. 大陆本科院校

大陆本科院校进行的通识教育改革探索，主要采取了两种方式：通过局部的课程改革——开设"通识教育选修课"来实施，如清华、武大等；全方位的通识教育人才培养模式的改革探索，如北大、复旦等。北大在低年级实行通识教育，高年级实行宽口径的专业教育。经过了多年的实践，积累了一些经验，如自主选择专业制度备受欢迎等，毕业生也显示出基础扎实、视野开阔等独特优势；但也遇到了不少困难，如元培计划与院系管理"双轨制"的冲突、通识教育与专业教育衔接困难等。南大实施"以重点学科为依托，按学科群打基础，以一级学科方向分流，贯通本科和研究生教育"的模式，致力于培养有国际视野的宽基础、高素质、创新型一流人才。经过几年的实践，匡亚明学院已经培养了一大批优秀人才在基础学科领域中崭露头角，在国内外本科理科教育界产生了较大的影响。[4]

3. 大陆高职院校

高职教育人才培养目标是："适应生产、建设、管理、服务第一线需要的既会做事又会做人的具有健全人格、高素质的应用性技能型人才。"但在实践过程中，仍然与绝大多数本科院校一样，存在领导对通识教育不够重视、通识教育侧重于政治理论课的教学、课程内容杂乱结构失衡、师资力量匮乏等问题。只有逐步建立适合高职院校的通识教育课程体系，构建人的全面、自由发展的通识教育平台，才能实现高职院校的"高素质应用型人才"的培养目标。

三、改革创新高职通识教育课程的方向与具体建议

（一）改革创新高职通识教育课程的方向

1. 人才培养目标的创新

当前，中国大陆绝大部分高职院校的人才培养目标类似，将"做事"放在"做

人"前面，明显强调"做事"胜于"做人"，这不仅是高职院校人才培养的真实写照，同时也暴露了高职通识教育的尴尬境地。要改变高职通识教育在高职课程体系中地位和真正实行现代职教体系"体现终身教育理念"，必须继承中国传统技术教育重视做人胜于做事的传统，在人才培养目标的设定方面进行创新。

2. 课程体系构建的创新

高职院校的课程基本上可分专业课程和公共课程。公共课程除却国家规定的思政、外语、体育外，他如大语、高数、计算机、心理健康、就业指导等通识课程，合计学时占总学时不足20%。这显然与现代职教体系中关于"人的全面发展要求"有很大差距。因此，为构建现代职教体系，必须在课程体系的构建上有所创新。

3. 必选修课课程结构的创新

高职院校重必修课轻选修课。通识课程大多是通过选修的形式实施的。因此作为主要选修课的通识课程常被戏称为"赚学分"的课程。这就造成了看起来热热闹闹门类繁多的通识课程变成了小孩子过家家的游戏，师生都嘻嘻哈哈地轻松收场。因此，如果想真正推行通识教育课程改革，真正构建现代职教体系，必须重视选修课程，淡化必修课程。

4. 师资队伍建设的创新

高职院校的通识教育课程主要是通过公共课程的教师承担。公共课程的教师与专业课程的教师比和公共课程与专业课程的学时数比大体相当，大约也为1:5，甚至更少。而公共课程的教师服务全体学生，专业教师只服务本专业学生。通识课程的师资严重不足，师生比远低于教育部规定的1:16。事实上，通识教育不应只由公共课的教师，专业课程教师也是通识教育的实施者，也只有这样，通识教育课程的师资问题才能得到真正的解决。

(二) 改革创新高职通识教育课程的具体建议

通识教育课程的开发应基于现实、放眼未来，在全球化的背景下，立足中国国情，用历史发展的眼光和中西对比的方法，站在为学生"终身学习"打下坚实基础的立场上，始终坚守"以人为本"的原则，认识自然，认识社会，认识自我，围绕自然与人、社会与人、人与人等关系来开设。

1. 自然学科领域

可开设"数学（化学、物理、生物等某种学科）与人类""科技（具体某种技术如食品技术等）与人类""科技伦理""人类星球""中医与西医""电脑与人"等课程。

2. 社会学科领域

可开设"作为经济的人""管理与人类社会""人类未来""中国（英国、美国、法国、日本等国）人""两性关系""全球（某国家或某地区）热点""生态与健康""美国（英国、法国、俄罗斯、日本等国）文化概论""人类与犯罪""人类与战争"等课程。

3. 人文学科领域

可开设"文学与人类""艺术与人类""哲学与人类""中西历史进程比较""中西教育比较""古今教育发展""教育与人""民族遗产"等课程。

参考文献：

[1] 彭振宇. 英、德、日三国高职通识教育研究及其对我国的启示[J]. 职教论坛，2012.10，P87 - 91.

[2] 彭振宇. 美国社区学院通识教育特色及其启示 [J]. 职业技术教育，2012（16）：P83 - 88.

[3] 梁桂麟. 港澳台高校通识教育比较研究 [M]. 中国社会科学出版社，2008.183 - 226.

[4] 庞海芍. 通识教育：困境与希望 [M]. 北京理工大学出版社，2009.235 - 261.

讨　论

请分析这篇论文选题、结构、语言等方面的特点。

实训拓展

一、 日常关注

1. 收集学校发布的通报、决定各一篇，分别判断它们的类型，看看其写作是否规范。

2. 收集毕业生和学校老师撰写的毕业论文和学术论文各一篇，进行格式、语言、内容表述等方面的比较。

二、 分步拓展

下面是中国女排在 2019 年的赛绩。请根据这份材料，以国家体育总局的名义写一则表彰性通报。

2019 年 6 月 12 日，在广东江门举行的 2019 年世界女排联赛分站赛中，中国女排 3 比 0 完胜土耳其队。7 月 7 日，在南京奥林匹克体育中心体育馆举行的 2019 世界女排联赛总决赛中，中国女排 3 比 1 完胜土耳其队，捧得季军。10 月 4 日，在国际排联最新一期的世界排名中，中国女排以 320 分重返榜首。

三、 综合实训

结合所学专业，写一篇论文。要求：

1）根据选题原则，结合所学专业的某一内容，选择论题。

2）围绕选题尽量搜集有关资料，认真阅读资料，做好读书笔记或卡片。

3）在认真构思的基础上，拟写出论文的详细提纲。

4）起草、修改、定稿，写出不少于 3000 字的论文。

附　录

附　录　A

党政机关公文处理工作条例

第一章　总　则

第一条　为了适应中国共产党机关和国家行政机关（以下简称党政机关）工作需要，推进党政机关公文处理工作科学化、制度化、规范化，制定本条例。

第二条　本条例适用于各级党政机关公文处理工作。

第三条　党政机关公文是党政机关实施领导、履行职能、处理公务的具有特定效力和规范体式的文书，是传达贯彻党和国家的方针政策，公布法规和规章，指导、布置和商洽工作，请示和答复问题，报告、通报和交流情况等的重要工具。

第四条　公文处理工作是指公文拟制、办理、管理等一系列相互关联、衔接有序的工作。

第五条　公文处理工作应当坚持实事求是、准确规范、精简高效、安全保密的原则。

第六条　各级党政机关应当高度重视公文处理工作，加强组织领导，强化队伍建设，设立文秘部门或者由专人负责公文处理工作。

第七条　各级党政机关办公厅（室）主管本机关的公文处理工作，并对下级机关的公文处理工作进行业务指导和督促检查。

第二章　公文种类

第八条　公文种类主要有：

（一）决议。适用于会议讨论通过的重大决策事项。

（二）决定。适用于对重要事项作出决策和部署、奖惩有关单位和人员、变更或者撤销下级机关不适当的决定事项。

（三）命令（令）。适用于公布行政法规和规章、宣布施行重大强制性措施、批准授予和晋升衔级、嘉奖有关单位和人员。

（四）公报。适用于公布重要决定或者重大事项。

（五）公告。适用于向国内外宣布重要事项或者法定事项。

（六）通告。适用于在一定范围内公布应当遵守或者周知的事项。

（七）意见。适用于对重要问题提出见解和处理办法。

（八）通知。适用于发布、传达要求下级机关执行和有关单位周知或者执行的事项，批转、转发公文。

（九）通报。适用于表彰先进、批评错误、传达重要精神和告知重要情况。

（十）报告。适用于向上级机关汇报工作、反映情况，回复上级机关的询问。

（十一）请示。适用于向上级机关请求指示、批准。

（十二）批复。适用于答复下级机关请示事项。

（十三）议案。适用于各级人民政府按照法律程序向同级人民代表大会或者人民代表大会常务委员会提请审议事项。

（十四）函。适用于不相隶属机关之间商洽工作、询问和答复问题、请求批准和答复审批事项。

（十五）纪要。适用于记载会议主要情况和议定事项。

第三章　公文格式

第九条　公文一般由份号、密级和保密期限、紧急程度、发文机关标志、发文字号、签发人、标题、主送机关、正文、附件说明、发文机关署名、成文日期、印章、附注、附件、抄送机关、印发机关和印发日期、页码等组成。

（一）份号。公文印制份数的顺序号。涉密公文应当标注份号。

（二）密级和保密期限。公文的秘密等级和保密的期限。涉密公文应当根据涉密程度分别标注"绝密""机密""秘密"和保密期限。

（三）紧急程度。公文送达和办理的时限要求。根据紧急程度，紧急公文应当分别标注"特急""加急"，电报应当分别标注"特提""特急""加急""平急"。

（四）发文机关标志。由发文机关全称或者规范化简称加"文件"二字组成，也可以使用发文机关全称或者规范化简称。联合行文时，发文机关标志可以并用联合发文机关名称，也可以单独用主办机关名称。

（五）发文字号。由发文机关代字、年份、发文顺序号组成。联合行文时，使用主办机关的发文字号。

（六）签发人。上行文应当标注签发人姓名。

（七）标题。由发文机关名称、事由和文种组成。

（八）主送机关。公文的主要受理机关，应当使用机关全称、规范化简称或者同类型机关统称。

（九）正文。公文的主体，用来表述公文的内容。

（十）附件说明。公文附件的顺序号和名称。

（十一）发文机关署名。署发文机关全称或者规范化简称。

（十二）成文日期。署会议通过或者发文机关负责人签发的日期。联合行文时，署最后签发机关负责人签发的日期。

（十三）印章。公文中有发文机关署名的，应当加盖发文机关印章，并与署名机关相符。有特定发文机关标志的普发性公文和电报可以不加盖印章。

（十四）附注。公文印发传达范围等需要说明的事项。

（十五）附件。公文正文的说明、补充或者参考资料。

（十六）抄送机关。除主送机关外需要执行或者知晓公文内容的其他机关，应当使用机关全称、规范化简称或者同类型机关统称。

（十七）印发机关和印发日期。公文的送印机关和送印日期。

（十八）页码。公文页数顺序号。

第十条 公文的版式按照《党政机关公文格式》国家标准执行。

第十一条 公文使用的汉字、数字、外文字符、计量单位和标点符号等，按照有关国家标准和规定执行。民族自治地方的公文，可以并用汉字和当地通用的少数民族文字。

第十二条 公文用纸幅面采用国际标准 A4 型。特殊形式的公文用纸幅面，根据实际需要确定。

第四章 行文规则

第十三条 行文应当确有必要，讲求实效，注重针对性和可操作性。

第十四条 行文关系根据隶属关系和职权范围确定。一般不得越级行文，特殊情况需要越级行文的，应当同时抄送被越过的机关。

第十五条 向上级机关行文，应当遵循以下规则：

（一）原则上主送一个上级机关，根据需要同时抄送相关上级机关和同级机关，不抄送下级机关。

（二）党委、政府的部门向上级主管部门请示、报告重大事项，应当经本级党委、政府同意或者授权；属于部门职权范围内的事项应当直接报送上级主管部门。

（三）下级机关的请示事项，如需以本机关名义向上级机关请示，应当提出倾向性意见后上报，不得原文转报上级机关。

（四）请示应当一文一事。不得在报告等非请示性公文中夹带请示事项。

（五）除上级机关负责人直接交办事项外，不得以本机关名义向上级机关负责人报送公文，不得以本机关负责人名义向上级机关报送公文。

（六）受双重领导的机关向一个上级机关行文，必要时抄送另一个上级机关。

第十六条 向下级机关行文，应当遵循以下规则：

（一）主送受理机关，根据需要抄送相关机关。重要行文应当同时抄送发文机关的直接上级机关。

（二）党委、政府的办公厅（室）根据本级党委、政府授权，可以向下级党委、政府行文，其他部门和单位不得向下级党委、政府发布指令性公文或者在公文中向下级党委、政府提出指令性要求。需经政府审批的具体事项，经政府同意后可以由政府职能部门行文，文中须注明已经政府同意。

（三）党委、政府的部门在各自职权范围内可以向下级党委、政府的相关部门行文。

（四）涉及多个部门职权范围内的事务，部门之间未协商一致的，不得向下行文；擅自行文的，上级机关应当责令其纠正或者撤销。

（五）上级机关向受双重领导的下级机关行文，必要时抄送该下级机关的另一个上级机关。

第十七条　同级党政机关、党政机关与其他同级机关必要时可以联合行文。属于党委、政府各自职权范围内的工作，不得联合行文。

党委、政府的部门依据职权可以相互行文。

部门内设机构除办公厅（室）外不得对外正式行文。

第五章　公文拟制

第十八条　公文拟制包括公文的起草、审核、签发等程序。

第十九条　公文起草应当做到：

（一）符合党的理论路线方针政策和国家法律法规，完整准确体现发文机关意图，并同现行有关公文相衔接。

（二）一切从实际出发，分析问题实事求是，所提政策措施和办法切实可行。

（三）内容简洁，主题突出，观点鲜明，结构严谨，表述准确，文字精练。

（四）文种正确，格式规范。

（五）深入调查研究，充分进行论证，广泛听取意见。

（六）公文涉及其他地区或者部门职权范围内的事项，起草单位必须征求相关地区或者部门意见，力求达成一致。

（七）机关负责人应当主持、指导重要公文起草工作。

第二十条　公文文稿签发前，应当由发文机关办公厅（室）进行审核。审核的重点是：

（一）行文理由是否充分，行文依据是否准确。

（二）内容是否符合党的理论路线方针政策和国家法律法规；是否完整准确体现发文机关意图；是否同现行有关公文相衔接；所提政策措施和办法是否切实可行。

（三）涉及有关地区或者部门职权范围内的事项是否经过充分协商并达成一致意见。

（四）文种是否正确，格式是否规范；人名、地名、时间、数字、段落顺序、引文等是否准确；文字、数字、计量单位和标点符号等用法是否规范。

（五）其他内容是否符合公文起草的有关要求。

需要发文机关审议的重要公文文稿，审议前由发文机关办公厅（室）进行初核。

第二十一条　经审核不宜发文的公文文稿，应当退回起草单位并说明理由；符合发文条件但内容需作进一步研究和修改的，由起草单位修改后重新报送。

第二十二条　公文应当经本机关负责人审批签发。重要公文和上行文由机关主要负责人签发。党委、政府的办公厅（室）根据党委、政府授权制发的公文，由受权机关主要负责人签发或者按照有关规定签发。签发人签发公文，应当签署意见、姓名和完整日期；圈阅或者签名的，视为同意。联合发文由所有联署机关的负责人会签。

第六章　公文办理

第二十三条　公文办理包括收文办理、发文办理和整理归档。

第二十四条 收文办理主要程序是：

（一）签收。对收到的公文应当逐件清点，核对无误后签字或者盖章，并注明签收时间。

（二）登记。对公文的主要信息和办理情况应当详细记载。

（三）初审。对收到的公文应当进行初审。初审的重点是：是否应当由本机关办理，是否符合行文规则，文种、格式是否符合要求，涉及其他地区或者部门职权范围内的事项是否已经协商、会签，是否符合公文起草的其他要求。经初审不符合规定的公文，应当及时退回来文单位并说明理由。

（四）承办。阅知性公文应当根据公文内容、要求和工作需要确定范围后分送。批办性公文应当提出拟办意见报本机关负责人批示或者转有关部门办理；需要两个以上部门办理的，应当明确主办部门。紧急公文应当明确办理时限。承办部门对交办的公文应当及时办理，有明确办理时限要求的应当在规定时限内办理完毕。

（五）传阅。根据领导批示和工作需要将公文及时送传阅对象阅知或者批示。办理公文传阅应当随时掌握公文去向，不得漏传、误传、延误。

（六）催办。及时了解掌握公文的办理进展情况，督促承办部门按期办结。紧急公文或者重要公文应当由专人负责催办。

（七）答复。公文的办理结果应当及时答复来文单位，并根据需要告知相关单位。

第二十五条 发文办理主要程序是：

（一）复核。已经发文机关负责人签批的公文，印发前应当对公文的审批手续、内容、文种、格式等进行复核；需作实质性修改的，应当报原签批人复审。

（二）登记。对复核后的公文，应当确定发文字号、分送范围和印制份数并详细记载。

（三）印制。公文印制必须确保质量和时效。涉密公文应当在符合保密要求的场所印制。

（四）核发。公文印制完毕，应当对公文的文字、格式和印刷质量进行检查后分发。

第二十六条 涉密公文应当通过机要交通、邮政机要通信、城市机要文件交换站或者收发件机关机要收发人员进行传递，通过密码电报或者符合国家保密规定的计算机信息系统进行传输。

第二十七条 需要归档的公文及有关材料，应当根据有关档案法律法规以及机关档案管理规定，及时收集齐全、整理归档。两个以上机关联合办理的公文，原件由主办机关归档，相关机关保存复制件。机关负责人兼任其他机关职务的，在履行所兼职务过程中形成的公文，由其兼职机关归档。

第七章　公文管理

第二十八条 各级党政机关应当建立健全本机关公文管理制度，确保管理严格规范，充分发挥公文效用。

第二十九条 党政机关公文由文秘部门或者专人统一管理。设立党委（党组）的县级以上单位应当建立机要保密室和机要阅文室，并按照有关保密规定配备工作人员和必要的安全保密设施设备。

第三十条　公文确定密级前，应当按照拟定的密级先行采取保密措施。确定密级后，应当按照所定密级严格管理。绝密级公文应当由专人管理。

公文的密级需要变更或者解除的，由原确定密级的机关或者其上级机关决定。

第三十一条　公文的印发传达范围应当按照发文机关的要求执行；需要变更的，应当经发文机关批准。

涉密公文公开发布前应当履行解密程序。公开发布的时间、形式和渠道，由发文机关确定。

经批准公开发布的公文，同发文机关正式印发的公文具有同等效力。

第三十二条　复制、汇编机密级、秘密级公文，应当符合有关规定并经本机关负责人批准。绝密级公文一般不得复制、汇编，确有工作需要的，应当经发文机关或者其上级机关批准。复制、汇编的公文视同原件管理。

复制件应当加盖复制机关戳记。翻印件应当注明翻印的机关名称、日期。汇编本的密级按照编入公文的最高密级标注。

第三十三条　公文的撤销和废止，由发文机关、上级机关或者权力机关根据职权范围和有关法律法规决定。公文被撤销的，视为自始无效；公文被废止的，视为自废止之日起失效。

第三十四条　涉密公文应当按照发文机关的要求和有关规定进行清退或者销毁。

第三十五条　不具备归档和保存价值的公文，经批准后可以销毁。销毁涉密公文必须严格按照有关规定履行审批登记手续，确保不丢失、不漏销。个人不得私自销毁、留存涉密公文。

第三十六条　机关合并时，全部公文应当随之合并管理；机关撤销时，需要归档的公文经整理后按照有关规定移交档案管理部门。

工作人员离岗离职时，所在机关应当督促其将暂存、借用的公文按照有关规定移交、清退。

第三十七条　新设立的机关应当向本级党委、政府的办公厅（室）提出发文立户申请。经审查符合条件的，列为发文单位，机关合并或者撤销时，相应进行调整。

第八章　附　　则

第三十八条　党政机关公文含电子公文。电子公文处理工作的具体办法另行制定。

第三十九条　法规、规章方面的公文，依照有关规定处理。外事方面的公文，依照外事主管部门的有关规定处理。

第四十条　其他机关和单位的公文处理工作，可以参照本条例执行。

第四十一条　本条例由中共中央办公厅、国务院办公厅负责解释。

第四十二条　本条例自 2012 年 7 月 1 日起施行。1996 年 5 月 3 日中共中央办公厅发布的《中国共产党机关公文处理条例》和 2000 年 8 月 24 日国务院发布的《国家行政机关公文处理办法》停止执行。

附 录 B

党政机关公文格式

Layout key for official document of Party and government organs

中华人民共和国国家标准

GB/T 9704—2012 代替 GB/T 9704—1999

2012 - 06 - 29 发布　2012 - 07 - 01 实施

中华人民共和国国家质量监督检验检疫总局　发
中 国 国 家 标 准 化 管 理 委 员 会 布

目　次

前　言

本标准按照 GB/T 1. 1—2009 给出的规则起草。

本标准根据中共中央办公厅、国务院办公厅印发的《党政机关公文处理工作条例》的有关规定对 GB/T 9704—1999《国家行政机关公文格式》进行修订。本标准相对 GB/T 9704—1999 主要作如下修订：

a）标准名称改为《党政机关公文格式》，标准英文名称也作相应修改；

b）适用范围扩展到各级党政机关制发的公文；

c）对标准结构进行适当调整；

d）对公文装订要求进行适当调整；

e）增加发文机关署名和页码两个公文格式要素，删除主题词格式要素，并对公文格式各要素的编排进行较大调整；

f）进一步细化特定格式公文的编排要求；

g）新增联合行文公文首页版式、信函格式首页、命令（令）格式首页版式等式样。

本标准中公文用语与《党政机关公文处理工作条例》中的用语一致。

本标准为第二次修订。

本标准由中共中央办公厅和国务院办公厅提出。

本标准由中国标准化研究院归口。

本标准起草单位：中国标准化研究院、中共中央办公厅秘书局、国务院办公厅秘书局、中国标准出版社。

本标准主要起草人：房庆、杨雯、郭道锋、孙维、马慧、张书杰、徐成华、范一乔、李玲。

本标准代替了 GB/T 9704—1999。

GB/T 9704—1999 的历次版本发布情况为：——GB/T 9704—1988。

党政机关公文格式

1 范围

本标准规定了党政机关公文通用的纸张要求、排版和印制装订要求、公文格式各要素的编排规则，并给出了公文的式样。

本标准适用于各级党政机关制发的公文。其他机关和单位的公文可以参照执行。

使用少数民族文字印制的公文，其用纸、幅面尺寸及版面、印制等要求按照本标准执行，其余可以参照本标准并按照有关规定执行。

2 规范性引用文件

下列文件对于本标准的应用是必不可少的。凡是注日期的引用文件，仅所注日期的版本适用于本标准。凡是不注日期的引用文件，其最新版本（包括所有的修改单）适用于本标准。

GB/T 148　印刷、书写和绘图纸幅面尺寸

GB 3100　国际单位制及其应用

GB 3101　有关量、单位和符号的一般原则

GB 3102（所有部分）　量和单位

GB/T 15834　标点符号用法

GB/T 15835　出版物上数字用法

3 术语和定义

下列术语和定义适用于本标准。

3.1　字　word

标示公文中横向距离的长度单位。在本标准中，一字指一个汉字宽度的距离。

3.2 行 line

标示公文中纵向距离的长度单位。在本标准中，一行指一个汉字的高度加 3 号汉字高度的 7/8 的距离。

4 公文用纸主要技术指标

公文用纸一般使用纸张定量为 60 ~ 80g/m² 的胶版印刷纸或复印纸。纸张白度 80% ~ 90%，横向耐折度≥15 次，不透明度≥85%，pH 值为 7.5 ~ 9.5。

5 公文用纸幅面尺寸及版面要求

5.1 幅面尺寸

公文用纸采用 GB/T 148 中规定的 A4 型纸，其成品幅面尺寸为：210 mm × 297 mm。

5.2 版面

5.2.1 页边与版心尺寸

公文用纸天头（上白边）为 37 mm ± 1 mm，公文用纸订口（左白边）为 28mm ± 1mm，版心尺寸为 156 mm × 225 mm。

5.2.2 字体和字号

如无特殊说明，公文格式各要素一般用 3 号仿宋体字。特定情况叮以作适当调整。

5.2.3 行数和字数

一般每面排 22 行，每行排 28 个字，并撑满版心。特定情况可以作适当调整。

5.2.4 文字的颜色

无特殊说明，公文中文字的颜色均为黑色。

6 印制装订要求

6.1 制版要求

版面干净无底灰，字迹清楚无断划，尺寸标准，版心不斜，误差不超过 1 mm。

6.2 印刷要求

双面印刷；页码套正，两面误差不超过 2 mm。黑色油墨应当达到色谱所标 BL100%，红色油墨应当达到色谱所标 Y80%、M80%。印品着墨实、均匀；字面不花、不白、无断划。

6.3 装订要求

公文应当左侧装订，不掉页，两页页码之间误差不超过 4 mm，裁切后的成品尺寸允许误差 ±2mm，四角成 90°，无毛茬或缺损。

骑马订或平订的公文应当：

a）订位为两钉外订眼距版面上下边缘各 70 mm 处，允许误差 ±4mm；

b）无坏钉、漏钉、重钉，钉脚平伏牢固；

c）骑马订钉锯均订在折缝线上，平订钉锯与书脊间的距离为 3 ~ 5mm。

包本装订公文的封皮（封面、书脊、封底）与书芯应吻合、包紧、包平、不脱落。

7 公文格式各要素编排规则

7.1 公文格式各要素的划分

本标准将版心内的公文格式各要素划分为版头、主体、版记三部分。公文首页红色分隔线以上的部分称为版头；公文首页红色分隔线（不含）以下、公文末页首条分隔线（不含）

以上的部分称为主体；公文末页首条分隔线以下、末条分隔线以上的部分称为版记。

页码位于版心外。

7.2　版头

7.2.1　份号

如需标注份号，一般用6位3号阿拉伯数字，顶格编排在版心左上角第一行。

7.2.2　密级和保密期限

如需标注密级和保密期限，一般用3号黑体字，顶格编排在版心左上角第二行；保密期限中的数字用阿拉伯数字标注。

7.2.3　紧急程度

如需标注紧急程度，一般用3号黑体字，顶格编排在版心左上角；如需同时标注份号、密级和保密期限、紧急程度，按照份号、密级和保密期限、紧急程度的顺序自上而下分行排列。

7.2.4　发文机关标志

由发文机关全称或者规范化简称加"文件"二字组成，也可以使用发文机关全称或者规范化简称。

发文机关标志居中排布，上边缘至版心上边缘为35mm，推荐使用小标宋体字，颜色为红色，以醒目、美观、庄重为原则。

联合行文时，如需同时标注联署发文机关名称，一般应当将主办机关名称排列在前；如有"文件"二字，应当置于发文机关名称右侧，以联署发文机关名称为准上下居中排布。

7.2.5　发文字号

编排在发文机关标志下空二行位置，居中排布。年份、发文顺序号用阿拉伯数字标注；年份应标全称，用六角括号"〔〕"括入；发文顺序号不加"第"字，不编虚位（即1不编为01），在阿拉伯数字后加"号"字。

上行文的发文字号居左空一字编排，与最后一个签发人姓名处在同一行。

7.2.6　签发人

由"签发人"三字加全角冒号和签发人姓名组成，居右空一字，编排在发文机关标志下空二行位置。"签发人"三字用3号仿宋体字，签发人姓名用3号楷体字。

如有多个签发人，签发人姓名按照发文机关的排列顺序从左到右、自上而下依次均匀编排，一般每行排两个姓名，回行时与上一行第一个签发人姓名对齐。

7.2.7　版头中的分隔线

发文字号之下4mm处居中印一条与版心等宽的红色分隔线。

7.3　主体

7.3.1　标题

一般用2号小标宋体字，编排于红色分隔线下空二行位置，分一行或多行居中排布；回行时，要做到词意完整，排列对称，长短适宜，间距恰当，标题排列应当使用梯形或菱形。

7.3.2　主送机关

编排于标题下空一行位置，居左顶格，回行时仍顶格，最后一个机关名称后标全角冒号。如主送机关名称过多导致公文首页不能显示正文时，应当将主送机关名称移至版记，标注方法见 7.4.2。

7.3.3　正文

公文首页必须显示正文。一般用 3 号仿宋体字，编排于主送机关名称下一行，每个自然段左空二字，回行顶格。文中结构层次序数依次可以用"一、""（一）""1.""（1）"标注；一般第一层用黑体字、第二层用楷体字、第三层和第四层用仿宋体字标注。

7.3.4　附件说明

如有附件，在正文下空一行左空二字编排"附件"二字，后标全角冒号和附件名称。如有多个附件，使用阿拉伯数字标注附件顺序号（如"附件：1.××××"）；附件名称后不加标点符号。附件名称较长需回行时，应当与上一行附件名称的首字对齐。

7.3.5　发文机关署名、成文日期和印章

7.3.5.1　加盖印章的公文

成文日期一般右空四字编排，印章用红色，不得出现空白印章。

单一机关行文时，一般在成文日期之上、以成文日期为准居中编排发文机关署名，印章端正、居中下压发文机关署名和成文日期，使发文机关署名和成文日期居印章中心偏下位置，印章顶端应当上距正文（或附件说明）一行之内。

联合行文时，一般将各发文机关署名按照发文机关顺序整齐排列在相应位置，并将印章一一对应、端正、居中下压发文机关署名，最后一个印章端正、居中下压发文机关署名和成文日期，印章之间排列整齐、互不相交或相切，每排印章两端不得超出版心，首排印章顶端应当上距正文（或附件说明）一行之内。

7.3.5.2　不加盖印章的公文

单一机关行文时，在正文（或附件说明）下空一行右空二字编排发文机关署名，在发文机关署名下一行编排成文日期，首字比发文机关署名首字右移二字，如成文日期长于发文机关署名，应当使成文日期右空二字编排，并相应增加发文机关署名右空字数。

联合行文时，应当先编排主办机关署名，其余发文机关署名依次向下编排。

7.3.5.3　加盖签发人签名章的公文

单一机关制发的公文加盖签发人签名章时，在正文（或附件说明）下空二行右空四字加盖签发人签名章，签名章左空二字标注签发人职务，以签名章为准上下居中排布。在签发人签名章下空一行右空四字编排成文日期。

联合行文时，应当先编排主办机关签发人职务、签名章，其余机关签发人职务、签名章依次向下编排，与主办机关签发人职务、签名章上下对齐；每行只编排一个机关的签发人职务、签名章；签发人职务应当标注全称。

签名章一般用红色。

7.3.5.4　成文日期中的数字

用阿拉伯数字将年、月、日标全，年份应标全称，月、日不编虚位（即 1 不编为 01）。

7.3.5.5　特殊情况说明

当公文排版后所剩空白处不能容下印章或签发人签名章、成文日期时，可以采取调整

行距、字距的措施解决。

7.3.6 附注

如有附注，居左空二字加圆括号编排在成文日期下一行。

7.3.7 附件

附件应当另面编排，并在版记之前，与公文正文一起装订。"附件"二字及附件顺序号用3号黑体字顶格编排在版心左上角第一行。附件标题居中编排在版心第三行。附件顺序号和附件标题应当与附件说明的表述一致。附件格式要求同正文。

如附件与正文不能一起装订，应当在附件左上角第一行顶格编排公文的发文字号并在其后标注"附件"二字及附件顺序号。

7.4 版记

7.4.1 版记中的分隔线

版记中的分隔线与版心等宽，首条分隔线和末条分隔线用粗线（推荐高度为0.35 mm），中间的分隔线用细线（推荐高度为0.25 mm）。首条分隔线位于版记中第一个要素之上，末条分隔线与公文最后一面的版心下边缘重合。

7.4.2 抄送机关

如有抄送机关，一般用4号仿宋体字，在印发机关和印发日期之上一行、左右各空一字编排。"抄送"二字后加全角冒号和抄送机关名称，回行时与冒号后的首字对齐，最后一个抄送机关名称后标句号。

如需把主送机关移至版记，除将"抄送"二字改为"主送"外，编排方法同抄送机关。既有主送机关又有抄送机关时，应当将主送机关置于抄送机关之上一行，之间不加分隔线。

7.4.3 印发机关和印发日期

印发机关和印发日期一般用4号仿宋体字，编排在末条分隔线之上，印发机关左空一字，印发日期右空一字，用阿拉伯数字将年、月、日标全，年份应标全称，月、日不编虚位（即1不编为01），后加"印发"二字。

版记中如有其他要素，应当将其与印发机关和印发日期用一条细分隔线隔开。

7.5 页码

一般用4号半角宋体阿拉伯数字，编排在公文版心下边缘之下，数字左右各放一条一字线；一字线上距版心下边缘7 mm。单页码居右空一字，双页码居左空一字。公文的版记页前有空白页的，空白页和版记页均不编排页码。公文的附件与正文一起装订时，页码应当连续编排。

8 公文中的横排表格

A4纸型的表格横排时，页码位置与公文其他页码保持一致，单页码表头在订口一边，双页码表头在切口一边。

9 公文中计量单位、标点符号和数字的用法

公文中计量单位的用法应当符合GB 3100、GB 3101和GB 3102（所有部分），标点符号的用法应当符合GB/T 15834，数字用法应当符合GB/T 15835。

10　公文的特定格式

10.1　信函格式

发文机关标志使用发文机关全称或者规范化简称，居中排布，上边缘至上页边为 30 mm，推荐使用红色小标宋体字。联合行文时，使用主办机关标志。

发文机关标志下 4 mm 处印一条红色双线（上粗下细），距下页边 20 mm 处印一条红色双线（上细下粗），线长均为 170 mm，居中排布。

如需标注份号、密级和保密期限、紧急程度，应当顶格居版心左边缘编排在第一条红色双线下，按照份号、密级和保密期限、紧急程度的顺序自上而下分行排列，第一个要素与该线的距离为 3 号汉字高度的 7/8。

发文字号顶格居版心右边缘编排在第一条红色双线下，与该线的距离为 3 号汉字高度的 7/8。

标题居中编排，与其上最后一个要素相距二行。

第二条红色双线上一行如有文字，与该线的距离为 3 号汉字高度的 7/8。

首页不显示页码。

版记不加印发机关和印发日期、分隔线，位于公文最后一面版心内最下方。

10.2　命令（令）格式

发文机关标志由发文机关全称加"命令"或"令"字组成，居中排布，上边缘至版心上边缘为 20 mm，推荐使用红色小标宋体字。

发文机关标志下空二行居中编排令号，令号下空二行编排正文。

签发人职务、签名章和成文日期的编排见 7.3.5.3。

10.3　纪要格式

纪要标志由"××××纪要"组成，居中排布，上边缘至版心上边缘为 35 mm，推荐使用红色小标宋体字。

标注出席人员名单，一般用 3 号黑体字，在正文或附件说明下空一行左空二字编排"出席"二字，后标全角冒号，冒号后用 3 号仿宋体字标注出席人单位、姓名，回行时与冒号后的首字对齐。

标注请假和列席人员名单，除依次另起一行并将"出席"二字改为"请假"或"列席"外，编排方法同出席人员名单。

纪要格式可以根据实际制定。

11　式样

A4 型公文用纸页边及版心尺寸见附图 1；公文首页版式见附图 2；联合行文公文首页版式 1 见附图 3；联合行文公文首页版式 2 见附图 4；公文末页版式 1 见附图 5；公文末页版式 2 见附图 6；联合行文公文末页版式 1 见附图 7；联合行文公文末页版式 2 见附图 8；附件说明页版式见附图 9；带附件公文末页版式见附图 10；信函格式首页版式见附图 11；命令（令）格式首页版式见附图 12。

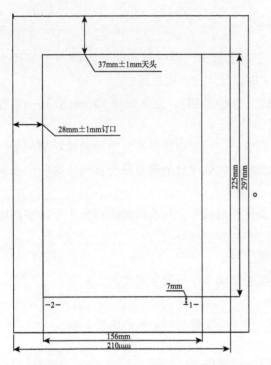

附图1 A4型公文用纸页边及版心尺寸

附图2 公文首页版式

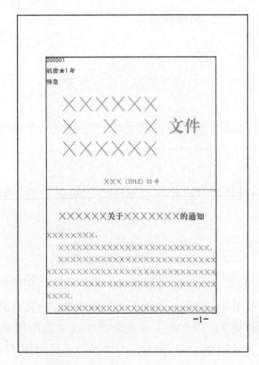

附图3 联合行文公文首页版式1

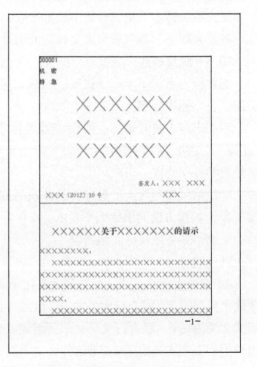

附图4 联合行文公文首页版式2

附图5　公文末页版式1

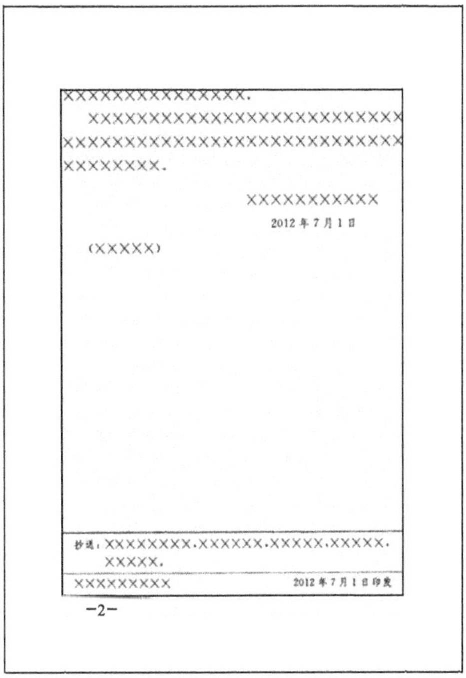

附图6　公文末页版式2

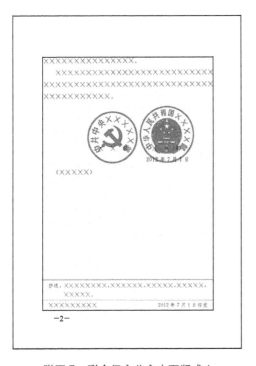

附图7　联合行文公文末页版式1

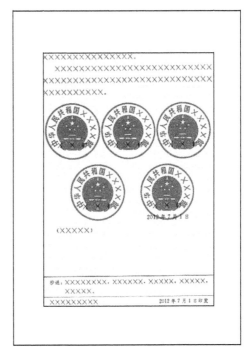

附图8　联合行文公文末页版式2

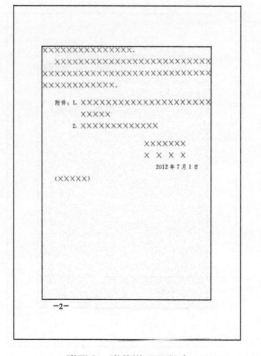

附图 9　附件说明页版式

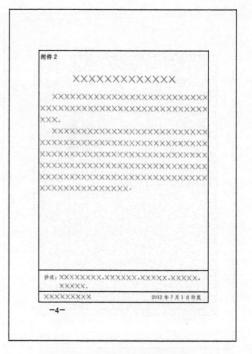

附图 10　带附件公文末页版式

附图 11　信函格式首页版式

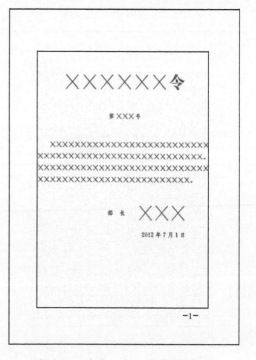

附图 12　命令（令）格式首页版式

注：附图 2～附图 12 的版心实线框仅为示意，在印制公文时并不印出。

附 录 C

出版物上数字用法

中华人民共和国国家标准 GB/T　15835 – 2011

前　言

本标准按照 GB/T 1.1 – 2009 给出的规则起草。

本标准代替 GB/T 15835 – 1990《出版物上数字用法的规定》，与 GB/T 15835 – 1995《出版物上数字用法的规定》相比，主要变化如下：

——原标准在汉字数字与阿拉伯数字中，明显倾向于使用阿拉伯数字。本标准不再强调这种倾向性。

——在继承原标准中关于数字用法应遵循"得体原则"和"局部体例一致原则"的基础上，通过措辞上的适当调整，以及更为具体的规定和示例，进一步明确了具体操作规范。

——将原标准的平级罗列式行文结构改为层级分类式行文结构。

——删除了原标准的基本术语"物理量"与"非物理量"，增补了"计量""编号""概数"作为基本术语。

本标准由教育部语言文字信息管理司提出并归口。

本标准主要起草单位：北京大学。

本标准主要起草人：詹卫东、覃士娟、曾石铭。

本标准所代替标准的历次版本发布情况为：GB/T 15835 – 1995。

出版物上数字用法

1　范围

本标准规定了出版物上汉字数字和阿拉伯数字的用法。

本标准适用于各类出版物（文艺类出版物和重排古籍除外）。政府和企事业单位公文，以及教育、媒体和公共服务领域的数字用法，也可参照本标准执行。

2　规范性引用文件

下列文件对于本文件的应用是必不可少的。凡是注日期的引用文件，仅注日期的版本适用于本文件。凡是不注日期的引用文件，其最新版本（包括所有的修改单）适用于本文件。GB/T 7408 – 2005 数据元和交换格式信息交换日期和时间表示法

3　术语和定义

下列术语和定义适用于本文件。

3.1　计量 measuring

将数字用于加、减、乘、除等数学运算。

3.2 编号 numbering

将数字用于为事物命名或排序，但不用于数学运算。

3.3 概数 approximate number

用于模糊计量的数字。

4 数字形式的选用

4.1 选用阿拉伯数字

4.1.1 用于计量的数字

在使用数字进行计量的场合，为达到醒目、易于辨识的效果，应采用阿拉伯数字。

示例1： -125.03　　34.05%　　63%~68%　　1:500　　97/108

当数值伴随有计量单位时，如：长度、容积、面积、体积、质量、温度、经纬度、音量、频率等等，特别是当计量单位以字母表达时，应采用阿拉伯数字。

示例2：523.56 km（523.56 千米）　　　567 mm^3（567 立方毫米）

　　　　34~39 ℃（34~39 摄氏度）　　　346.87L（346.87 升）

　　　　605 g（605 克）　　　　　　　北纬 40°（40 度）

　　　　5.34 m^2（5.34 平方米）　　　100~150 kg（100~150 千克）

　　　　120 dB（120 分贝）

4.1.2 用于编号的数字

在使用数字进行编号的场合，为达到醒目，易于辨识的效果，应采用阿拉伯数字。

示例：电话号码：98888

　　　邮政编码：100871

　　　通信地址：北京市海淀区复兴路 11 号

　　　电子邮件地址：x186@186.net

　　　网页地址：http：//127.0.0.1

　　　汽车号牌：京 A00001

　　　公交车号：302 路公交车

　　　道路编号：101 国道

　　　公文编号：国办发〔1987〕9 号

　　　图书编号：ISBN 978-7-80184-224-4

　　　刊物编号：CN11-1399

　　　章节编号：4.1.2

　　　产品型号：PH-3000 型计算机

　　　产品序列号：C84XB-JYVFD-P7HC4-6XKRJ-7M6XH

　　　单位注册号：02050214

　　　行政许可登记编号：0684Dl0004-828

4.1.3 已定型的含阿拉伯数字的词语

现代社会生活中出现的事物、现象、事件，其名称的书写形式中包含阿拉伯数字，已经广泛使用而稳定下来，应采用阿拉伯数字。

示例：3G 手机 MP3 播放器　　　G8 峰会　　　　　维生素 B12

　　　 97 号汽油　　　　　　　"5·27"事件　　　"12·5"枪击案

4.2　选用汉字数字

4.2.1　非公历纪年

干支纪年、农历月日、历史朝代纪年及其他传统上采用汉字形式的非公历纪年等等，应采用汉字数字。

示例：丙寅年十月十五日　　　庚辰年八月五日

　　　 腊月二十三　　　正月初五　　　八月十五中秋

　　　 秦文公四十四年　　　太平天国庚申十年九月二十四日

　　　 清咸丰十年九月二十日　　　藏历阳木龙年八月二十六日　　　日本庆应三年

4.2.2　概数

数字连用表示的概数、含"几"的概数，应采用汉字数字。

示例：三四个月　　　一二十个　　　四十五六岁　　　五六万套　　　五六十年前

　　　 几千　　　二十几　　　一百几十　　　几万分之一

4.2.3　已定型的含汉字数字的词语

汉语中长期使用已经稳定下来的包含汉字数字形式的词语，应采用汉字数字。

示例：万一　一律　一旦　三叶虫　四书五经　星期五　四氧化三铁　八国联军

　　　 七上八下　一心一意　不管三七二十一　一方面　二百五　半斤八两

　　　 五省一市　五讲四美　相差十万八千里　八九不离十　白发三千丈

　　　 不二法门　二八年华　五四运动　　"一·二八"事变　"一二·九"运动

4.3　选用阿拉伯数字与汉字数字均可

如果表达计量或编号所需要用到的数字个数不多，选择汉字数字还是阿拉伯数字在书写的简洁性和辨识的清晰性两方面没有明显差异时，两种形式均可使用。

示例1：17 号楼（十七号楼）　　　3 倍（三倍）　　　第 5 个工作日（第五个工作日）

　　　 100 多件（一百多件）　　　20 余次（二十余次）　　　约 300 人（约三百人）

　　　 40 左右（四十左右）　　　50 上下（五十上下）　　　50 多人（五十多人）

　　　 第 25 页（第二十五页）　　　第 8 天（第八天）　　　第 4 季度（第四季度）

　　　 第 45 份（第四十五份）　　　共 230 位同学（共二百三十五位同学）　0.5（零点五）

　　　 76 岁（七十六岁）　　　120 周年（一百二十周年）　　1/3（三分之一）

　　　 公元前 8 世纪（公元前八世纪）　　　20 世纪 80 年代（二十世纪八十年代）

　　　 公元 253 年（公元二五三年）　　　1997 年 7 月 1 日（一九九七年七月一日）

　　　 下午 4 点 40 分（下午四点四十分）　　4 个月（四个月）　　12 天（十二天）

如果要突出简洁醒目的表达效果，应使用阿拉伯数字；如果要突出庄重典雅的表达效果，应使用汉字数字。

示例2：北京时间 2008 年 5 月 12 日 14 时 28 分

　　　 十一届全国人大一次会议（不写为"11 届全国人大 1 次会议"）

　　　 六方会谈（不写为"6 方会谈"）

在同一场合出现的数字，应遵循"同类别同形式"原则来选择数字的书写形式。如果两数字的表达功能类别相同（比如都是表达年月日时间的数字），或者两数字在上下文中所处的层级相同（比如文章目录中同级标题的编号），应选用相同的形式。反之，如果两数字的表达功能不同，或所处层级不同，可以选用不同的形式。

示例3：2008 年 8 月 8 日　二〇〇八年八月八日（不写为"二〇〇八年 8 月 8 日"）

　　　　第一章　第二章……第十二章（不写为"第一章　第二章……第 12 章"）

　　　　第二章的下一级标题可以用阿拉伯数字编号：2.1，2.2，……

应避免相邻的两个阿拉伯数字造成歧义的情况。

示例4：高三 3 个班　高三三个班（不写为"高 33 个班"）

　　　　高三 2 班　　高三（2）班　（不写为"高 32 班"）

有法律效力的文件、公告文件或财务文件中可同时采用汉字数字和阿拉伯数字。

示例5：2008 年 4 月保险账户结算日利率为万分之一点五七五零（0.015750%）

　　　　35.5 元（35 元 5 角　三十五元五角　叁拾伍圆伍角）

5　数字形式的使用

5.1　阿拉伯数字的使用

5.1.1　多位数

为便于阅读，四位以上的整数或小数，可采用以下两种方式分节：

——第一种方式：千分撇

整数部分每三位一组，以"，"分节。小数部分不分节。四位以内的整数可以不分节。

示例1：624，000　　92，300，000　　19，351，235.235767　　1256

——第二种方式：千分空

从小数点起，向左和向右每三位数字一组，组间空四分之一个汉字，即二分之一个阿拉伯数字的位置。四位以内的整数可以不加千分空。

示例2：55 235 367.346 23　　98 235 358.238 368

注：各科学技术领域的多位数分节方式参照 GB 3101 – 1993 的规定执行。

5.1.2　纯小数

纯小数必须写出小数点前定位的"0"，小数点是齐阿拉伯数字底线的实心点"."。

示例：0.46 不写为 .46 或 0。46

5.1.3　数值范围

在表示数值的范围时，可采用浪纹式连接号"～"或一字线连接号"–"。前后两个数值的附加符号或计量单位相同时，在不造成歧义的情况下，前一个数值的附加符号或计量单位可省略，如果省略数值的附加符号或计量单位会造成歧义，则不应省略。

示例：– 36 ～ – 8℃　　400 ～429 页　　100 ～100kg　　12 500 ～20 000 元

　　　9 亿 ～16 亿（不写为 9 ～16 亿）　　13 万元 ～17 万元（不写为 13 ～17 万元）

　　　15% ～30%（不写为 15 ～30%）　　$4.3 \times 10^6 ～5.7 \times 10^6$（不写为 $4.3 ～5.7 \times 10^6$）

5.1.4　年月日

年月日的表达顺序应按照口语中年月日的自然顺序书写。

示例 1：2008 年 8 月 8 日　　1997 年 7 月 1 日

"年""月"可按照 GB/T 7408 – 2005 的 5.2.1.1 中的扩展格式，用 " – " 替代，但年月日不完整时不能替代。

示例 2：2008 – 8 – 8　　1997 – 7 – 1　　8 月 8 日（不写为 8 – 8）

　　　　2008 年 8 月（不写为 2008 – 8）

四位数字表示的年份不应简写为两位数字。

示例 3："1990 年"不写为"90 年"

月和日是一位数时，可在数字前补"0"。

示例 4：2008 – 08 – 08　　1997 – 07 – 01

5.1.5　时分秒

计时方式既可采用 12 小时制，也可采用 24 小时制。

示例 1：11 时 40 分（上午 11 时 40 分　21 时 12 分 36 秒（晚上 9 时 12 分 36 秒）

时分秒的表达顺序应按照口语中时、分、秒的自然顺序书写。

示例 2：15 时 40 分　　14 时 12 分 36 秒

"时""分"也可按照 GB/T 7408 – 2000 的 5.3.1.1 和 5.3.1.2 中的扩展格式，用 ":" 替代

示例 3：15:40　　14:12:36

5.1.6　含有月日的专名

含有月日的专名采用阿拉伯数字表示时，应采用间隔号 " · " 将月、日分开，并在数字前后加引号

示例："3 · 15"消费者权益日

5.1.7　书写格式

5.1.7.1　字体

出版物中的阿拉伯数字，一般应使用正体二分字身，即占半个汉字位置。

示例：234　　57.236

5.1.7.2　换行

一个用阿拉伯数字书写的数值应在同一行中，避免被断开。

5.1.7.3　竖排文本中的数字方向

竖排文字中的阿拉伯数字按顺时针方向转 90 度。旋转后要保证同一个词语单位的文字方向相同。

示例一
雪花牌BCD188型家用电冰箱容量是一百八十八升，功率为一百二十五瓦，市场售价两千零五十元，返修率仅为百分之零点一五。

示例二
海军J12号打捞救生船在太平洋上航行了十三天，于一九九〇年八月六日零时三十分返回基地。

5.2 汉字数字的使用

5.2.1 概数

两个数字连用表示概数时，两数之间不用顿号"、"隔开。

示例：二三米　一两个小时　三五天　一二十个　四十五六岁

5.2.2 年份

年份简写后的数字可以理解为概数时，一般不简写。

示例："一九七八年"不写为"七八年"

5.2.3 含有月日的专名

含有月日的专名采用汉字数字表示时，如果涉及一月、十一月、十二月，应用间隔号"·"将表示月和日的数字隔开，涉及其他月份时，不用间隔号。

示例："一·二八"事变　"一二·九"运动　五一国际劳动节

5.2.4 大写汉字数字

——大写汉字数字的书写形式

零、壹、贰、叁、肆、伍、陆、柒、捌、玖、拾、佰、仟、万、亿

——大写汉字数字的适用场合

法律文书和财务票据上，应采用大写汉字数字形式记数。

示例：3,504 元（叁仟伍佰零肆圆）　39,148 元（叁万玖仟壹佰肆拾捌圆）

5.2.5 "零"和"〇"

阿拉伯数字"0"有"零"和"〇"两种汉字书写形式。一个数字用作计量时，其中"0"的汉字书写形式为"零"，用作编号时，"0"的汉字书写形式为"〇"。

示例："3052（个）"的汉字数字形式为"三千零五十二"（不写为"三千〇五十二"）

"95.06"的汉字数字形式为"九十五点零六"（不写为"九十五点〇六"）

"公元2012（年）"的汉字数字形式为"二〇一二"（不写为"二零一二"）

5.3 阿拉伯数字与汉字数字同时使用

如果一个数值很大，数值中的"万""亿"单位可以采用汉字数字，其余部分采用阿拉伯数字。

示例1：我国1982年人口普查人数为10亿零817万5 288人

除上面情况之外的一般数值，不能同时采用阿拉伯数字与汉字数字。

示例2：108 可以写作"一百零八"，但不应写作"1 百零8""一百08"

4 000 可以写作"四千"，但不应写作"4 千"。

参 考 文 献

［1］张波. 口才与交际［M］. 北京：机械工业出版社，2015.

［2］张波. 口才训练教程［M］. 北京：机械工业出版社，2018.

［3］莫里斯. 看人：肢体语言导读［M］. 刘文荣，译. 北京：文汇出版社，2008.

［4］吉尔福尔. 最大化你的魅力［M］. 窦爱兰，译. 北京：中信出版社，2003.

［5］卡耐基. 沟通的艺术——卡耐基人际交往的成功智慧［M］. 杨凤侠，编译. 北京：民主与建设出版社，2004.

［6］戴晨志. 口才魅力高手［M］. 上海：上海人民出版社，2003.

［7］蒋红梅，杨毓敏. 演讲与口才实训教材［M］，北京：清华大学出版社，2009.

［8］卢卡斯. 演讲的艺术（第十版中文版）［M］. 顾秋蓓，译. 北京：外语教学与研究出版社，2014.

［9］坎贝尔. 完美演讲［M］. 赵丰跃，译. 长沙：湖南科学技术出版社，2004.

［10］余培侠，舒霖. 正方·反方·评方：历届国际大专辩论会辩词精选精评［M］. 北京：西苑山版社，2002.

［11］孙厚军. 党政机关公文处理教程［M］. 杭州：浙江大学出版社，2008.

［12］金健人，陈建新. 写作概论［M］. 杭州：浙江大学出版社，2004.

［13］利. 大学生写作指南［M］. 吕建高，谢萍，译. 北京：东方出版社，2007.

［14］张达芝. 应用写作教程［M］. 杭州：浙江大学出版社，2005.

［15］徐秋儿. 现代应用写作实训［M］. 杭州：浙江大学出版社，2005.

［16］乔刚，谢海泉. 现代应用文写作［M］. 上海：立信会计出版社，2005.

［17］甘敏军，贾雨潇. 应用文写作教程［M］. 北京：高等教育出版社，2014.

［18］张绪平，尤冬克. 汉语读写教程［M］. 上海：上海教育出版社，2005.

［19］尹依. 新编财经写作［M］. 北京：中国商业出版社，2002.

［20］蔡罕，戎彦. 广告案例分析［M］. 杭州：浙江大学出版社，2008.

［21］柴少恒. 广告文案写作与欣赏［M］. 北京：经济管理出版社，2006.